사서의 명언

(논어, 맹자, 대학, 중용의 명언)

고 성 중 엮음

한국문화사

머리말

　동서의 고전은 우리들 정신의 양식이 되어 교양을 풍부히 하며, 지혜를 넓게 하여 생활의 길잡이가 되어서 우리들의 생활에 깊은 영향을 끼쳐주고 있다. 청소년들에게는 심성을 바르게 키우는 효과를 주고, 성인들에게는 마음의 충만함과 여유를 주며 생활에서의 판단의 혜안을 밝게 해준다.
　바야흐로 서양의 과학 문명이 동양을 휩쓸던 시대가 한 고비를 넘어 앞으로 동양의 정신 문화가 서양을 압도하는 시대가 될 것으로 전망되는데, 동양 정신의 원천인 동양의 고전 중에서도 특히 중국의 고전은 한자 문화의 영향을 받은 우리들에게는 자아의 정체성을 재확립하는 데 빼어버릴 수 없는 보고라고 생각된다.
　우리 조상이 문화를 형성하기 시작한 아득한 옛날부터 중국의 고전 중에서 사서라 일컬어지는 "논어, 맹자, 대학, 중용"은 우리들의 정신의 핵이 되어서 실생활에서 엄격히 실천되어 온 것이 사실이다.
　이들 고전을 탐독하고 재음미하다 보면 그 이전에 나 스스로가 체계적으로 배운 바도 없으나, 나의 정신과 생활의 기본이 이 속에서 나오고 있음을 느끼지 않을 수 없다.
　정보가 넘쳐 선택적으로 수용해야 하는 현명한 지혜가 절실히 요구되는 이 시대에 그 많은 고전을 탐독하고 재음미한다는 것은 무척 큰 부담이 아닐 수 없다. 그러므로 이들 고전의 정수가 되어서 독자로 하여금 감동하게 하는 구절을 선택하여 읽고, 음미하게 함으로써 이들 고전에 담긴 정신과 내용에 접근하게 하는 단서가 될 수 있도록 하기 위하여 이 "사서의 명언"을 엮었다.

　고전의 체계적인 해석보다는 짧으나 그 함축하고 있는 의미가 심장하여 짧은 만큼 외우고 기억하기 쉬우며, 의미의 함축성은 응용에 있어서 제한을 받지 않을 수 있다는 명언의 특성을 살려 오로지 고전의 세계로 인도하고자 함과 혹은 고전에 담긴 정신이 우리들 생활에서 어떻게 구현 실천되고 있는지를 이해하게 함으로써 교훈이 될 수 있다면 다행으로 생각할 따름이다.

일러두기

1. 내용 편성은 원문, 독음, 출전, 번역, 해석, 주요 한자 순으로 되었다.
2. 명언의 원문은 각 고전의 원문에서 진수가 되고 감동적인 구절 또는 문장을 논어에서 400구절, 맹자에서 230구절, 대학에서 35구절, 중용에서 35구절 총 700구절을 선택하여 매 구절 또는 문장마다 고유번호를 붙였다.
3. 원문의 토는 옛부터 내려오는 것을 그대로 따랐으나 구절을 끝맺기 위하여 종결하는 토는 그 구절을 종결시킬 때의 의미에 맞도록 고쳐 옛 방법을 따랐다.
4. 독음은 괄호 안에 넣어 밝혔다.
5. 출전은 사서의 고전명과 그 고전의 편성 편명을 괄호 안에 넣어 밝혔다.
6. 번역은 원문의 전후 내용을 고려하여 이해하기 쉽게 주로 의역했다.
7. 해석은 원문의 내용을 되도록 쉽게 풀이하되 구절에 따라 참고되는 내용과 주석을 부가했다.
8. 주요 한자는 그 문장에서의 뜻을 중심으로 풀이하되 새로운 방법 곧 동사, 형용사로 풀이할 수 있는 것은 그 원형으로 풀이했다.
9. 색인은 여기서 다루어지는 구절 또는 문장의 번역문을 주제로 하여 내용을 크게 10개로 분류하고 매 항마다 내용에 따라 작게 분류하였으며 머리에 고유번호를 붙여 구절을 찾는 데 편하도록 하였고, 한자에 익숙하지 않은 독자에게 편의를 드릴 수 있도록 배려했다.

차 례

一. 사서의 명언

1. 사서(四書)에 대하여 ·· 11

二. 논어의 명언

1. 논어(論語)에 대하여 ·· 11
2. 논어의 명언 ·· 12

三. 맹자의 명언

1. 맹자(孟子)에 대하여 ·· 168
2. 맹자의 명언 ·· 169

四. 대학의 명언

1. 대학(大學)에 대하여 ·· 268
2. 대학의 명언 ·· 269

五. 중용의 명언

1. 중용(中庸)에 대하여 ·· 284
2. 중용의 명언 ·· 285

六. 색인

1. 천명(天命), 자연(自然) ·· 301
   1) 천명(天命) ·· 301
   2) 자연(自然) ·· 302
2. 인간(人間) ·· 302
   1) 신체(身體)와 용의(容儀) ··· 302
   2) 인정(人情)의 자연(自然) ··· 302
   3) 지적(知的) 능력(能力) ··· 304
   4) 지기(志氣) ·· 304
   5) 기호(嗜好) ·· 304
3. 인격(人格) ·· 304
   1) 성현(聖賢) ·· 304
   2) 군자(君子) ·· 305
   3) 선비와 대장부(大丈夫) ··· 308
   4) 군자(君子)와 소인(小人) ··· 308
   5) 여러 유형의 인간 ·· 309
   6) 미움 받는 사람 ·· 310
4. 인생(人生) ·· 310
   1) 인생(人生)의 목적(目的) ··· 310
   2) 인생(人生)과 연령(年齡) ··· 311
   3) 인생(人生) 행로(行路) ··· 311

5. 가정(家庭) ··· 312
　1) 가족(家族)의 도(道) ··· 312
　2) 의식주(衣食住)와 재산(財産) ···································· 313
　3) 제례(祭禮) ··· 313
　4) 가정생활(家庭生活)의 태도(態度) ··························· 314
6. 교제(交際)와 언어(言語) ··· 314
　1) 교제(交際)의 도(道) ··· 314
　2) 언어(言語) ··· 316
7. 도덕(道德) ·· 318
　1) 도(道) ··· 318
　2) 덕(德) ··· 320
　3) 성(誠) ··· 321
　4) 중용(中庸)과 중화(中和) ··· 321
　5) 효(孝) ··· 322
　6) 충(忠) ··· 322
　7) 용(勇) ··· 323
　8) 화(和) ··· 323
　9) 인(仁) ··· 324
　10) 의(義) ··· 325
　11) 예(禮) ··· 326
　12) 지(知) ··· 327
　13) 신(信) ··· 327
8. 학문(學問)과 교육(敎育) ··· 327
　1) 학문(學問)의 의의(意義)와 목적(目的) ··················· 327
　2) 학문(學問)의 방법(方法) ··· 328
　3) 학문(學問)의 효과(效果) ··· 329
　4) 교육(敎育)의 의의(意義) ··· 330
　5) 교육(敎育)의 방법(方法) ··· 330

6) 육예(六藝) ··· 332
   7) 사제(師弟)의 도(道) ·· 332
 9. 수양(修養)과 처세(處世) ··· 333
   1) 수양(修養) ·· 333
   2) 처세(處世) ·· 336
 10. 정치(政治) ·· 339
   1) 정치(政治)의 본질(本質) ··· 339
   2) 정치(政治)의 요령(要領)과 위정자(爲政者)의 자세 ············· 341

一. 사서의 명언

1. 사서(四書)에 대하여

사서(四書)란 중국(中國) 고전(古典) 중에서 논어(論語), 맹자(孟子). 대학(大學), 중용(中庸)의 네 개의 고전을 말한다. 다음에 각 고전에 대하여 간단한 해설을 붙인다.

二. 논어의 명언

1. 논어(論語)에 대하여

논어(論語)는 공자(孔子)(BC 552-479)의 언행을 기록한 것이다. "논(論)"에는 논의(論議), "어(語)"에는 저술(箸述)이라는 원의(原義)가 있다. 곧 논어(論語)는 공자(孔子)가 논의(論議)하고 답술(答述)한 말을 편집한 것이다.

한(漢)나라 때의 논어(論語)에는 "노논어(魯論語)" "고논어(古論語)" "제논어(齊論語)"라는 세 가지의 저본(底本)이 있었다.

"고논어(古論語)"는 노(魯)나라 공왕(共王) 때 공자(孔子)의 고택(古宅) 벽에서 나온 것으로 이십일편이고, "제논어(齊論語)"는 제(齊)나라에 전해 오는 이십이편인데, 모두 일찌기 없어져 지금 남아 있는 것은 "노논어(魯論語)"의 이십편이다.

논어(論語)의 내용은 인생의 모든 면에 걸쳐 다루어졌는데, 그 가르침은 적절 중정하고, 서술은 간결하고 평이하다. 이 점에서 세계의 고전 중에서 특수한 존재라 할 수 있다.

논어(論語)가 우리 나라에 들어온 연대는 확실하지 않으나, 서기 285년, 백제(百濟) 성왕(聖王) 때에 왕인(王仁)이 일본(日本)에 전하였다는 기록을 미루어 보면 그 때는 상당한 수준으로 우리 나라에 보급되었을 것으로 볼 수 있다.

2. 논어의 명언

1.
學而時習之면 不亦說乎아.
(학이시습지, 불역열호) (論語 學而)

배우고 때로 익히면 또한 기쁘지 아니 하겠는가.

한번 배우면 그것으로 알았다고 생각하기 쉽다. 그러나 실제로는 잘 알지 못한 채로 있는 경우가 많다. 그런데 배운 것을 때때로 복습하고 연습하다 보면 참된 의미를 확실히 알 수 있게 된다. 이렇게 하여 새로운 지식을 체득하게 될 때 느끼는 기쁨이야말로 참된 기쁨이 아니겠는가.

○학(學)-배우다. ○시(時)-때. ○습(習)-익히다. ○지(之)-이것. ○역(亦)-또.

2.
有朋이 自遠方來면 不亦樂乎아.
(유붕, 자원방래, 불역락호) (論語 學而)

벗이 멀리서 찾아오면 또한 즐겁지 아니하겠는가.

멀리 떨어진 곳에 살고 있으면서, 같은 공부를 하고 마음이 통하는 벗이 예고도 없이 찾아와 준다. 이런 기쁘고 즐거움이 달리 어디 있겠는가.
ㅇ붕(朋)-벗. ㅇ원(遠)-멀다. ㅇ방(方)-곳. ㅇ래(來)-오다. ㅇ락(樂)-즐겁다.

3.
人不知而不慍이면 不亦君子乎아.
(인부지이불온, 불역군자호) (論語 學而)

남이 나를 알아주지 아니하여도 노여워하지 아니하면, 또한 군자가 아니겠는가.

자기를 이해해 주지 않고 실력을 인정해 주지 않는다. 인생 행로에 흔히 있을 수 있는 일이다. 그럴 때라도 마음 속에 섭섭해 하거나 불쾌한 마음으로 괴로워 하지 않고, 평온하여 스스로를 믿는 삶의 방법을 체득한 사람이 곧 훌륭한 사람이 아니겠는가.
ㅇ인(人)-사람. 남. ㅇ지(知)-알다. ㅇ온(慍)-성내다. ㅇ군(君)-임금. ㅇ자(子)-아들.

4.
君子務本이니 本立而道生하나니라.
(군자무본, 본립이도생) (論語 學而)

군자는 근본을 세우기에 힘쓴다. 근본이 서면 나아갈 길(방법)이 생긴다.

이 말에서 유학을 "무본의 학(務本의 學)"이라고 하게 되었다. 사람은 자칫하면 말초의 일이나 형식에만 치우치기 쉽다. 무엇보다도 근본적인 것을 파악하기에 힘써야 한다. 근본을 파악하고 나면 자연히 방법은 서게 된다. 여기서 도(道)는 방법을 의미한다.
○유(有)-있다. ○무(務)-힘쓰다. ○본(本)-근본. ○립(立)-서다. 세우다. ○도(道)-길. 도리. ○생(生)-낳다.

5.
巧言令色이 鮮矣仁이니라. (교언령색, 선의인) (論語 學而)

고운 말이나 좋은 낯을 꾸미는 자는 어진 마음이 적다.

교언이나 영색도 반드시 비난할 것은 아니다. 그러나 입에 고운 말을 벌려 놓고 용모나 입성만을 곱게 하여 아름답고 예쁘게 보이려고 힘쓴다면, 그러한 사람들에게는 인간의 근본이 되는 도 곧 어진 마음은 적다.
○교(巧)-솜씨 있다. ○언(言)-말하다. ○령(令)-아름답다. ○선(鮮)-적다. 드물다. ○인(仁)-어질다.

6.
吾日三省吾身하노니 爲人謀而不忠乎아.
(오일삼성오신, 위인모이불충호) (論語 學而)

나는 하루에 세 차례 자신을 반성한다. 남을 위하여 일을 꾀함에 있어서 불충함이 없었는가.

  사람이 자기 자신을 반성하는 것은 쉬운 듯하면서도 매우 어려운 일이다. 증자는 매일 세 차례씩 자신을 반성하였다. 그 첫째가 내가 남을 위하여 일을 한다 하고서 진심을 잃지는 않았는가.
○오(吾)-나. ○성(省)-살피다. 반성하다. ○신(身)-몸. ○위(爲)-위하다. ○모(謀)-꾀하다. ○충(忠)-충성하다.

7.
與朋友交而不信乎아. (여붕우교이불신호) (論語 學而)

  벗과 사귐에 미덥지 못한 바는 없었는가.

  증자의 둘째의 반성이다. 벗과 사귐에는 근본적으로 신의를 지키는 일이 중요하다. 과연 나는 그 신의에 부족함이 없는가.
○여(與)-더불다. ○교(交)-사귀다. ○신(信)-믿다.

8.
傳不習乎아. (전부습호) (論語 學而)

  익히지 않은 것을 전하지는 않았는가.

  증자의 셋째의 반성이다. 사람은 아는 척을 잘한다. 나는 확실히 익히고 체득되지 못한 것을 남에게 아는 척하고 전하거나 가르치지 않았는가.
○전(傳)-전하다. ○습(習)-익히다.

9.
道千乘之國하되 敬事而信하라. (도천승지국, 경사이신) (論語 學而)

　　　제후의 나라를 다스림에는 일을 삼가하여 조심스럽게 처리하고 믿음이 있어야 한다.

　전차 천대와 그에 따르는 군인을 동원할 수 있는 정도인 제후의 나라를 다스릴 경우에 알아서 지켜야 할 일을 말하고 있다. 사람은 무슨 일이거나 자신이 하는 일을 엄숙하고 조심스럽게 처리해야 한다. 그러면 자연히 남의 신뢰를 얻을 수 있게 된다. 그 신뢰를 얻을 수 있도록 힘써야 한다. 곧 신뢰를 얻을 수 있는가 없는가는 스스로가 하는 매일의 일처리에 달려 있는 것이다.
○도(道)-다스리다. ○승(乘)-타다. ○국(國)-나라. ○경(敬)-공경하다. ○사(事)-일. ○천(千)-천. ○신(信)-믿다.

10.
節用而愛人하라. (절용이애인) (論語 學而)

　　　쓸쓸이를 절약하고 남을 사랑하라.

　정치를 하는 사람은 나라 살림에 비용을 절약하여 국민이 낸 세금을 아껴야 하며, 국민을 사랑하는 마음으로 복지증진에 노력해야 한다.
○절(節)-아끼다. 마디. ○용(用)-쓰다. ○애(愛)-사랑하다.

11.
行有餘力이어든 則以學文이니라. (행유여력, 즉이학문) (論語 學而)

행하고 여력이 있으면, 그것으로써 문을 배운다.

 사람이 할 수 있는 모든 일을 하고 여력이 있으면, 그 힘을 가지고 학문을 할 것이다. 여기서 문(文)은 학문(學問)이라는 넓은 뜻으로 생각할 수 있다.
ㅇ행(行)-행하다. ㅇ유(有)-있다. ㅇ여(餘)-남다. ㅇ력(力)-힘. ㅇ이(以)-써.

12.
子夏曰 … 事父母하되 能竭其力하라.
(자하왈, 사부모, 능갈기력) (論語 學而)

  부모를 섬기기에 능히 그 힘을 다한다.

 할 수 있는 힘을 다하여 부모님을 섬겨야 한다. 자하는 공자의 가르침을 통하여 효행을 실천하는 것이 모든 도리에 통하는 인간의 삶의 방법이라 생각했다.
ㅇ사(事)-섬기다. ㅇ능(能)-능하다. 잘하다. ㅇ갈(竭)-힘쓰다. 다하다. ㅇ기(其)-그.

13.
學則不固니라. (학즉불고) (論語 學而)

  배우면 완고해지지 않는다.

 지식이 좁은 사람은 자칫하면 자신의 좁은 생각에 사로잡혀서 완고해지기 쉽다. 학문으로 지식과 식견을 넓혀, 넓고 유연한 정신 상태를 가져야 한다.

ㅇ고(固)-굳다. 완고하다. ㅇ칙, 즉(則)-법칙, 곧.

14.
無友不如己者니라. (무우불여기자) (論語 學而)

　　　나보다 못한 자를 벗하지 말라.

　자기 자신보다 학문이나 경험이 뛰어난 사람과 벗하는 것이 자기 향상을 위하여 더 보탬이 된다.
ㅇ무(無)-없다. 말다. ㅇ우(友)-벗. ㅇ여(如)-같다. ㅇ기(己)-나. 몸. ㅇ자(者)-사람.

15.
過則勿憚改니라. (과즉물탄개) (論語 學而)

　　　잘못을 저지르면 고치기를 꺼려하지 말라.

　사람은 누구나 잘못을 저지를 수 있다. 잘못을 저질렀으면 곧 그것을 고쳐 다시는 잘못을 저지르지 않도록 노력해야 한다. 그러나 사람에 따라서는 잘못을 변명하거나 위장하려 한다. 훌륭한 사람은 잘못을 좋은 경험으로 삼아 다시 잘못을 저지르지 않으려 주의하고 힘쓰는 사람이다.
ㅇ과(過)-잘못하다. ㅇ물(勿)-말다. ㅇ탄(憚)-꺼리다. ㅇ개(改)-고치다.

16.
子貢曰, 夫子는 溫, 良, 恭, 儉, 讓以得之하시니라.
(자공왈, 부자, 온, 량, 공, 검, 양이득지) (論語 學而)

자공이 말하기를 선생님은 부드럽고, 어질며, 조심성 깊고, 검소하며, 겸손하여 이것을 얻었다.

공자는 그 때 어느 나라에 가도 지도자로서 환영을 받았다. 그러나 관직을 얻기 위하여 노력한 것은 아니었다. 부드럽고, 어질고, 조심성 깊고, 검소하며, 겸손한 다섯 가지 덕을 갖추고 있어서 지도자로서의 그 자리를 얻을 수 있었다.
○온(溫)-온유하다. 따뜻하다. ○량(良)-어질다. ○공(恭)-공경하다. ○검(儉)-검소하다. ○양(讓)-양보하다.

17.
三年을 無改於父之道라야 可謂孝矣니라.
(삼년, 무개어부지도, 가위효의) (論語 學而)

삼년 동안 부의 도를 고치지 않아야 효자라 할 수 있다.

아버지가 돌아가시자마자 그 아버지가 주장하시던 생각, 주의, 일상의 습관을 바꾸어 버리는 것은 얼마나 몰인정한 일인가. 적어도 삼년간 돌아가신 아버지가 하시던 방법, 규율을 그대로 존중해서 지키는 사람은 효자라 할 수 있지 않겠는가.
○어(於)-~보다. -에서. ○가(可)-가하다. ○위(謂)-이르다. ○효(孝)-효도하다.

18.
禮之用이 和爲貴니라. (예지용, 화위귀) (論語 學而)

예절의 운용에는 화(서로 잘 어울림)가 귀하다.

사람과 사람 사이에 화(和)가 없으면 아무 것도 이루어지지 않는다. 화 곧 사람끼리 잘 어울림이야말로 귀하게 여겨야 할 덕목이다.
○예(禮)-예도. 예절. ○화(和)-고르다. 어울리다. ○귀(貴)-귀하다. ○용(用)-운용하다.

19.
有子曰, 信近於義면 言可復也니라.
(유자왈, 신근어의, 언가복야) (論語 學而)

유자 말하기를 신 곧 약속이 의에 맞아야 말을 이행할 수 있다.

약속을 지켜야 할 때 그 약속이 의로울 때라야, 말한 대로 실행해도 좋다.
○신(信)-믿다. 약속. ○근(近)-가깝다. 알맞다. ○의(義)-의롭다. 도리. ○복(復)-이행하다.

20.
有子曰…恭近於禮면 遠恥辱也니라.
(유자왈…공근어례, 원치욕야) (論語 學而)

공손함이 예에 맞아야 치욕을 멀리할 수 있다.

공손함이나 공경함이 도를 지나치면 바보처럼 보인다. 그러나 예절에 맞으면 욕된 일이 아니다.
○원(遠)-멀다. ○치(恥)-부끄럽다. ○욕(辱)-욕되다. ○근(近)-알맞다.

21.
敏於事而愼於言이라. (민어사이신어언) (論語 學而)

　　　일은 민첩히 하고, 말은 조심하라.

말보다 실행하기에 힘쓸 일이다. 실행은 민첩하게 하고 말은 신중히 해야 한다.
○민(敏)-민첩하다.　○신(愼)-삼가다.

22.
貧而樂이라. (빈이락) (論語 學而)

　　　가난해도 즐겁다.

가난해도 서두르지 않고 비굴하지 않게 인생의 목적을 가지고 즐겁게 산다. 자신이 믿는 주의, 주장, 좋아하는 취미, 수양 등에 즐거움을 가지고 사는 것이 훌륭하다.
○빈(貧)-가난하다.　○락(樂)-즐겁다.

23.
未若貧而樂하며 富而好禮者也니라.
(미약빈이락, 부이호례자야) (論語 學而)

　　　가난하면서도 즐거워하고, 부자이지만 예를 좋아하는 자만 못하다.

가난한 사람은 비굴해지기 쉽고, 부자는 거만해지기 쉽다. 부자이지만 사람이 지켜야 할 도리 곧 예절을 소중히 여겨 행하면 얼마나 훌륭하겠는가.
○미(未)-못하다. ○약(若)-만약. 같다. ○부(富)-부자. 부하다. ○호(好)-좋다.

24.
不患人知不己知요 患不知人也니라.
(불환인지부기지, 환부지인야) (論語 學而)

　　　　남이 나를 알아주지 않음을 걱정하지 말고, 내가 남을 알지 못함을 걱정하라.

사람은 남이 나를 인정해 주지 않을 때 실망하거나 섭섭해 하거나 속상해 한다. 그러나 남의 진가를 인정하지 않는 나 자신을 반성하고 고민하는 사람은 적다. 남을 이해하려 노력해야 할 일이다.
○환(患)-걱정하다. ○인(人)-남. 사람.

25.
爲政以德이 譬如北辰居其所어든 而衆星共之니라.
(위정이덕, 비여북신거기소, 이중성공지) (論語 爲政)

　　　　정치는 덕으로써 한다. 비유하면 북극성이 그 곳에 있어서 많은 별들이 그에 향함과 같다.

정치는 법률이나 규칙에만 따라 행하는 것이 아니라 덕으로써 해야 한다. 그러면 많은 별들이 북극성으로 향하여 돌듯이 국민은 그 덕을 따라 그 위정자에게 순종하게 된다.
○정(政)-정치. 다스리다. ○비(譬)-비유하다. ○진·신(辰)-별. ○거(居)-살다. 있다. ○소(所)-곳. ○공(共)-향하다.

26.
民免而無恥니라. (민면이무치) (論語 爲政)

　　　백성은 (법에서) 벗어나면 수치를 모른다.

　법률에만 의지하여 정치를 하면 도덕적 감정이 떨어진다. 국민은 법만 피하면 무엇을 해도 좋은 것처럼 생각하여 부끄러움을 모르게 된다.
○민(民)-백성. ○면(免)-벗다. 면하다. ○치(恥)-부끄럽다.

27.
詩三百에 一言以蔽之하니 曰, 思無邪니라.
(시삼백, 일언이폐지, 왈, 사무사) (論語 爲政)

　　　시 삼백 편을 한마디로 말하면, 사특함이 없다.

　고대로부터 전하여 읊어지는 시 삼백 편은 그 성격을 한 마디로 말한다면 불순함이 하나도 없이 거짓없는 마음이 나타나 있다.
○폐(蔽)-덮다. ○사(思)-생각하다. ○사(邪)-사특하다.

28.
吾十有五而志于學하니라. (오십유오이지우학) (論語 爲政)

나는 열다섯 살에 학문에 뜻을 두었다.

   나는 열다섯 살 때에 성인의 학문을 배우려고 뜻을 세웠다. 일흔네 살까지 산 공자가 그의 만년에 말한 자신의 말이다. 이에 열다섯 살을 "지학(志學)의 나이"라고 말한다.
○오(吾)-나. ○지(志)-뜻. 뜻하다. ○우(于)-~까지. ~에. ○학(學)-배우다.

29.
三十而立하니라. (삼십이립) (論語 爲政)

   설흔 살에 내가 설 위치를 깨달았다.

   나는 설흔 살이 되어 정신적으로나 경제적으로나 예에 맞게 독립할 수 있었다. 이에 설흔 살을 "이립(而立)의 나이"라고 말한다.
○이(而)-되어서. ~에서. ○립(立)-서다.

30.
四十而不惑하니라. (사십이불혹) (論語 爲政)

   마흔 살에 자신의 길에 흔들림이 없었다.

   나는 마흔 살이 될 때 나 자신의 인생의 문제에 대하여 흔들림이 없었다. 이에 마흔 살을 "불혹(不惑)의 나이"라고 말한다.
○혹(惑)-어지럽다. ○불(不)-아니하다.

31.
五十而知天命하니라. (오십이지천명) (論語 爲政)

쉰 살이 되어 천명을 알았다.

인간이 조우하는 길흉화복 등을 인간으로서는 피할 수 없는 것이라는 것을 쉰 살이 되어 깨달았다. 동시에 나는 세상을 구해야 할 사명이 하늘로부터 나에게 주어졌다는 것을 자각했다 함이다. 공자는 쉰 살을 경계로 해서 수양의 시기에서 실사회 활동의 시기로 전환했다. 이에 쉰 살을 "지명(知命)의 나이"라고 한다.
ㅇ지(知)-알다. ㅇ천(天)-하늘. ㅇ명(命)-명하다.

32.
六十而耳順하니라. (육십이이순) (論語 爲政)

예순에 내가 듣고 싶은 대로 들을 수 있었다.

예순이 되어서 경험이 많아진 나의 귀는 무엇을 들어도 이상하게 느끼지 않았고, 저항이나 놀라움도 없어졌다. 세상 일을 알게 된 것이다. 곧 나에게 주는 남의 충언이나 교훈도 귀 거슬림 없이 들을 수 있었다. 이에 예순을 "이순(耳順)의 나이"라고 말한다.
ㅇ이(耳)-귀. ㅇ순(順)-순하다. 좇다.

33.
七十而從心所欲하여 不踰矩라. (칠십이종심소욕, 불유구) (論語 爲政)

일흔 살에는 무엇이나 내가 하고 싶은 대로 해도 법도에 어긋나는 일이 없었다.

일흔 살이 되어서는 자신이 하고 싶은 대로 행동해도 결코 법도를 벗어나는 일이 없었다고 할 정도로 수양의 극치에 도달했음을 의미한다. 이에 일흔 살을 "종심(從心)의 나이"라고 말한다.
○종(從)-따르다. ○심(心)-마음. ○욕(欲)-바라다. 욕심. ○유(踰)-넘다. ○구(矩)-법.

34.
父母는 唯其疾之憂하니라. (부모, 유기질지우) (論語 爲政)

부모로서는 오직 자식의 질병을 걱정하시니라.

부모에게 걱정을 시키지 않는 것이 효이다. 부모는 누구나 그 자식이 병으로 고생하는 것이 걱정이 되는 것이니, 부주의에서 오는 병을 앓든지 해서는 안된다. 특히 부모의 병환에는 특히 신경을 써야 하는 것이 효행이다.
○유(唯)-오직. ○질(疾)-병. 걱정하다. ○우(憂)-걱정하다.

35.
色難이라. (색난) (論語 爲政)

언제나 즐거운 낯으로 부모를 섬기기가 어렵다.

부모의 얼굴을 살펴 심기를 헤아려서 언제나 즐거운 마음으로 부모를 섬기기는 어렵다. 색(色)이란 단지 얼굴빛만이 아니라 태도, 언행 모두를 말하는 것으로 자기 자신의 태도, 언행도 조심해야 효행이 된다.
○색(色)-색. 얼굴빛 ○난(難)-어렵다.

36.
吾與回言終日하나 不違如愚니라.
(오여회언종일, 불위여우) (論語 爲政)

　　　　내가 안회와 종일토록 말을 해도 한 마디의 반대도 없어 마치
　　　　어리석은 사람과 같았다.

　　공자가 안회를 평한 말이다. 안회는 종일 같이 있어서 공자가 무엇이라 해도 반론을 펴지 않고 네네만 할 뿐 바보처럼 변함이 없이 순순히 받아들인다. 그러나 마음 속으로는 공자가 하는 말을 확실히 체득하고 있었다.
○여(與)-더불다. ○회(回)-돌다. 사람 이름(안회). ○종(終)-끝. 마치다. ○위(違)-틀리다. ○우(愚)-어리석다.

37.
視其所以하며 觀其所由하며 察其所安이면 人焉廋哉리오.
(시기소이, 관기소유, 찰기소안, 인언수재) (論語 爲政)

　　　　그 행동을 보고(注視), 그 이유를 보며(觀察), 그 생각하는 바를
　　　　보면(察知), 사람 됨됨이를 어찌 감출 수 있겠는가.

　　사람을 볼 때 먼저 그 사람의 행동을 관찰하고, 그 다음 행동의 이유

를 조사하고, 또 그 행동의 목적이 무엇인가를 알아본다. 이 세 가지 방법을 써 보면 반드시 그 사람의 정체가 밝혀진다.
ㅇ시(視)-보다. ㅇ관(觀)-보다. ㅇ유(由)-까닭. 말미암다. ㅇ찰(察)-살피다. ㅇ이(以)-되다. ㅇ안(安)-생각하다. ㅇ수(廋)-숨기다.

38.
溫故而知新이라. (온고이지신) (論語 爲政)

묵은 것을 익혀서 새 것을 안다.

무슨 일에나 과거를 돌아보고 그 것을 충분히 소화하여 그것으로부터 미래에 대한 새로운 사고, 방법을 찾아야 한다. 현재는 과거 없이는 이루어지지 않으며, 그렇다고 과거에만 집착해서는 새로운 세계는 나타나지 않는다. 과거를 돌아보지 않고 새로운 것에만 집착함은 현명하지 못하다.
ㅇ온(溫)-익히다. ㅇ고(故)-옛. 오래다. ㅇ신(新)-새롭다.

39.
君子는 不器라. (군자, 불기) (論語 爲政)

군자는 자잘한 직능공 노릇을 아니한다.

그릇은 그릇 나름대로 쓸 곳이 있고 고정된 기능이 있다. 밥그릇은 밥그릇으로서의 기능이 있는 것처럼 그 곳에만 쓸 때 가치가 있다. 그러나 훌륭한 인물은 한 곳에만 쓰이는 그릇이 되어서는 안된다. 편협되지 않은 전인적인 완성이 이루어져야 한다.

ㅇ기(器)-그릇. 도구. ㅇ불(不)-아니다.

40.
學而不思則罔이니라. (학이부사즉망) (論語 爲政)

배우지만 생각하지 않으면 확실한 것이 되지 못한다.

사람은 여러 가지를 배운다. 그러나 그것을 깊이 생각하고 자신에게 맞추어 보고, 세상 돌아가는 사정에 맞추어보아 생각하지 않으면, 배운 것이 흐려서 불안정하고 확신있는 것이 되지 못한다. 참으로 자기 것이 되는 학문을 해야 한다.
ㅇ망(罔)-어둡다. ㅇ사(思)-생각하다.

41.
思而不學則殆니라. (사이불학즉태) (論語 爲政)

생각만 하고 배우지 않으면 위태롭다.

깊이 생각하는 것은 좋은 일이다. 그러나 생각하기만 하고 배움이 없으면 독선에 빠져서 위태롭다. 그러므로 지식이나 보는 시야를 얕게 좁게 그리고 생각을 깊게 하여 배우기를 게을리 해서는 안된다.
ㅇ태(殆)-위험하다.

42.
攻乎異端이면 斯害也已니라. (공호이단, 사해야이) (論語 爲政)

이단을 전공하는 것은 해로울 뿐이다.

　학문이나, 기술 등에서 바른 길을 벗어난 것을 이단이라 한다. 이 이단을 연구하는 것은 이익보다 해가 많다. 언제나 정도를 밟아서 건실하게 공부하는 것이 성공의 바른 길이다.
ㅇ공(攻)-닦다. 배우다. ㅇ이(異)-다르다. ㅇ단(端)-끝. 진실. ㅇ사(斯)-이것. ㅇ해(害)-해롭다.

43.
知之爲知之오 不知爲不知이 是知也니라.
(지지위지지, 부지위부지, 시지야) (論語 爲政)

　　아는 것을 안다 하고, 모르는 것을 모른다 하는 것이 아는 것이다.

　아는 것을 안다 하고 모르는 것을 모른다고 인정하는 것이 참으로 아는 것이다. 알지 못하면서 아는 척하는 것은 바로 우자(바보)의 태도이다.
ㅇ위(爲)-하다. 되다. ㅇ시(是)-이것.

44.
多聞闕疑오 愼言其餘면 則寡尤니라.
(다문궐의, 신언기여, 즉과우) (論語 爲政)

　　많이 들어서 의심이 나는 것은 빼어두고, 조심하여 그 남는 것을 말한다면 허물이 적다.

많이 들어서 배우고 의심이 나는 것은 빼어두고, 신중하고 조심스럽게 그 밖의 확신이 있는 것만을 말한다면 잘못이 없어 후회하는 일이 없을 것이다.
○다(多)-많다. ○문(聞)-듣다. ○궐(闕)-빠지다. ○의(疑)-의심하다. ○신(愼)-삼가다. ○과(寡)-적다. ○우(尤)-허물. 과실.

45.
擧直錯諸枉則民服하니라. (거직착제왕즉민복) (論語 爲政)

    곧은 사람을 써서 여러 곧지 못한 사람들 위에 두면, 백성은 복종한다.

예를 들면 곧은 판자를 굽은 판자 위에 언져 놓아두면 아래에 있던 굽은 판자도 곧아진다. 이처럼 바른 자를 발탁하여 부정한 자 위에 앉히면, 부정한 자도 스스로 발라져서 따르게 된다.
○거(擧)-쓰다. 부리다. ○직(直)-곧다. ○착(錯)-두다. ○제(諸)-여럿. 무리. ○왕(枉)-굽다. ○복(服)-복종하다.

46.
擧善而敎不能則勸이니라. (거선이교불능즉권) (論語 爲政)

    좋은 점을 들어서 잘못하는 점을 가르치면 부지런해진다.

선정을 베풀고자 하면 먼저 인재를 등용해야 한다. 다음으로 무능한 사람을 가르쳐서 성적을 올리도록 유도하면, 일반 국민은 신뢰하고 기뻐하며 스스로 자기 일에 부지런해질 것이다.

○거(擧)-들다. ○선(善)-착하다. 잘하다. ○권(勸)-부지런하다. 힘쓰다.

47.
人而無信이면 不知其可也니라. (인이무신, 부지기가야) (論語 爲政)

　　사람이 믿음이 없으면, 그 좋은 점을 알 수 없다.

　사람으로서 믿음이 없으면 무엇을 해도 잘되지 않을 것이다. 인간의 사회는 신뢰를 바탕으로 이루어지므로 신뢰가 없다면 인간관계도 사회도 이루어지지 않는다. 그러므로 신뢰가 없는 사람은 인정을 받지 못한다.
○인(人)-사람. ○무(無)-없다. ○신(信)-믿다. ○지(知)-알다. ○기(其)-그것.

48.
見義不爲이 無勇也니라. (견의불위, 무용야) (論語 爲政)

　　의로운 것을 보고 실행하지 않음은 용기가 없음이다.

　이렇게 하는 것이 인간의 도리라고 생각하면서도 자신의 이익 때문에 또는 자기 보신을 위하여 행하지 않는다면 그러한 자는 용기가 없는 것이다.
○견(見)-보다. ○용(勇)-용기. 용감하다.

49.
禮이 與其奢也론 寧儉이니라. (예, 여기사야, 영검) (論語 八佾)

예는 그 사치스러움보다 오히려 검소함이다.

분에 넘치는 것은 예의에 반하는 것이다. 물질만이 아니라 정신을 가다듬는 것도 검소함이 중요하다. 옷을 입거나 음식을 먹거나 선물을 하는 데도 겉과 속이 있는데 그것을 행하는 속마음이 근본이므로 본말을 전도하는 일이 있어서는 예에 맞지 않는다.
○사(奢)-호사하다. ○녕(寧)-오히려. ○검(儉)-검소하다.

50.
繪事後素니라. (회사후소) (論語 八佾)

그림을 그리는 일은 바탕이 먼저이다.

그림을 그릴 때는 먼저 바탕을 잘하여 색채는 다음의 일이다. 바탕을 잘 가꾸는 일은 눈에 보이지 않는 일이나 바탕이 좋아야 그림이 잘 그려진다. 이처럼 몸을 화장하고 장식하는 것보다 먼저 수양을 쌓아 마음의 바탕을 닦아야 할 것이다.
○회(繪)-그림. 그리다. ○사(事)-일. ○소(素)-바탕. 희다.

51.
祭如在하며 祭神如神在하니라. (제여재, 제신여신재) (論語 八佾)

제사는 있는 것 같이 한다. 신에게 제사 지낼 때는 신이 있는 것처럼 한다.

제사를 모실 때는 그 제사를 받는 신이 앞에 와 있는 것처럼 마음을 가다듬어 경건하게 모셔야 한다. 무슨 일에나 정성을 다하여야 한다.
○제(祭)-제사. 제사지내다. ○재(在)-있다. ○신(神)-신. 귀신.

52.
君使臣以禮하며 臣事君以忠이니라.
(군사신이례, 신사군이충) (論語 八佾)

임군이 신하를 부릴 때는 예로써 하고, 신하가 임군을 섬길 때는 충성으로 한다.

신하를 부릴 때는 임군은 예를 잃어버려서는 안된다. 사회에는 지휘하는 사람과 지휘를 받는 사람이 있다. 위에 있는 자는 아랫 사람에게 먼저 예를 지키는 것을 제일로 여겨야 한다. 그래야 사회가 잘 운영된다.
○사(使)-부리다. 시키다. ○신(臣)-신하. ○사(事)-섬기다. ○충(忠)-충성. 충실.

53.
旣往不咎니라. (기왕불구) (論語 八佾)

이미 지난 것을 허물하지 말라.

그 사람이 과거에 어떤 잘못이 있다고 언제까지나 허물로 삼아서는 안된다. 자기 자신의 과거의 잘못된 점도 두고 두고 괴로워하지 말아야 한다.
○기(旣)-이미. ○왕(往)-가다.지나다. ○구(咎)-허물.

54.
以夫子로 爲木鐸이니라. (이부자, 위목탁) (論語 八佾)

　　선생을 목탁으로 삼는다.

　옛날 법령을 공포할 때 목탁을 치면서 거리를 걸었다고 하는 데서 세상을 교화하고 지도하는 사람을 목탁이라 한다. 공자님을 지도자로 삼는다는 뜻이다.
○부(夫)-선생의 존칭. ○목(木)-나무. ○탁(鐸)-방울.

55.
里仁이 爲美니라. (이인, 위미) (論語 里仁)

　　인에 사는 것이 아름답다.

　인을 행동의 의지할 곳으로 삼고 인에서 벗어나지 않는 마음을 가지고 사는 것이 아름다운 것이다.
○리(里)-살다. 마을. ○미(美)-아름답다.

56.
不仁者는 不可以久處約이니라. (불인자, 불가이구처약) (論語 里仁)

　　어질지 못한 자는 빈궁에 오래 있지 못한다.

　인의 도를 체득하지 못한 사람은 정신적으로나 물질적으로 오래동안 빈궁한 생활에 견디지 못하여 결국은 타락하고 만다.

○구(久)-오래다. ○처(處)-거처하다. 곳. ○약(約)-구차하다. 빈궁하다.

57.
仁者는 安仁하고 知者는 利仁이니라.
(인자, 안인, 지자, 리인) (論語 里仁)

인자는 인에 안주하고, 지자는 인을 이용한다.

인을 행하고 인의 도리에서 산다. 그래서 거기에 안심을 얻고 사는 자가 인자이다. 지자는 인을 자신에게 이로운 것으로 여기고 이를 열심히 구한다. 그러나 인간으로서는 인자보다 못한 것이다.
○안(安)-편안하다. ○리(利)-이용하다.

58.
仁者는 能好人하고 能惡人이니라. (인자, 능호인, 능오인) (論語 里仁)

인자는 사람을 좋아하기도 하고 미워하기도 한다.

인자는 좋은 것을 좋다 하고 미운 것을 밉다 한다. 사람을 좋아 하고 미워하는 것은 감정이니까 인간성에 철저한 사람만이 사람의 호악을 판단할 수 있는 것이다. 사람이 미운 것이 아니라 악이 미운 것이다.
○호(好)-좋아하다. ○오(惡)-미워하다. ○악(惡)-나쁘다.

59.
苟志於仁矣면 無惡也니라. (구지어인의, 무악야) (論語 里仁)

진실로 인에 뜻을 두고 있으면, 악은 생기지 않는다.

  진실로 인간다움에 철저하려고 뜻을 둔다면 악이라는 것은 없고 무엇이든지 선을 낳는 것이 된다.
ㅇ구(苟)-진실로. ㅇ악(惡)-나쁘다.

60.
君子去仁이면 惡乎成名이리오. (군자거인, 오호성명) (論語 里仁)

    군자가 인을 떠나서 어찌 이름을 세우겠는가.

  권력, 부귀, 학문, 예술 등 명성을 떨칠 분야는 많다. 그러나 참된 인간은 인을 행하는 것 이외에 명성을 떨치려고는 생각하지 않는다.
ㅇ거(去)-가다. 떠나다. ㅇ오(惡)-어찌. ㅇ성(成)-이루다. ㅇ명(名)-이름.

61.
觀過에 斯知仁矣니라. (관과, 사지인의) (論語 里仁)

    과오를 보고 이에서 인을 안다.

  사람에게 과오는 있을 수 있다. 그 과오도 정에 넘쳐서 일으키는 경우와 그 반대의 경우가 있다. 그 과오를 일으키는 방법이나 그 처리하는 방법을 보면 그 사람의 참 모습을 알 수 있다.
ㅇ관(觀)-보다. ㅇ과(過)-잘못.

62.
朝聞道면 夕死라도 可矣니라. (조문도, 석사, 가의) (論語 里仁)

아침에 도를 들으면 저녁에 죽어도 좋다.

만일 아침에 진실된 인간의 도리를 들어서 체득할 수 있다면, 그날 저녁에 죽더라도 후회가 없다. 이처럼 사람이 진실하게 사는 도리를 아는 것은 중요한 것이다.
ㅇ조(朝)-아침. ㅇ문(聞)-듣다. ㅇ석(夕)-저녁. ㅇ사(死)-죽다.

63.
志於道, 而恥惡衣惡食者는 未足與議也니라.
(지어도, 이치악의악식자, 미족여의야) (論語 里仁)

도에 뜻을 두고 검소한 옷차림이나 검소한 음식을 먹는 것을 부끄러워하는 자는 더불어 이야기할 상대가 되지 못한다.

도, 곧 인의의 도덕을 수양하고자 뜻을 둔 사람이 일상의 입고 먹는 것에 대한 욕망으로 체면치레를 좋아한다면, 벗으로서 함께 도덕을 논의할 상대가 되지 못한다.
ㅇ지(志)-뜻. 뜻하다. ㅇ미(未)-못하다. ㅇ여(與)-더불다. ㅇ의(議)-논의하다.

64.
不患無位하고 患所以立하니라. (불환무위, 환소이립) (論語 里仁)

지위가 없음을 걱정하지 말고, 설 수 있는 까닭(능력)이 없음을 걱정한다.

지위를 얻을 수 없음을 걱정하는 것보다 그 지위에 설만한 실력을 체득하도록 노력해야 한다.
ㅇ위(位)-지위. 자리. ㅇ환(患)-걱정하다. 근심하다. ㅇ립(立)-서다.

65.
吾道는 一以貫之니라. (오도, 일이관지) (論語 里仁)

나의 도는 하나로 일관한다.

나는 일생을 변함 없는 하나의 도로써 일관하여 걸어 왔다.
ㅇ관(貫)-꿰뚫다.

66.
<曾子曰> 夫子之道는 忠恕而已矣니라.
(부자지도, 충서이이의) (論語 里仁)

선생님의 도는 충서뿐이다.

선생님의 일관된 도는 어짊의 길 곧 인도(仁道)뿐이다.
ㅇ충(忠)-충성. 성실. ㅇ서(恕)-용서하다.

67.
君子는 喩於義하고 小人은 喩於利니라.
(군자, 유어의, 소인, 유어리) (論語 里仁)

군자는 의를 밝히고, 소인은 이익됨을 밝힌다.

  일을 처리하는 데 있어서 군자의 머리에 먼저 떠오르는 것은 자신의 행동이 의로운가 하는 것이고, 소인이 생각하는 것은 손해냐 득이냐 하는 것이다.
○유(喩)-밝히다. ○의(義)-의롭다. ○리(利)-이익되다.

68.
見賢思齊焉이라. (견현사제언) (論語 里仁)

  훌륭한 일을 보았을 때는 나도 함께 할 것을 생각한다.

  자신보다 뛰어난 사람을 만나면 부러워하여 속상해 하지 말고, 나도 그 사람처럼 되려고 노력할 일이다.
○현(賢)-어질다. 훌륭하다. ○제(齊)-함께. ○성(省)-반성하다. ○내(內)-안. 속.
○자(自)-스스로.

69.
父母在어시던 不遠遊하니라. (부모재, 불원유) (論語 里仁)

  부모가 생존해 계시면 멀리 가지 말라.

  부모가 생존해 계시는 동안에는 그 곁을 멀리 떠나지 않도록 노력하여 되도록 걱정을 시키지 않아야 한다.
○원(遠)-멀다. ○유(遊)-놀다.

70.
父母之年은 不可不知也니라. (부모지년, 불가부지야) (論語 里仁)

부모의 나이를 생각하지 않을 수 없다.

자식으로서는 부모의 연세를 항상 알고 있지 않으면 안된다. 부모가 건강함을 기뻐하고, 여생이 얼마나 남았는지를 은밀히 알고 생각해야 한다.
ㅇ연(年)-나이. ㅇ지(之)-이것. ~의.

71.
君子欲訥於言而敏於行이라. (군자욕눌어언이민어행) (論語 里仁)

군자는 말은 더디고 행동은 민첩하기를 바란다.

훌륭한 사람은 말은 과묵해도 행동은 민첩하기를 힘써야 한다. 말만 앞서고 실행은 더디기 쉽다.
ㅇ욕(欲)-욕심. ㅇ눌(訥)-말더듬다. ㅇ언(言)-말. ㅇ민(敏)-민첩하다. ㅇ행(行)-가다.

72.
德不孤라 必有隣이니라. (덕불고, 필유린) (論語 里仁)

덕은 외롭지 않다. 반드시 이웃이 있다.

덕스러운 일을 하는 사람은 결코 외롭지 않다. 반드시 공명자가 생기고 외롭더라도 그것은 매우 일시적인 것이다.

○고(孤)-외롭다. ○필(必)-반드시. ○린(隣)-이웃.

73.
<子游曰…> 朋友數이면 斯疎矣니라.
(<자유왈…> 붕우삭, 사소의) (論語 里仁)

벗에게도 자주(귀찮게)하면 이에 소원해진다.

친절도 너무 도가 넘치면 상대편이 귀찮게 여겨 싫어하고 경원하게 된다.
○붕(朋)-벗. ○우(友)-벗. ○삭(數)-자주. ○사(斯)-이. 곧. ○소(疎)-성기다.

74.
朽木은 不可雕也니라. (후목, 불가조야) (論語 公冶長)

썩은 나무로는 조각을 할 수 없다.

공자의 제자 재여(宰予)가 낮잠을 자는 것을 보고, 공자가 꾸중해서 말하기를 썩은 나무로는 조각을 할 수 없다. 곧 마음이 썩은 인간은 교육하기도 불가능하다. 의지가 굳지 않고는 훌륭한 사람이 될 수 없다.
○재(宰)-재상. ○주(晝)-낮. ○침(寢)-자다. ○후(朽)-썩다. ○조(雕)-새기다.

75.
子路는 有聞이오 未之能行하여 唯恐有聞하더라.
(자로, 유문, 미지능행, 유공유문) (論語 公冶長)

자로는 교훈을 들으면 실행하기 전에 다시 듣는 것을 두려워
했다.

가르침을 받으면 즉시 실행해야 한다. 그 가르침을 아직 실행하기도
전에 다시 새로운 가르침을 듣는 것은 두려운 일이다. 자로는 들으면 곧
실행했다고 한다.
ㅇ로(路)-길. ㅇ문(聞)-듣다. ㅇ능(能)-능하다. ㅇ유(唯)-오직. ㅇ공(恐)-무섭다.

76.
不恥下問이라. (불치하문) (論語 公冶長)

아래 사람에게 묻는 것을 부끄러워 하지 않는다.

자기보다 연하의 사람에게나 지위가 낮은 사람에게라도 모르는 것을
묻고 가르침을 구하는 것을 부끄러워해서는 안된다.
ㅇ치(恥)-부끄럽다. ㅇ문(問)-묻다.

77.
其行己也恭하며 其事上也敬하니라.
(기행기야공, 기사상야경) (論語 公冶長)

몸소 행함에 공손하고, 웃어른을 모시는 데 공경스럽다.

때와 장소를 가릴 것 없이 스스로 행동하기를 공손하게 하고, 웃어른
을 모시는 데는 공경스럽게 한다. 이것이 군자의 도리이다.
ㅇ공(恭)-공손하다. ㅇ사(事)-섬기다. ㅇ상(上)-위. ㅇ경(敬)-공경하다.

78.
善與人交하되 **久而敬之**니라. (선여인교, 구이경지) (論語 公冶長)

사람과 더불어 잘 사귀되, 오래 사귀더라도 이를 존경한다.

교우 관계는 친해지면 결례를 범하기 쉽다. 친하고 오래 사귈수록 서로 존경하는 사이가 되어야한다.
○선(善)-잘하다. ○여(與)-함께. ○교(交)-사귀다. ○구(久)-오래다. ○지(之)-이것.

79.
無伐善하며 **無施勞**하니라. (무벌선, 무시로) (論語 公冶長)

잘한 일을 자랑하지 말고, 수고로움을 남에게 옮기지 말라.

아무리 잘한 일을 하더라도 뽐내거나 자랑하지 말고, 괴로운 일은 남에게 시키지 않는다.
○벌(伐)-뽐내다. ○시(施)-옮기다. ○로(勞)-수고롭다.

80.
老者安之하며 **朋友信之**하며 **少者懷之**니라.
(노자안지, 붕우신지, 소자회지) (論語 公冶長)

늙은이는 이를 편안히 여기고, 친구는 이를 신뢰하고, 젊은이는 이를 정답게 여긴다.

자로가 공자에게 선생님은 어떤 사람이 되고 싶습니까 하고 물으니,

공자가 말하기를 나는 노인에게는 안심을 주고, 친구들에게는 신뢰를 주고, 젊은이들에게는 정다움을 주는 사람이 되고 싶다고 했다.
ㅇ로(老)-늙다. ㅇ안(安)-편안하다. ㅇ소(少)-젊다. ㅇ회(懷)-사랑하다.

81.
居敬而行簡이라. (거경이행간) (論語 雍也)

　　　　자신에게 엄격하고 남의 행동에는 대범하라.

　자기 자신은 예의 바르게 하여 행동을 조심하고 남의 예의 바르지 못한 것에 대하여는 관대하여야 한다. 거경(居敬)은 유교 덕목의 하나이다.
ㅇ거(居)-있다. ㅇ간(簡)-소탈하다.

82.
不改其樂이니라. (불개기락) (論語 雍也)

　　　　즐거움을 고치지 않는다.

　진정 자기의 도를 탐구하는 자는, 아무리 형편이 바뀌어도 그 구도의 즐거움은 변하지 않는다. (안회를 회고하며 칭찬한 공자의 말)
ㅇ개(改)-고치다. ㅇ락(樂)-즐겁다.

83.
不遷怒하고 不貳過니라. (불천노, 불이과) (論語 雍也)

　　　　노한 마음을 남에게 옮기지 않고, 잘못을 다시 저지르지 않는다.

성이 나더라도 가슴에 묻어서 남이나 다른 일에 옮기지 않고, 잘못을 되풀이하여 두번 다시 저지르거나 잘못한 일로 인하여 다시 잘못을 저지르게 되는 일이 있어서는 안된다. (공자가 젊어서 죽은 안회(顔回)를 칭찬한 말이다).
○천(遷)-옮기다. ○노(怒)-성내다. ○과(過)-잘못하다.

84.
力不足者는 中道而廢하나니 今女는 畵이로다.
(역부족자, 중도이폐, 금여, 획) (論語 雍也)

힘이 모자란 자는 중도에서 그만둔다, 이제 너는 그만두느냐.

힘이 미치지 못하는 사람은 일을 하다가 도중에 그만두는 법이다. 이제 너는 해보지도 않고 금을 그어 못하는 것으로 포기하느냐. 이는 바람직한 태도가 아니다.
○폐(廢)-버리다. ○여(女)-너. 여자. ○획(畵)-금긋다. 그치다.

85.
<子游曰…> 行不由徑이라. (<자유왈…> 행불유경) (論語 雍也)

좁은 지름길을 가지 말라.

사람은 큰 길을 곧장 가는 것이 바람직하다. 그 길이 비록 돌아서 멀리 가는 것 같아도 평탄하고 바르다. 반대로 가까운 길이며 변화에 매력이 있다고 하나 막히기 쉽다. 행동이 당당한 사람은 대로를 걸어야 한다.
○행(行)-가다. ○유(由)-지나다. ○경(徑)-지름길.

86.
誰能出不由戶라. (수능출불유호) (論語 雍也)

　　누구든 출입할 때 문으로 나가지 아니 하겠는가.

　누구든지 출입할 때는 출구의 문을 열고 다닌다. 이처럼 이 세상을 살아가려면 밟아야 할 당연한 길이 있다.
ㅇ수(誰)-누구. ㅇ호(戶)-문.

87.
文質이 彬彬然後에 君子니라. (문질, 빈빈연후, 군자) (論語 雍也)

　　형식과 실질이 조화를 이룬 후라야 군자이다.

　문(文)은 후천적으로 학습과 수련을 통하여 체득한 것이고, 질(質)은 선천적인 질박하고 성실한 인간의 바탕이다. 이 두 가지가 잘 조화된 자가 군자이다.
ㅇ질(質)-바탕. ㅇ빈(彬)-잘 갖추다. ㅇ연(然)-그러한.

88.
人之生也直하니라. (인지생야직) (論語 雍也)

　　사람이 사는 길은 곧은 것이다.

　원래 인간의 성은 선한 것이다. 곧 천성인 정직한 도를 따라야만 사람은 살 수 있는 것이다.

○직(直)-곧다. ○생(生)-살다.

89.
知之者는 不如好之者니라. (지지자, 불여호지자) (論語 雍也)

아는 것은 좋아하는 것만 못하다.

어떤 일이건 그것을 알고 있다는 것만으로는 그것을 좋아하는 사람에 미치지 못한다. 이해하고 있는 것은 좋아하는 것만 못하다.
○여(如)-같다. ○호(好)-좋아하다.

90.
好之者는 不如樂之者니라. (호지자, 불여락지자) (論語 雍也)

좋아하는 것은 즐기는 것만 못하다.

무엇이나 좋아하는 것보다 즐기는 것이 위에 있다. 이를테면 꽃을 관상하는 정도의 사람보다 꽃을 가꾸며 즐기는 사람이 한층 위라 할 수 있다.
○락(樂)-즐기다. ○불여(不如)-같지 못하다.

91.
中人以下는 不可以語上也니라. (중인이하, 불가이어상야) (論語 雍也)

중 이하인 자에게는 상을 말할 수 없다.

중급 이하인 자는 중급 이상의 고도한 것을 말해도 헛일이다. 중간 정도의 수준에 있는 사람에게 상급 수준의 교육을 시키는 것은 무리이다.
ㅇ중(中)-가운데. ㅇ하(下)-아래. ㅇ어(語)-말하다.

92.
先難而後獲이면 可謂仁矣니라. (선난이후획, 가위인의) (論語 雍也)

어려운 것을 먼저 하고, 얻는 것은 나중에 하면 어질다 할 수 있다.

인자는 무슨 일이나 어려움을 남보다 먼저 치르고, 그 결과로서 얻어지는 보수는 남보다 뒤로 미룬다. 이것이 인자의 도리이다.
ㅇ선(先)-먼저. ㅇ난(難)-어렵다. ㅇ후(後)-뒤. ㅇ획(獲)-거두다.

93.
知者樂水라. (지자요수) (論語 雍也)

지자는 물을 좋아한다.

물은 흐른다. 지자는 이 흘러 쉬지 않는 물을 좋아해서 즐긴다. 머리나 생각하는 것이 언제나 유동적이다.
ㅇ지(知)-알다. ㅇ요(樂)-좋아하다. ㅇ수(水)-물.

94.
仁者樂山이라. (인자요산) (論語 雍也)

인자는 산을 좋아한다.

산은 부동이다. 인자는 이해, 영욕 그 밖의 것 때문에 마음을 움직이지 않는다. 그 때문인지 움직이는 물보다 맑고 불변의 산의 모습을 좋아하는 것이다.
○인(仁)-어질다. ○산(山)-산.

95.
知者動이라. (지자동) (論語 雍也)

지자는 동적이다.

지자는 자연이나 세상 일에 호응하여 변화한다.
○동(動)-움직이다.

96.
仁者靜이라. (인자정) (論語 雍也)

인자는 정적이다.

인자는 유전하는 세상에 살면서도 산처럼 고요하게 부동의 태도를 가진다.
○정(靜)-고요하다.

97.
知者樂하고 仁者壽니라. (지자락, 인자수) (論語 雍也)

지혜로운 자는 즐기고, 인자는 장수한다.

지혜로운 자는 유전하는 세상을 어긋남이 없이 처신하며 즐기고, 인자는 외부의 사정에 따라 동요하지 않고 자연, 안심립명(安心立命), 장수를 누린다. 지자가 만족으로 여겨 즐기는 경지는 물과 같고, 인자가 즐기는 경지는 산과 같다고도 할 수 있다.
ㅇ자(者)-사람. 그것. ㅇ인(仁)-어질다. ㅇ수(壽)-목숨. 장수하다.

98.
博學於文이오 約之以禮니라. (박학어문, 약지이례) (論語 雍也)

넓게 학문을 배우고, 이를 실행함은 예로써 한다.

먼저 넓게 배우는 것이 좋다. 그러나 박식하다고 만족해서는 안된다. 예 곧 실행함으로써 마무리해 가야 한다. 예(禮)는 인간이 밟아야 할 행실의 길잡이다.
ㅇ박(博)-넓다. ㅇ문(文)-글. ㅇ약(約)-행하다. ㅇ례(禮)-예도. 예절.

99.
己欲立而立人이니라. (기욕립이립인) (論語 雍也)

자기가 서고자 하면 남을 세워야 한다.

자신이 어느 지위에 나가서 출세하려 하면 먼저 남을 출세할 수 있게 마음 써야 한다.
ㅇ기(己)-자기. ㅇ욕(欲)-하고자 함. 욕심.

100.
己欲達而達人이니라. (기욕달이달인) (論語 雍也)

자기가 출세하고자 하면 남을 출세시켜야 한다.

자기가 출세하고자 한다면 먼저 남을 출세하도록 하고, 자기가 가지고 싶은 것이 있다면, 먼저 남에게 가지게 하여야 한다.
ㅇ달(達)-나타나다.

101.
近取譬면 可謂仁之方也已니라. (근취비, 가위인지방야이) (論語 雍也)

가까운 데서 비유를 들어라. 가히 인자의 길이라 할 수 있을 따름이다.

만일 자신이 어떤 경우를 당한다면, 모든 일을 자신과 가까운 곳에서 그 예를 들어서 생각하고, 행동하는 것이 인의 도에 통하는 길이다.
ㅇ근(近)-가깝다. ㅇ취(取)-취하다. ㅇ비(譬)-비유하다. ㅇ가(可)-그러하다. ㅇ위(謂)-말하다. ㅇ방(方)-방법. 도리. 길.

102.
述而不作하며 信而好古니라. (술이부작, 신이호고) (論語 述而)

말하지만 짓지 않고 믿어서 옛것을 좋아한다.

이미 성현이 세운 사상을 풀어서 말하기는 하여도 새로운 자기의 설을 내세우지 않으며, 오랜 성현의 가르침을 의심하지 않고 옛 것을 존중하여 오늘의 자신을 깊이 반성한다.
ㅇ술(述)-글짓다. 밝히다. ㅇ작(作)-짓다. 창작하다. ㅇ고(古)-예스럽다. 옛도.

103.
默而識之니라. (묵이지지) (論語 述而)

　　잠자코 이를 이해한다.

　이해한 것을 곧 말하는 경박한 짓은 하지 않는다. 오히려 이해한 것을 마음 속에 새기고 인식을 깊게 하여야 한다.
ㅇ묵(默)-말 없다. ㅇ식·지(識)-알다. 기억하다.

104.
學而不厭하며 誨人不倦이라. (학이불염, 회인불권) (論語 述而)

　　배우기를 싫어하지 않고, 사람에게 가르치는 데 게을리하지 않는다.

　배움에 싫증이 나는 일이 없고, 사람을 가르치는 데 게으르지 않아 지칠 줄을 모른다.
ㅇ염(厭)-싫어하다. ㅇ회(誨)-가르치다. ㅇ권(倦)-게으르다.

105.
申申如也하고 夭夭如也하니라. (신신여야, 요요여야) (論語 述而)

편안해 보이고 얼굴 빛이 좋다.

　공자가 집에서 쉬고 있을 때의 모습을 말하는 것으로 매우 편안해 보이고 얼굴빛이 좋음을 말한다. 신신(申申)은 용자가 느긋한 모습이며, 요요(夭夭)는 얼굴빛이 기쁜 모습을 말한다.
ㅇ신(申)-낯살 펴다. ㅇ요(夭)-얼굴빛 화하다.

106.
志於道하며 據於德하며 依於仁하며 游於藝니라.
(지어도, 거어덕, 의어인, 유어예) (論語 述而)

　　　도에 뜻을 세우고, 덕을 지키며, 인을 의지하며, 예에 노닌다.

　사람으로서의 도리를 닦는 데 목표를 두고, 몸에 체득한 도리의 체험을 기초로 해서 인간다운 생활 방법의 기준으로 삼고 마음껏 교양인으로서 생활을 즐긴다. 도(道)는 도리, 곧 진리를 말하며, 덕(德)은 도리의 체험을 말하며, 인(仁)은 인간다움의 본질을 말하고, 예(藝)란 교양을 말하는데, 당시의 예(藝)는 육예(六藝)로서 예(禮), 악(樂), 사(射), 어(御), 서(書), 수(數)를 들었다.
ㅇ지(志)-뜻. 뜻을 두다. ㅇ도(道)-도리. 길. ㅇ거(據)-기대다. ㅇ의(依)-따르다.

107.
不憤이어든 不啓니라. (불분, 불계) (論語 述而)

　　　분발하지 않으면 깨우침이 없다.

정렬이 없는 사람에게는 열매가 없다. 가르침을 받는 자는 이해하기 위하여 애쓰고 괴로워하고 추구하는 정렬이 없으면 열어 깨우쳐도 헛일이 된다. 알려고 애쓰고 분발함이 꼭 있어야 인식의 문이 열린다.
ㅇ분(憤)-분하다. ㅇ계(啓)-열다.트다.

108.
用之則行하고 舍之則藏이니라. (용지즉행, 사지즉장) (論語 述而)

　　　쓰인다면 힘을 다하여 실행하고, 버림을 당한다면 잠잠히 숨는다.

　자신을 필요로 해서 쓰인다면 그에 응하여 최선을 다하고, 반대로 필요가 없어서 버려지면 물러나서 지켜볼 뿐이다, 세상의 출세 진퇴는 이런 것이다.
ㅇ사(舍)-버리다. 쉬다. ㅇ장(藏)-숨기다.

109.
子之所愼은 齊. 戰. 疾이시다. (자지소신, 제, 전, 질) (論語 述而)

　　　선생님이 신중히 여기는 바는 제사와 전쟁과 질병이다.

　공자님은 제사를 지낼 때 심신을 제계하는 것과 전쟁과 질병에 대하여 신중히 생각했다.
ㅇ신(愼)-삼가다. 조심하다. ㅇ제(齊)-정제하다. ㅇ전(戰)-싸움. 전쟁. ㅇ질(疾)-병.

110.
求仁而得仁이니 又何怨이리오. (구인이득인, 우하원) (論語 述而)

인의 도를 구하여 인을 얻었다. 무슨 원망이 있겠는가.

백이, 숙제는 서산에 은신하여 굶주려 죽었다. 이들은 인의 도를 구하고자 하여 인을 얻었으니 무슨 원한이 있겠는가.
○구(求)-구하다. ○득(得)-얻다. ○우(又)-또. ○원(怨)-원망.

111.
樂亦在其中矣니라. (낙역재기중의) (論語 述而)

즐거움 역시 그 속에 있다.

행복은 빈부귀천에 따르는 것은 아니다. 스스로가 믿는 도리에 맞는 생활을 하면 저절로 즐거움은 그 속에 있는 것이다.
○역(亦)-또. ○재(在)-있다.

112.
不義而富且貴는 於我如浮雲이니라.
(불의이부차귀, 어아여부운) (論語 述而)

의롭지 못한 방법으로 부하고 귀하게 되는 것은 나에게는 뜬 구름과 같다.

나쁜 짓을 하여 부자가 되거나 높은 지위를 얻는 것은 나에게는 뜬 구름과 같아서 내 마음을 움직이지 못한다.
ㅇ부(富)-부자. 부하다. ㅇ귀(貴)-귀하다. ㅇ부(浮)-뜨다. ㅇ운(雲)-구름.

113.
發憤忘食이니라. (발분망식) (論語 述而)

분함을 발하여 먹기를 잊는다.

발분해서 일에 임하면 식사를 잊고 열중할 수 있다.
ㅇ망(忘)-잊다. ㅇ식(食)-먹다.

114.
樂以忘憂니라. (낙이망우) (論語 述而)

즐거움으로써 걱정을 잊는다.

괴롭거나 쓰라린 일이 있어도 도를 즐김으로써 그것을 잊어버리는 마음의 여유가 필요하다.
ㅇ우(憂)-걱정. ㅇ망(忘)-잊다.

115.
不知老之將至니라. (부지로지장지) (論語 述而)

장차 늙음이 닥치는 것을 알지 못한다.

나이가 들어서 인생의 종말이 가까이 오고 있음을 의식하지 아니한다. 무슨 일에 열중하여 그에 몰입하고 있는 사람은 늙음을 의식하지 아니한다.
○장(將)-장차. ○지(至)-이르다. ○로(老)-늙다.

116.
好古하여 敏以求之者也니라. (호고, 민이구지자야) (論語 述而)

옛 것을 좋아하여 민첩하게 이를 구한 사람이다.

고인의 도와 전통을 좋아하여 부지런히 그것을 배워서 안 사람이지, 태어나면서 안 사람이 아니다.
○민(敏)-민첩하다. ○구(求)-구하다.

117.
三人行에 必有我師焉이니라. (삼인행, 필유아사언) (論語 述而)

세 사람이 행동하면 반드시 나의 스승이 있다.

자신과 다른 두 사람이 같은 학문을 공부하거나 또는 같은 일을 한다면, 그 중 어느 한 사람에게서는 배울 바가 있다.
○아(我)-나. ○사(師)-스승.

118.
擇其善者而從之오 其不善者而改之니라.
(택기선자이종지, 기불선자이개지) (論語 述而)

잘하는 것은 택하여 이를 따르고, 잘못하는 것은 이를 고친다.

자기보다 나은 사람이나 나은 점은 선택하여 배우고, 자기보다 못한 사람이나 못한 점은 자신을 돌아보아 고치는 계기를 삼는다.
○택(擇)-가리다. ○선(善)-좋다. 잘하다. ○종(從)-따르다.

119.
君子는 坦蕩蕩이요 小人은 長戚戚이니라.
(군자, 탄탕탕,소인, 장척척) (論語 述而)

군자는 평탄하게 마음이 넓고, 소인은 언제나 걱정을 한다.

훌륭한 사람은 한결같이 마음이 넓어 너그럽고, 못난 사람은 언제나 불평을 가진다.
○탄(坦)-평정하다. ○탕(蕩)-넓고 크다. ○장(長)-길다. ○척(戚)-근심하다.

120.
恭而無禮則勞니라. (공이무례즉로) (論語 泰伯)

공손하나 예를 갖추지 않으면 수고롭다.

공손한 것은 좋은 일이나 절도에 맞지 않으면 힘든 일이 되어 괴롭다.
○공(恭)-공손하다. ○로(勞)-수고롭다.

121.
勇而無禮則亂이니라. (용이무례즉란) (論語 泰伯)

용감하나 예를 갖추지 않으면 난폭해진다.

용감한 것은 좋은 일이나 절도에 맞지 않으면 난폭한 사람이 된다.
○용(勇)-용감하다. ○란(亂)-어지럽다.

122.
曾子言曰, 鳥之將死에 其鳴也哀하고 人之將死에 其言也善이니라.
(증자언왈, 조지장사, 기명야애, 인지장사, 기언야선) (論語 泰伯)

새가 죽으려 할 때는 그 울음소리가 애처롭고, 사람이 죽으려 할 때는 그 말이 착하다.

죽음을 앞둔 새의 울음 소리는 애처롭다. 그리고 죽음에 임하는 사람의 말은 진실되다.
○조(鳥)-새. ○명(鳴)-울다.

123.
<曾子曰…> 動容貌에 斯遠暴慢矣니라.
(동용모, 사원폭만의) (論語 泰伯)

몸을 예절에 맞게 움직이면 난폭함을 멀리 할 것이다.

모든 동작은 정중히 하는 것이 좋다. 그러면 난폭자도 거만한 자도 스스로 멀어진다.
ㅇ용(容)-얼굴. ㅇ모(貌)-모습. ㅇ원(遠)-멀다. 멀리하다 ㅇ포, 폭(暴)-사납다. ㅇ만(慢)-거만하다.

124.
<曾子曰…> 正顔色에 斯近信矣니라. (정안색, 사근신의) (論語 泰伯)

안색을 예절에 바르게 하면 신의를 가까이 할 수 있을 것이다.

마음은 얼굴에 나타나는 것이다. 안색을 바르게 해야만 신의가 있는 사람, 성실한 사람과 가까이 할 수 있다.
ㅇ안(顔)-낯. ㅇ색(色)-빛. ㅇ근(近)-가깝다.

125.
<曾子曰…> 出辭氣에 斯遠鄙倍矣니라.
(출사기, 사원비패의) (論語 泰伯)

말을 예에 맞게 하면, 억지와 천속을 멀리할 것이다.

말을 주의해야 한다. 말은 그 사람의 정신 상태를 나타내는 것이므로 말을 조심해서 한다면, 야비하고 비도의 인간은 스스로 멀리 할 것이다.
ㅇ사(辭)-말. 글. ㅇ기(氣)-감정. 기운. ㅇ비(鄙)-야비하다. ㅇ패(倍)-어기다. ㅇ출(出)-나다.

126.
<曾子曰…> 以能問於不能하라. (이능문어불능) (論語 泰伯)

유능하면서도 무능한 사람에게도 물어라.

자신이 아무리 유능하더라도 무능한 사람에게도 묻는다. 자기 스스로를 깊고 넓게 하는 데는 그 정도의 노력은 반드시 필요하다.
○능(能)-능하다. ○문(問)-묻다.

127.
<曾子曰…> 有若無하며 實若虛하며 犯而不校하라.
(유약무, 실약허, 범이불교) (論語 泰伯)

있어도 없는 척하고 실해도 허한듯하고 욕을 당해도 다투지 말라.

학문이나 지식이 있어도 없는 듯하고 무력한 사람처럼 겸허하며 이유없이 남에게 당하더라도 그는 무법자이니 그와는 따지고 다투지 말라.
○약(若)-같다. ○실(實)-충실하다. ○허(虛)-비다. 허하다. ○범(犯)-침노하다. ○교(校)-갚다.

128.
<曾子曰> 士不可以不弘毅니 任重而道遠이니라.
(사불가이불홍의, 임중이도원) (論語 泰伯)

선비는 마음이 넓고 굳굳해야 한다. 임무가 무겁고 갈 길이 멀다.

선비는 어디까지나 도량이 넓고 의지는 굳어야 한다. 그리고 도리에 철저해야 한다. 임무는 무겁고 가야 할 길이 멀다는 것을 각오하고 사명감을 가져야 한다.
ㅇ사(士)-선비. ㅇ홍(弘)-넓다. ㅇ의(毅)-굳세다. ㅇ임(任)-맡기다. 맡다. ㅇ중(重)-무겁다.

129.
<曾子曰…> 死而後已니 不亦遠乎아. (사이후이, 불역원호아) (論語 泰伯)

죽어야 가는 것을 멈추니 이 또한 멀지 아니한가.

사람의 가는 길은 죽어서야 끝난다. 죽을 때까지는 자기가 할 일에 정진해야 하니 먼 길이 아니겠는가.
ㅇ사(死)-죽다. ㅇ후(後)-뒤. 다음. ㅇ이(已)-이미.

130.
民은 可使由之요 不可使知之니라.
(민, 가사유지, 불가사지지) (論語 泰伯)

백성들은 따르게 할 것이지 알게 할 것이 아니다.

백성을 잘 지도하여 법률에 따라 생활하게 할 수는 있으나, 그 법률의 이론을 알게 하는 것은 어려운 일이다.
ㅇ사(使)-시키다. ㅇ유(由)-따르다.

131.
三年學에 不至於穀을 不易得也니라.

(삼년학. 부지어곡, 불이득야) (論語 泰伯)

   삼년 학문을 하고 벼슬에 뜻을 두지 않는 사람은 쉽지 않다.

   삼년은 당시 공부하는 한 기간을 말한다. 삼년 정도라는 기간 공부를 하면 일자리를 얻게 되는데, 삼년간 공부를 하고도 부족하다고 생각해서 더 공부하려는 사람은 쉽게 보이지 않는다 함이니 계속하여 공부하기를 권하는 말이다.
ㅇ학(學)-배우다. ㅇ지(至)-이르다. ㅇ곡(穀)-녹. 곡식. ㅇ이(易)-쉽다.

132.
有道則見하고 無道則隱이니라. (유도즉현, 무도즉은) (論語 泰伯)

   도가 있으면 나타나고, 도가 없으면 숨는다.

   바른 도리가 구현되는 세상에서는 나타나서 활동하는 것이 좋고, 그렇지 않은 세상에서는 은퇴하는 것이 좋다.
ㅇ유(有)-있다. ㅇ현(見)-나타나다. ㅇ은(隱)-숨다.

133.
邦無道에 富且貴焉이 恥也니라. (방무도, 부차귀언, 치야) (論語 泰伯)

   바른 도가 서지 않은 나라에서 부하고 귀하게 되는 것은 수치이다.

   바른 도리가 서지 못하는 국가나 사회에서 부자가 되거나 높은 지위에 오르는 것은 인간으로서 부끄러워 할 일이다. 부해지고 귀해지기 위하여 얼마나 부끄러운 무도의 수단을 썼겠는가.
○방(邦)-나라. ○차(且)-또. ○치(恥)-부끄럽다.

134.
不在其位하얀 不謀其政이니라. (부재기위, 불모기정) (論語 泰伯)

그 지위에 있지 않으면, 그 지위의 정사를 논의하지 말라.

사회, 조직에는 일정한 질서가 있다. 자기가 소속하고 있는 위치 이외의 일에 대해서는 이러쿵 저러쿵 해서 질서를 문란하게 하지 말아야 한다.
○위(位)-자리. 지위. ○모(謀)-의논하다. ○정(政)-정치.

135.
學如不及이오 猶恐失之니라. (학여불급, 유공실지) (論語 泰伯)

학문은 뒤좇지 못하는 듯이 서둘러 하라. 그래도 오히려 놓칠까 두렵다.

학문은 아득히 앞선 사람을 좇는 듯한 태도로 해야 한다. 아무리 좇아도 따라가지 못하니, 자만을 하면 잃어버릴 것 같은 기분으로 공부해야 한다.
○급(及)-미치다. ○유(猶)-오히려. ○공(恐)-무섭다. ○실(失)-잃다.

136.
吾不試 故로 藝니라. (오불시, 고, 예) (論語 子罕)

나는 쓰이지 않았으므로 육예에 통하게 되었다.

공자는 젊은 때 관직에 채용되지 못하였기 때문에 육예에 통하게 되었다고 하는 겸손의 말이다.
○오(吾)-나. ○시(試)-시험하다. ○고(故)-까닭. ○예(藝)-재주.

137.
<顏淵曰> 仰之彌高하며 鑽之彌堅하니라.
(앙지미고, 찬지미견) (論語 子罕)

우러러 볼수록 점점 높아지고, 뚫고 들어갈수록 점점 단단하기만 하다.

높은 것은 올려다 볼수록 높고, 단단한 것은 송곳으로 뚫으면 뚫을수록 단단하게만 느껴진다. 공자의 인격의 고매함과 견고함은 이와 비슷하다.
○앙(仰)-우러르다. ○미(彌)-더욱. ○찬(鑽)-뚫다. ○견(堅)-굳세다.

138.
<顏淵曰…> 博我以文하고 約我以禮하니라.
(박아이문, 약아이례) (論語 子罕)

문으로써 나의 식견을 넓히고, 예로써 나의 식견을 요약하게 했다.

공자는 "문" 곧 문화, 교양, 시, 서, 예, 악을 학습하게 하여 제자들의 식견을 넓히고, 예로써 이를 정리 요약하도록 했다.
○박(博)-넓다. ○약(約)-요약하다.

139.
君子居之면 何陋之有리오. (군자거지, 하루지유) (論語 子罕)

군자가 거기에 살면 야만인이 있을 수 있겠는가.

어떤 곳이라도 거기에 군자가 살게 되면 교화되어 비루하고 야만적인 일은 없어진다.
○거(居)-있다. 살다. ○하(何)-어찌. ○루(陋)-더럽다.

140.
不爲酒困이라. (불위주곤) (論語 子罕)

술에 취하지 않는다.

술을 마셔도 취해서 난행을 하는 일은 없다.
○주(酒)-술. ○곤(困)-어지럽다. 난하다.

141.
<子在川上曰> 逝者如斯夫인저 不舍晝夜로다.
(<자재천상왈> 서자여사부, 불사주야) (論語 子罕)

지나가는 것은 저 물과 같다. 밤이고 낮이고 쉬지 않는다.

지나가는 것, 시간의 흐름은 밤이고 낮이고 쉬지 않고 흐르는 물과 같이 흘러 지나간다.
○서(逝)-가다. ○사(舍)-쉬다. ○주(晝)-낮. ○야(夜)-밤.

142.
未成一簣하여 止도 吾止也니라. (미성일궤, 지, 오지야) (論語 子罕)

한 삼기태기가 모자라 이루어지지 않은 것을 그침은 나의 그 침이다.

뜰에 축산을 쌓을 때 한 삼태기면 다 이루어질 단계에서 그쳐 버려서 결국 이루어지지 않았다면, 그 책임은 나 자신에 있으며 자기 발전이 중지된 것이나 같다. 끝까지 노력해서 완성시키는 데 뜻이 있다.
○미(未)-못하다. ○성(成)-이루다. ○궤(簣)-삼태기. ○지(止)-그치다.

143.
吾未見好德을 如好色者也케라. (오미견호덕, 여호색자야) (論語 子罕)

나는 아직 미인을 좋아하는 것처럼 덕을 좋아하는 사람을 보지 못했다.

누구나 아름다운 미인을 좋아한다. 그러나 덕을 쌓는 것을 미인을 좋아하듯 자나 깨나 덕을 쌓기에 힘쓰는 사람은 그리 쉽게 볼 수 없다.
○견(見)-보다. ○색(色)-미인.

144.
苗而不秀者有矣夫며 秀而不實者有矣夫인저.
(묘이불수자유의부, 수이불실자유의부) (論語 子罕)

　　싹이 나고도 이삭이 나지 않는 것도 있고, 이삭이 나고도 열매가 맺지 않는 것도 있는구나.

싹이 나서 자라다가도 꽃이 피지 않는 경우도 있고, 꽃이 피고 이삭이 나와도 열매가 맺지 않은 경우도 있다. 열 살 전에 신동이라고 알려진 사람이 쉰흔 살이 되어 범인의 자질 밖에 못 지니는 사람도 있다.
○묘(苗)-싹. ○수(秀)-빼어나다. ○실(實)-열매.

145.
後生可畏라. (후생가외) (論語 子罕)

　　후배가 두렵다.

젊은이는 두려워해야 할 존재이며, 귀히 여겨야 할 존재이다. 그들의 공부와 노력이 장차 얼마나 큰 일을 해낼 것인지 모르기 때문이다.
○후(後)-뒤. ○외(畏)-두렵다.

146.
四十五十而無聞焉이면 斯亦不足畏也已니라.
(사십오십이무문언, 사역부족외야이) (論語 子罕)

　　마흔 살, 쉰 살이 되어도 아무것도 들리는 것이 없다면 두려워할 가치가 없다.

　젊은이는 두려워해야 할 존재이나 사십세 오십세가 되어도 그 이름이 세상에 알려질 정도가 아니라면 이것은 두려워할 존재가 되지 못한다. 노력해서 적어도 사오십 전에 성공해야 한다.
○문(聞)-듣다. ○족(足)-족하다.

147.
匹夫는 不可奪志也니라. (필부, 불가탈지야) (論語 子罕)

　평범한 사람일지라도 그의 뜻을 빼앗을 수는 없다.

　아무리 지위가 낮은 사람이라도 굳은 의지를 가지고 있다면, 어떠한 힘도 그의 정신을 빼앗을 수는 없다. 좋은 일을 하기 위하여 굳은 뜻을 가지고 실천에 힘쓸 일이다.
○필(匹)-변변치 못하다. ○부(夫)-남자. ○탈(奪)-빼앗다. ○지(志)-뜻.

148.
歲寒然後에 知松柏之後凋也니라.
(세한연후, 지송백지후조야) (論語 子罕)

　날씨가 추워진 후에야, 소나무와 전나무가 늦이 시드는 것을 알 수 있다.

　겨울이 되어 처음으로 소나무나 전나무가 얼마나 강인하게 푸르름을 간직하고 있는지를 알 수 있다. 인간도 대사를 당하고서야 그 진가를 알 수 있는 것이다.
○세(歲)-절후. ○한(寒)-춥다. ○연(然)-그렇다. ○송(松)-소나무. ○백(柏)-전나무.
○후(後)-늦다. ○조(凋)-시들다.

149.
知者不惑하고 仁者不憂하며 勇者不懼니라.
(지자불혹, 인자불우, 용자불구) (論語 子罕)

      지자는 혹하지 않고, 인자는 걱정하지 않으며, 용자는 두려워 하지 않는다.

지혜로운 자는 세상의 이치를 알고 있으므로 어떤 문제에 부닥쳐도 혹하지 않으며, 인자는 사욕을 버리고 천리에 따라 행동하므로 걱정하지 않으며, 용감한 자는 의지가 굳고 결단력이 강하므로 두려워하지 않는다.
○혹(惑)-혹하다. ○용(勇)-씩씩하다. ○구(懼)-두렵다.

150.
可與立이러도 未可與權이니라. (가여립, 미가여권) (論語 子罕)

      같은 입장에 설 수는 있어도, 똑 같이 임기응변할 수는 없다.

함께 행동할 수 있는 사람이라도 한 가지 같은 일에 대하여 자기와 똑같이 그 경중, 전후, 대소를 바르게 판단하여 행동할 수 있느냐 하면 그렇지는 않다.
○립(立)-이룩하다. ○미(未)-못하다. ○권(權)-모사하다.

151.
未之思也언정 夫何遠之有리오. (미지사야, 부하원지유) (論語 子罕)

　　　　아직 골돌히 생각하지 않는구나, 참으로 그리워한다면 멀다는 생각이 날 이가 없다.

언제나 생각은 하고 있으면서도 거리가 멀기 때문이라는 핑계를 많이 한다. 그것은 생각하는 정도가 약하기 때문에 하는 말이다. 참으로 못견딜 정도로 그리워한다면 거리가 멀다는 생각이 나지 않을 것이다.
○사(思)-생각하다. ○하(何)-어찌. ○원(遠)-멀다. ○유(有)-있다.

152.
與下大夫言에 侃侃如也니라. (여하대부언, 간간여야) (論語 鄕黨)

　　　　하대부들과 더불어 말할 때는 강직하게 말했다.

공자는 조정에서 동급자 이하의 관리들과 말할 때는 강직하게 주장을 말했다.
○간(侃)-강직하다. ○언(言)-말하다.

153.
與上大夫言에 誾誾如也니라. (여상대부언, 은은여야) (論語 鄕黨)

　　　　상대부들과 말할 때는 부드러우면서 엄숙하게 말했다.

공자는 조정에서 상급자들과 말할 때는 부드러우나 엄숙하게 말했다.

○ 은(誾)-부드럽다.

154.
立不中門이라. (입불중문) (論語 鄕黨)

　　문 중앙에 서지 않는다.

문에 설 때는 문 중앙에 서는 것은 조심성이 없는 오만한 태도라 여겼다.
○ 문(門)-문.　○ 립(立)-서다.

155.
唯酒無量이나 不及亂이라. (유주무량, 불급란) (論語 鄕黨)

　　술을 마실 때 일정한 양은 없으나, 취하지는 않았다.

공자는 술에 대하여 일정한 양을 정해 마시지는 않았다. 그러나 취해서 흐트러지는 일은 없었다.
○ 유(唯)-오직.　○ 량(量)-분량.　○ 주(酒)-술.　○ 란(亂)-어지럽다.

156.
席不正이면 不坐니라. (석부정, 부좌) (論語 鄕黨)

　　자리가 바르지 않으면 앉지 않았다.

공자는 자리가 반듯하지 않으면 앉지 않았다.

ㅇ석(席)-자리. ㅇ좌(坐)-앉다.

157.
傷人乎아 不問馬니라. (상인호, 불문마) (論語 鄕黨)

사람이 상하지 않았느냐를 물을뿐 말에 대해서는 묻지 않았다.

공자가 퇴청하여 집에 돌아와 보니 마구간이 불타 버렸었다. 이를 보고 말에 대해서는 묻지 않고, 사람이 상하지 않았느냐고만 물었다. 사람을 귀히 여기는 태도를 보여준 말이다.
ㅇ상(傷)-상하다. ㅇ마(馬)-말. ㅇ문(問)-묻다

158.
先進於禮樂에 野人也요. (선진어례악, 야인야) (論語 先進)

선배들의 예악은 야인과 같다.

선배들의 예악에 대하는 태도는 야인처럼 소박하였으나 근본적인 정성이 있었다.
ㅇ선(先)-먼저. ㅇ진(進)-나아가다. ㅇ야(野)-야만. 들판.

159.
才不才에 亦各言其子也니라. (재부재, 역각언기자야) (論語 先進)

잘났거나 못났거나 자기 자식에 대한 정은 마찬가지다.

그 자식이 재주가 있거나 없거나 부모로서는 모두 귀하게 여겨 제자식 본위로 생각하는 것이 인간의 상정이다.
ㅇ재(才)-재주. ㅇ각(各)-제각기. ㅇ자(子)-아들. 자식.

160.
天喪予로구나 天喪予로구나. (천상여, 천상여) (論語 先進)

하늘이 나를 망치는구나.

공자가 사랑하는 제자 안연의 죽음에 대한 비탄의 말이다. 아 하늘이 나를 망하게 하는구나. 나의 도를 전수 받을 제자를 빼앗아 가는구나.
ㅇ상(喪)-죽다. 잃다. ㅇ여(予)-나.

161.
回也는 視予猶父也니라. (회야, 시여유부야) (論語 先進)

안회는 나를 마치 친 아버지처럼 생각했다.

안회는 스승인 공자를 친 아버지처럼 생각했다.
ㅇ시(視)-보다. ㅇ유(猶)-같다. 오히려.

162.
未能事人이면 焉能事鬼리오. (미능사인, 언능사귀) (論語 先進)

사람을 섬기지 못하는데, 어찌 귀신을 섬길 수 있겠는가.

아직 현실적으로 인간을 섬길 줄도 모르는 자에게 어찌 귀신을 섬기는 제사를 모시게 할 수 있겠는가. 제사를 모시게 하기 전에 먼저 인간을 섬기는 도리부터 알아야 한다.
ㅇ귀(鬼)-귀신. ㅇ사(事)-섬기다. ㅇ미(未)-못하다.

163.
未知生이면 焉知死리오. (미지생, 언지사) (論語 先進)

삶도 아직 모르는데 어찌 죽음에 대하여 알겠는가.

아직 살아 있는 자의 삶도 모르는데 어떻게 죽음을 알 수 있겠는가. 죽음을 알기 전에 먼저 삶을 알아야 한다.
ㅇ생(生)-삶. ㅇ사(死)-죽다.

164.
夫人不言이언정 言必有中이니라. (부인불언, 언필유중) (論語 先進)

그 사람은 말이 없으나, 말을 한다면 반드시 사리에 적중한다.

말은 함부로 해서는 안된다. 말을 한다면 반드시 도리에 맞는 말을 해야 한다.
ㅇ부(夫)-저것. ㅇ언(言)-말하다. ㅇ중(中)-맞다. 적중하다

165.
過猶不及이니라. (과유불급) (論語 先進)

지나친 것은 부족한 것만 못하다.

도는 중용에 있다. 지나친 것이 틀린 것이라면 모자란 것도 또한 틀린 것이다.
○유(猶)-오히려 ○급(及)-미치다. 차다. ○과(過)-지나치다.

166.
鳴鼓而攻之可也니라. (명고이공지가야) (論語 先進)

북을 울려서 그를 공격해도 좋다.

누가 보아도 부정행위라고 단정할 수 있는 행위를 저질렀다면, 그가 어떠한 지위에 있든지간에 소리를 높여 추궁해도 좋다.
○명(鳴)-울리다. ○고(鼓)-북. ○공(攻)-공격하다.

167.
論篤是與면 君子者乎아 色莊者乎아.
(논독시여, 군자자호, 색장자호) (論語 先進)

언론이 독실하다고 편들지만, 그 사람이 과연 군자일까. 외모만 장중하게 꾸미는 사람일지도 모른다.

의론이 돈독한 것만으로는 그 사람이 군자인지 외면만 꾸미고 말씨만 정중한 사람인지 모른다. 색장자란 안색이나 말씨만 정중한 사람을 말한다.
○논(論)-논하다. ○독(篤)-굳다. ○시(是)-이것. 옳다. ○장(莊)-꾸미다. ○시여(是

與)-찬성하여 편들다.

168.
聞斯行之니라. (문사행지) (論語 先進)

들은 대로 행하라.

자로가 공자에게 좋은 일을 들으면 어떻게 해야 합니까? 하고 물으니 공자가 대답하기를 부모님이 계시니 어찌 혼자 판단하겠는가? 하고 일단 행동을 눌렀다. 또 염유가 물으니 듣는 대로 행하라 하고 답했다. 자로는 지나치게 나서는 적극적인 성격의 소유자가 되어서 행동하기를 일단 누르고, 염유는 소극적인 성격이라서 즉시 행동하도록 적극 권장하는 태도로 듣는 대로 행동하라고 했다. 좋은 일이라도 너무 나서는 것은 좋지 않음을 말하고 있다.
○문(聞)-듣다. ○사(斯)-곧. ○행(行)-행하다.

169.
<子路曰> 有民人焉하며 有社稷焉하니 何必讀書然後에 爲學이리이꼬. (우민인언, 유사직언, 하필독서연후, 위학) (論語 先進)

백성도 있고, 사직도 있다. 어찌 반드시 책만을 읽어야 배운다고 하겠는가.

백성을 다스리고 나라의 정사를 경영하는 것은 실제의 학문이다. 반드시 독서를 하는 것만이 학문하는 것이라 할 수는 없다.
○사(社)-사직. 모이다. ○직(稷)-사직. ○독(讀)-읽다. ○서(書)-글. 책.

170.
克己復禮爲仁이니라. (극기복례위인) (論語 顔淵)

자기를 이기고 예로 돌아가는 것이 인이다.

사사로운 욕심을 버리고 자아를 눌러 절도를 지키고 사회와 일체가 되는 것이 인의 길이다. 자기 자신의 욕망만을 충족시키려 하면 인이 될 수 없다.
○극(克)-이기다. ○기(己)-자기. ○복(復)-돌아오다.

171.
爲仁由己니 而由人乎哉아. (위인유기, 이유인호재) (論語 顔淵)

인을 이룩함은 나로부터 비롯함이다. 어찌 남에게 의존하는 것이겠는가.

인도를 행하려 한다면 언제든지 행할 수 있다. 인을 행하는 것은 자기 자신이지 남의 힘으로 되는 것이 아니다.
○유(由)-말미암다.

172.
非禮勿視하며 非禮勿聽하며 非禮勿言하며 非禮勿動이니라.
(비례물시, 비례물청, 비례물언, 비례물동) (論語 顔淵)

예가 아니면 보지 말고, 듣지 말며, 말하지 말고, 행동하지 말라.

예에 합당하지 않은 일은 되도록 피하는 것이 좋다. 보는 것, 듣는 것, 말하는 것, 행동하는 것이 예에 맞지 않은 데 익숙해지면, 모르는 사이에 마음에서 바른 것을 잃어버리게 된다.
○비(非)-아니다. ○물(勿)-말다. ○청(聽)-듣다. ○동(動)-행동하다.

173.
使民如承大祭하라. (사민여승대제) (論語 顔淵)

　　　　백성을 부릴 때는 큰 제사 모시듯 신중히 하라.

　나라의 대제를 모실 때는 깊이 조심하여, 예를 따르고 공경하는 마음으로 행해야 한다. 이처럼 백성을 부릴 때도 예와 존경의 마음을 가지고 해야 한다.
○사(使)-시키다. ○승(承)-받들다. ○대(大)-크다. ○제(祭)-제사.

174.
君子不憂不懼니라. (군자불우불구) (論語 顔淵)

　　　　군자는 걱정하지 않고 두려워하지 않는다.

　군자는 언행에 그릇됨이 없으므로 두려워하거나 겁내는 일이 없다.
○우(憂)-걱정하다. ○구(懼)-두려워하다.

175.
內省不疚니 夫何憂何懼리오. (내성불구, 부하우하구) (論語 顔淵)

속으로 반성하여 허물이 없거늘 어찌 두려워하며 어찌 겁내겠는가.

반성하여 꺼림이 없으니 걱정을 하거나 두려워하거나 겁낼 일이 없다.
○내(內)-속. 안. ○성(省)-살피다. ○구(疚)-오랜 병. 허물.

176.
<子夏曰…> 死生有命이요 富貴在天이니라.
(사생유명, 부귀재천) (論語 顔淵)

삶과 죽음은 운명에 매여 있고, 부하고 귀하게 되는 것은 천명에 매여 있다.

인간의 생과 사는 그리고 빈부와 귀천은 모두가 천명에 달려 있다. 개인의 힘으로는 어쩔 수 없다.
○명(命)-천명. ○부(富)-부하다. ○귀(貴)-귀하다.

177.
<子夏曰…> 四海之內, 皆兄弟也니라.
(사해지내, 개형제야) (論語 顔淵)

천하에 있는 사람들이 모두 형제이다.

형제가 없다고 슬퍼하지 말라. 사람의 진심을 다해서 대한다면 세상 사람 모두가 형제이다.

○해(海)-바다. ○개(皆)-모두. ○형(兄)-형.

178.
民無信이면 不立이니라. (민무신, 불립) (論語 顏淵)

　　　백성들이 믿지 않으면 국가가 존립할 수 없다.

　　믿음이란 사회 존립의 기초이다. 이것을 잃어버리면 사회는 붕괴될 수밖에 없다.
○무(無)-없다.

179.
<棘子成曰> 君子質而已矣니 何以文爲리오.
(<극자성왈>, 군자질이이의, 하이문위) (論語 顏淵)

　　　군자는 실질적인 바탕을 세우면 된다. 문식으로 꾸며서 무엇 하겠느냐.

　　인간은 겉만을 꾸미면 되는 것이 아니다. 학문이나 수양보다도 질박함이 더 중요하다. 이에 대하여 자공(子貢)은 문(文)도 질(質)도 다 갖추어야 된다고 주장하기도 한다.
○질(質)-바탕. 질박하다. ○문(文)-글. 문화. 형식.

180.
<有若曰> 百姓足이면 君孰與不足이며 百姓不足이면 君孰與足이리오.
(<유약왈> 백성족, 군숙여부족, 백성부족, 군숙여족) (論語 顏淵)

백성이 풍족하면, 누구와 더불어 임금이 부족하겠는가. 백성이 부족하면 누구와 더불어 임금이 풍족하겠는가.

한 나라의 군주는 자기 중심의 생각을 해서는 안된다. 그 생활은 언제나 백성과 일체가 될 것을 생각해야 한다. 백성이 부족한 생활을 하고 있으면 군주로서 어찌 비용이 부족함을 문제로 삼을 수 있으며, 백성이 풍족하다면 군주는 걱정할 일이 없을 것이다.
○백(百)-일백. ○성(姓)-성씨. ○족(足)-풍족하다. ○숙(孰)-누구. ○여(與)-더불다.

181.
愛之欲其生하고 惡之欲其死하나니…是惑也라.
(애지욕기생, 오지욕기사. …시혹야) (論語 顔淵)

이를 사랑하면 그가 살기를 바라고, 이를 미워하면 그가 죽기를 바란다. 이것이 미혹이다.

좋아한다거나 사랑한다 하여 그가 언제까지나 건강하게 살기를 바라고, 싫다거나 밉다고 해서 그가 죽어버렸으면 하고 생각한다. 사랑하고 미워하는 감정이 이처럼 생각을 달리 가지게 되는 것이 인간의 미혹이다.
○애(愛)-사랑하다. ○욕(欲)-바라다. ○오(惡)-밉다. ○혹(惑)-미혹하다.

182.
<孔子對曰> 君君, 臣臣, 父父, 子子니이다.
(<공자대왈> 군군, 신신, 부부, 자자) (論語 顔淵)

공자 대답해서 말하기를 임금은 임금다워야 하고, 신하는 신하다워야 하고, 아비는 아비다워야 하고, 자식은 자식다워야 한다.

임금은 임금의 이름에 걸맞는 임금다워야 하고, 신하는 신하대로 아비는 아비대로 자식은 자식대로 그 이름과 직분에 맞도록 행동해야 한다. (제나라 경공(景公)의 질문에 답한 공자의 말)
○군(君)-임금. ○신(臣)-신하. ○부(父)-아버지 ○자(子)-아들.

183.
子路 無宿諾이러라. (자로, 무숙낙) (論語 顔淵)

자로는 승낙한 일을 묵히는 일이 없었다.

공자의 제자 자로는 일단 승낙한 일은 즉시 실행에 옮겨 묵히는 일이 없었다.
○숙(宿)-묵다. ○낙(諾)-말하다.

184.
居之無倦하며 行之以忠이니라. (거지무권, 행지이충) (論語 顔淵)

자리에 있으면 게을리하지 말고, 일을 행함에는 충실하라.

사명감에 철저해서 자기가 하는 일에는 열심을 다하여 그 일을 하며, 일을 할 때는 충실함을 잊지 말아야 한다.
○거(居)-있다. ○권(倦)-게으르다. ○충(忠)-충실하다.

185.
君子成人之美하고 不成人之惡하니라. (군자성인지미, 불성인지악) (論語 顔淵)

군자는 남의 좋은 점을 도와서 이를 이루게 하고, 남의 사악한 점은 이를 선도하여 이루지 못하게 한다.

군자는 남의 결점을 들어내지 않고 장점을 더 신장시켜 주려고 노력한다.
○성(成)-이루다. ○미(美)-좋다. ○악(惡)-나쁘다.

186.
政者正也니라. (정자정야) (論語 顔淵)

정치는 바로잡는 것이다.

정치의 요체는 바른 일을 행하는 것이다.
○정(政)-정(正). 동음 동의. 바르게 하다.

187.
子帥以正이면 孰敢不正이리오. (자수이정, 숙감부정) (論語 顔淵)

선생이 바르게 나아간다면, 누가 감히 부정을 하겠습니까.

위에 있는 당신이 정도를 걸어간다면 모든 것은 바르게 나아가게 된다.

○숙(孰)-누구. ○수(帥)-주장하다. ○감(敢)-구태어.

188.
苟子之不欲이면 雖賞之라도 不竊하리라.
(구자지불욕, 수상지, 부절) (論語 顔淵)

    우선 당신이 욕심을 내지 않으면 비록 상을 준다 해도 도둑질을 아니할 것이다.

세상에 도둑이 많은 것은 위정자가 욕심을 부리기 때문이다. 만일 당신이 물욕을 버린다면 상을 주어 장려를 하더라도 도둑질은 아니할 것이다.
○수(雖)-비록. ○상(賞)-상주다. ○절(竊)-도둑질하다.

189.
爲政焉用殺이리오. (위정언용살) (論語 顔淵)

    정치를 한다면서 어찌 살인을 하려고 하는가.

세상을 좋게 하려고 세상의 악당을 모두 죽인다면 그것이 정치의 목적에 맞는 행위인가. 정치는 모든 국민을 살리는 것이 아니겠는가.
○용(用)-쓰다. ○살(殺)-죽이다.

190.
君子之德風이요 小人之德草라 草上之風必偃하느니라.
(군자지덕풍, 소인지덕초, 초상지풍필언) (論語 顔淵)

군자의 덕은 바람과 같고, 소인의 덕은 풀과 같은 것이라 풀 위에 바람이 불면 반드시 쓸리어 따르게 된다.

치자의 덕성은 바람이고, 백성의 덕성은 풀이다. 선도의 바람이 불면 백성은 반드시 이에 따라서 선도의 길로 나아가게 된다.
○풍(風)-바람. ○초(草)-풀. ○언(偃)-눕다. ○상(上)-더하다.

191.
是聞也라 非達也니라. (시문야, 비달야) (論語 顔淵)

그것은 명성이지 통달이 아니다.

명성과 평판만의 인물은 문사(聞士)이지 달인은 아니다. 달인이란 정직하면서도 임기응변과 사람의 언어나 안색을 꿰뚫어 보는 총명을 가지고 사려 깊고 태도가 겸허한 사람이다.
○문(聞)-이름나다. ○달(達)-사무치다.

192.
夫達也者는 質直而好義하니라. (부달야자, 질직이호의) (論語 顔淵)

달인은 질박하고 정직하며 정의를 사랑한다.

달인은 본바탕이 정직하되 단순히 정직 일변도가 아니라 임기응변하여 정의로운 길을 택하는 것을 좋아하는 사람이다.
○질(質)-바탕. ○직(直)-정직.

193.
察言而觀色하여 慮以下人하니라. (찰언이관색, 려이하인) (論語 顔淵)

남의 말을 깊이 살피어 이해하고, 남의 표정이나 감정을 잘 살펴 깊이 생각하여 신중한 태도로 남을 겸손하게 대한다.

상대의 말을 잘들어서 의미를 깊이 통찰함과 동시에 안색을 통하여 그 마음을 읽을 수 있는 사람으로서 사려 깊고 용의주도하며 겸허하게 남을 대하는 사람이 곧 달인이다.
○찰(察)-살피다. ○관(觀)-보다. ○려(慮)-생각하다.

194.
色取仁而行違요 居之不疑하니라.
(색취인이행위, 거지불의) (論語 顔淵)

표면으로는 인도를 택하는 듯하면서도 그의 행동은 딴판이며, 그런 위선에 살면서도 아무런 의혹도 없다.

그 안색이나 태도는 매우 인자(仁者)다워서 세상의 평판은 좋으나, 실제의 행동은 보이는 바와 다르지만 태연하여 의혹을 느끼지 않는 사람은 달인이 아니다.
○색(色)-낯빛. ○취(取)-가지다. ○위(違)-다르다. ○의(疑)-의심하다.

195.
先事後得이 非崇德與아. (선사후득, 비숭덕여) (論語 顔淵)

일을 먼저하고 얻는 것을 뒤에 하면, 그것이 덕을 높이는 것이 아니겠는가.

곤란을 당했을 때는 다른 사람보다 먼저 실행하고, 보수를 받는 일은 다른 사람의 뒤에 한다. 이러한 마음가짐이 인덕을 높이는 길이다.
○선(先)-먼저. ○득(得)-얻다. ○숭(崇)-숭상하다.

196.
攻其惡하되 無攻人之惡이 非修慝與아.
(공기악, 무공인지악, 비수특여) (論語 顏淵)

나쁜 점을 공격하고 남의 나쁜 점을 공격하지 않는 것이 사악함을 고쳐서 바로잡는 것이 아니겠는가.

자기 자신의 나쁜 점은 철저히 징계하지마는 다른 사람의 나쁜 점은 관대한 태도로 대하는 것이 우리의 마음 속에 감추어진 악을 눌러 바로잡는 길이다.
○수(修)-닦다. 수양하다. ○특(慝)-간악하다.

197.
一朝之忿으로 亡其身하여 以及其親이 非惑與아.
(일조지분, 망기신, 이급기친, 비혹여) (論語 顏淵)

'하루 아침의 분을 못이겨 내 몸을 잊고, 그 누를 부모에게까지 끼치는 것이 바로 미혹된 짓이 아니겠는가.

한 때의 분을 참지 못하여 자기를 잃고 나타난 결과가 화를 자초하여 그 화를 친족에까지 미치게 하는 것은 미혹일 수밖에 없다. 언제나 감정은 눌러야 할 것이다.
○조(朝)-아침. ○분(忿)-분함. ○망(亡)-망치다. ○친(親)-친족.

198.
忠告以善導之하되 不可則止하라.
(충고이선도지, 불가즉지) (論語 顔淵)

충고하여 선도하지만, 듣지 않으면 그만두어라.

거짓 없이 진심으로 좋은 방향으로 선도하는 것이 친우로서의 도리이다. 그러나 그 친구가 받아들이지 않으면 충고는 그만두는 것이 좋다. 잘못하면 욕을 당하게 된다.
○충(忠)-충고하다. ○고(告)-알리다. ○도(導)-이끌다. ○지(止)-그치다.

199.
<曾子曰…> 以文會友하고 以友輔仁이니라.
(이문회우, 이우보인) (論語 顔淵)

글로써 벗과 사귀고, 벗이 됨으로써 서로 인덕을 돕는다.

글과 학문을 바탕으로 해서 벗을 사귀고, 그래서 벗이 되고 나면 서로 인덕을 수양하는 도움이 되도록 힘써야 한다.
○이(以)-~으로써. ○회(會)-모으다. ○보(輔)-돕다.

200.
先之勞之니라. (선지로지) (論語 子路)

앞서서 일하고 위로하라.

솔선수범하여 먼저 일하고 위로하는 것이 지도자의 갖출 요건이다.
○ 선(先)-먼저. ○ 로(勞)-위로하다.

201.
無倦이니라. (무권) (論語 子路)

게으르지 말라.

무슨 일에나 권태를 느끼거나, 게으르지 말라.
○ 권(倦)-게을리하다.

202.
擧爾所知면 爾所不知를 人其舍諸아.
(거이소지, 이소부지, 인기사제) (論語 子路)

네가 아는 현명한 재사를 먼저 등용하라. 그러면 네가 모르는 인재는 남들이 그대로 버려 두겠는가.

인재를 등용할 때는 자신이 잘 아는 사람을 먼저 등용하라. 인재 등용의 방침이 널리 알려지면 남들이 미지의 훌륭한 인재를 추천해줄 것이다.

○거(擧)-들다. 빼다. ○이(爾)-너. ○사(舍)-버리다.

203.
必也正名乎아. (필야정명호) (論語 子路)

　　　반드시 명분을 바로 잡는다.

　정치를 담당할 때는 먼저 각자의 명분을 바로 잡아야 한다. 임금은 임금으로서의 명분을 지키고, 신하는 신하로서의 명분을 지키게 해야 한다.
○필(必)-반드시. ○정(正)-바르다. ○명(名)-이름.

204.
君子於其所不知에 蓋闕如也니라.
(군자어기소부지, 개궐여야) (論語 子路)

　　　군자는 자기가 모르는 일에는 입을 다물어야 한다.

　군자는 아는 척하지 않는다. 그러므로 자기가 모르는 일에 대하여는 입을 다무는 것이 좋다.
○개(蓋)-덮다. ○궐(闕)-빠지다.

205.
吾不如老農이니라. (오불여노농) (論語 子路)

　　　나는 늙은 농부만 못하다.

사람에게는 제각기 자기의 본분이 있고 그 분야에 전문성을 확보하고 있다. 농업에 관해서는 늙은 농부가 낫다.
ㅇ농(農)-농사. 농부.

206.
雖多나 亦奚以爲리오. (수다, 역해이위) (論語 子路)

비록 많은들 무슨 소용이 있겠는가.

쓸모없는 것은 아무리 많이 있어도 의미가 없다. 아무리 학문이 넓고 깊어도 실용에 닿지 않으면 아무런 가치도 없는 것이다.
ㅇ수(雖)-비록. ㅇ역(亦)-또. ㅇ해(奚)-어찌. ㅇ해이위(奚以爲)-~무슨 소용이 있는가.

207.
其身正이면 不令而行이니라. (기신정, 불령이행) (論語 子路)

그 몸가짐이 바르면 명령이 없어도 잘 이루어진다.

지도자가 자기의 몸가짐을 바르게 한다면 시키지 않아도 일이 잘 이루어진다.
ㅇ신(身)-몸. ㅇ령(令)-명령하다.

208.
不能正其身이면 如正人何오. (부능정기신, 여정인하) (論語 子路)

자기 몸가짐을 바르게 하지 못한다면 어찌 남을 바르게 다스릴 수가 있겠는가.

정(政)은 정(正)이라 한다. 지도자가 자신의 몸가짐을 바르게 하지 못하고서 어떻게 남을 바르게 할 수 있겠는가.
ㅇ능(能)-능하다. 잘하다. ㅇ하(何)-어찌.

209.
言不可而若是, 其幾也니라. (언불가이약시, 기기야) (論語 子路)

말이란 원래 한 마디로 뜻한 것을 다 표현해낼 수 있는 것이 아니다. 그것의 본질에 가까울 뿐이다.

말은 그것을 실천하느냐 아니 하느냐에 따라 그 결과가 정해지는 것이지 미리 반드시 그렇게 된다는 예정이 되어 있는 것은 아니다. 다만 그에 가까울 뿐이다.
ㅇ언(言)-말씀. ㅇ가(可)-할 수 있다. ㅇ약(若)-같다. ㅇ기(幾)-가깝다.

211.
爲君難하며 爲臣不易니라. (위군난, 위신불이) (論語 子路)

임금이 되기 어렵고, 신하 되기 쉽지 않다.

임금이 되어서 천직을 다하기는 어렵고, 신하가 되어서 그 직책을 수행하기는 쉽지 않다.
ㅇ난(難)-어렵다. ㅇ이(易)-쉽다.

212.
近者說하며 遠者來니라. (근자열, 원자래) (論語 子路)

가까운 곳 사람이 기뻐하며, 먼 곳 사람이 찾아온다.

섭공(葉公)이 공자에게 정치는 어떻게 해야 합니까 하는 물음에 공자가 답하여 말하기를 "가까운 곳 사람은 은택을 입어서 기뻐하여 복종하고, 먼 곳 사람은 풍문을 듣고 흠모하여 찾아오도록 해야 한다."고 말했다.
ㅇ근(近)-가깝다. ㅇ열(說)-기뻐하다. ㅇ원(遠)-멀다. ㅇ래(來)-오다.

213.
欲速則不達이니라. (욕속즉부달) (論語 子路)

급히 서두르면 달성하지 못한다.

정치를 함에 있어서 공명심에 일을 서두르면, 반드시 일이 잘 안되는 사태에 직면하고, 결국은 목적한 바를 달성시키지 못한다. (정치에 대한 자하(子夏)의 물음에 답한 공자의 말)
ㅇ욕(欲)-바라다. ㅇ속(速)-빠르다. ㅇ달(達)-달성하다.

214.
見小利則大事不成이니라. (견소리즉대사부성) (論語 子路)

작은 이득을 보려고 하면 큰 일을 이루지 못한다.

목전의 사태에 눈이 어두워 대국을 그릇되게 하듯이 자그만 이익을 얻고자 하면 큰 일을 이루지 못한다. (자하의 물음에 답한 공자의 말)
ㅇ견(見)-보다. ㅇ리(利)-이롭다. ㅇ사(事)-일. ㅇ성(成)-이루다.

215.
父爲子隱하며 子爲父隱하나니라. (부위자은, 자위부은) (論語 子路)

어버이는 자식을 위해 숨기고, 자식은 어버이를 위해 숨긴다.

만일 어버이의 행위가 죄가 된다고 하더라도, 자식이 이를 단죄하는 것은 정직한 것일지는 몰라도 칭찬할 것은 되지 못한다. 어버이는 자식의 죄를 숨겨 주고, 자식은 어버이의 죄를 숨겨 주는 것이 인간의 상정이다. 이 인간의 인정만이 거짓이 없는 진정일 것이다.
ㅇ위(爲)-위하다. ㅇ은(隱)-감추다.

216.
居處恭이니라. (거처공) (論語 子路)

집에 안주하고 있을 때도 공손한 태도로 지낸다.

사람은 어떠한 지위에 있어도 삼가고 신중함을 잊어서는 안된다. 비록 남이 보지 않은 공간에서나, 일상 생활에서도 공손한 태도는 자기 수양과 치국의 결정적 요체가 된다.
ㅇ거(居)-살다. 있다. ㅇ처(處)-곳. ㅇ공(恭)-공손하다. ㅇ거처(居處)-평상시

217.
執事敬이니라. (집사경) (論語 子路)

일을 처리할 때에는 성실과 신중을 기한다.

일의 대소를 가릴 것 없이 그것을 처리함에는 조심성이 있어야 하고, 사소한 것일지라도 소홀하지 않으며 양심적으로 해야 한다.
○집(執)-잡다. ○경(敬)-공경하다. 삼가다. ○사(事)-일

218.
使於四方하여 不辱君命이면 可謂士矣니라.
(사어사방, 불욕군명, 가위사의) (論語 子路)

사방에 사자로 나아가 군명을 욕되게 하지 않으면 선비라 할 수 있다.

선비는 왕명을 받아 외국에 사절로 나아갈 경우에는 맡은 바 사명을 다할 수 있는 능력을 갖추고 왕명을 욕되게 하지 않아야 선비라 할 수 있다.
○사(使)-사신. ○방(方)-방위. ○욕(辱)-욕되다. ○명(命)-명령.

219.
狂者進取니라. (광자진취) (論語 子路)

과격한 자는 진취적이다.

중도를 지켜 행하는 사람은 바람직하나, 이런 사람은 매우 적다. 그 다음을 고른다면 광자인데, 광자는 실행은 미흡하지만 뜻이 높고 진취적이다.
○광(狂)-미치다. ○진(進)-나아가다. ○취(取)-가지다.

220.
人而無恒이면 不可而作巫醫라.
(인이무항, 불가이작무의) (論語 子路)

　　　　사람이 사람으로서 항심이 없으면 무당이나 의사 노릇도 못한다.

항심 곧 항상 변하지 않은 신념, 이것을 가지고 있지 않으면 신뢰를 얻지 못할 것이므로, 항심이 없는 사람은 남의 의뢰를 받아서 기도해주는 무당이나, 몸을 맡아 병을 고치는 의사의 구실도 못할 것이다.
○항(恒)-늘. ○작(作)-짓다. 일하다. ○무(巫)-무당. ○의(醫)-의사.

221.
君子和而不同하니라. (군자화이부동) (論語 子路)

　　　　군자는 화합하되 뇌동하지는 않는다.

군자는 사람들과 화합은 하지마는 뇌동하지는 않는다. 남과 진실을 가지고 화합하는 것은 중요하나 비리에 좇아서 부화뇌동하는 것은 군자의 도리가 아니다.
○화(和)-어울리다. ○동(同)-같다.

222.
不如鄕人之善者好之오 其不善者惡之니라.
(불여향인지선자호지, 기불선자오지) (論語 子路)

마을 사람으로서 착한 사람이 좋아하고, 착하지 못한 사람이 미워하는 사람만 못하다.

팔방미인이라고 모두 좋은 사람은 아니다. 착한 사람은 좋아하고, 착하지 못한 사람은 미워하는 그 사람이 바른 인간이다.
ㅇ향(鄕)-마을. ㅇ선(善)-착하다. 좋다. ㅇ오(惡)-밉다. 싫다.

223.
君子易事而難說也니라. (군자이사이난열야) (論語 子路)

군자는 섬기기는 쉬우나, 기쁘게 하기는 어렵다.

군자에게는 편벽됨이 없으므로 섬기기 쉽다. 소인처럼 도리에 맞지 않은 이욕에는 기뻐하지 않는다. 그러나 세상 모든 일이 도리에 맞는 것만은 아니므로 군자를 기쁘게 하기는 어렵다.
ㅇ이(易)-쉽다. ㅇ사(事)-섬기다. ㅇ난(難)-어렵다. ㅇ열(說)-기쁘다.

224.
及其使人也에 求備焉이니라. (급기사인야, 구비언) (論語 子路)

사람을 부림에 그 사람이 모든 것을 갖추기를 바란다.

사람에게는 사람 나름의 재주와 기능을 가지고 있다. 한 사람이 모든 것을 다 할 수 있기를 바라는 것은 무리이다. 중요한 것은 그 일에 맞는 기능과 재주를 가진 사람을 쓰는 것이 현명한 방법이다.
○급(及)-미치다. ○사(使)-부리다. ○구(求)-요구하다. ○비(備)-갖추다.

225.
君子泰而不驕니라. (군자태이불교) (論語 子路)

군자는 태연하나 교만하지 않다.

인간의 마음은 그 태도에서 나타난다. 군자는 수양이 깊고 믿음이 도타워서 유연한 태도를 지닌다. 오만하거나 교만한 태도는 없다.
○태(泰)-태연하다. ○교(驕)-교만하다.

226.
剛毅木訥近仁이니라. (강의목눌근인) (論語 子路)

강직하고, 과감하고, 질박하고, 말이 무거우면 인에 가깝다.

물욕에 움직이지 않고, 과단성 있게 일을 행하며, 꾸밈이 없이 소박하고, 말이 적은 사람은 인자 바로 그것은 못되지만 인자에 가깝다.
○강(剛)-굳세다. ○의(毅)-굳세다. ○목(木)-질박하다. ○눌(訥)-말더듬다.

227.
邦有道穀이나 邦無道穀이면 恥也니라.
(방유도곡, 방무도곡, 치야) (論語 憲問)

나라에 도가 서 있어서 관록을 먹는 것은 좋으나, 나라에 도가 서지 않은 나라에서 관록을 먹는 것은 수치이다.

기강이 바로 서지 못한 나라에서 군자가 관료로서 봉직하고 보수를 받는 것은 수치스러운 일이다. 기강을 바로 세우는 임무를 띠고 있는 사람이 아무 것도 하는 일 없이 무위도식 하는 것은 부끄러운 일이 아닐 수 없다.
○방(邦)-나라. ○곡(穀)-곡식. 녹. ○치(恥)-부끄럽다.

228.
士而懷居면 不足而爲士矣니라. (사이회거, 부족이위사의) (論語 憲問)

선비로서 편한 거처를 그리워하면, 선비가 되기에는 모자라다.

선비가 직무에 충실하지 않고 이차작인 보수에만 눈이 밝으면 선비로서는 자격이 모자람이다.
○사(士)-선비. ○회(懷)-품다 그립다. ○거(居)-살다. ○족(足)-족하다.

229.
邦無道엔 危行言孫이니라. (방무도, 위행언손) (論語 憲問)

나라에 도가 없으면 행동은 고답해도 말은 공손해야 한다.

도덕이 행해지지 않은 나라에서는 설화(舌禍), 필화(筆禍)를 일으키기 쉽다. 행동은 고답적으로 하더라도 발언은 어디까지나 신중을 기해야 한다. 바른 일이라고 해서 무리하게 말을 한다면 해를 입게 된다.

○위(危)-높다. ○손(孫)-겸손하다. ○언(言)-말. ○행(行)-행동.

230.
有德者必有言이어니와 有言者不必有德이니라.
(유덕자필유언, 유언자불필유덕) (論語 憲問)

　　　　유덕한 사람은 바른 말을 하지만, 바른 말을 하는 사람이라고
　　　　반드시 덕이 있는 것은 아니다.

덕이 있는 사람 곧 인간적인 매력을 갖춘 사람은 높은 교양과 식견을
가지고 있으므로 좋은 말을 할 수 있을 것이나, 좋은 말을 하는 사람이
라고 해서 반드시 덕이 있거나 인간적인 매력을 지닌 것은 아니다.
○덕(德)-덕스럽다. ○필(必)-반드시. ○불(不)-아니. ○자(者)-사람. 놈.

231.
仁者必有勇이나 勇者不必有仁이니라.
(인자필유용, 용자불필유인) (論語 憲問)

　　　　인자는 반드시 용기를 가지고 있으나, 용기 있는 사람이라고
　　　　반드시 인자는 아니다.

인자는 마음 속에 근심이 없어 무슨 일에나 자신이 있으니까, 반드시
의로운 것을 보면 용기가 솟아나지만, 용자는 때로 혈기에 넘쳐서 행동
하는 경우도 있으므로 반드시 인자라고 할 수는 없다.
○인(仁)-어질다. ○용(勇)-용기. ○필(必)-반드시. ○유(有)-있다.

232.
愛之란 能勿勞乎아. (애지, 능물로호) (論語 憲問)

사랑한다고 일을 시키지 않을 수 있겠는가.

참으로 사랑한다면 오히려 그 사람의 장래를 위해서는 일을 시켜서 수고로움을 체험시켜야 한다. 사랑하는 자식을 단련시키는 것과 같다.
○능(能)-능하다. ○물(勿)-말다. ○로(勞)-수고롭다.

233.
忠焉이란 能勿誨乎아. (충언, 능물회호) (論語 憲問)

자기 자신에게 충실하다고 깨우쳐 주지 않을 수 있겠는가.

참으로 생각하는 마음이 있다면, 그 사람이 아무리 자기 자신에게 충실하다고 하더라도 충고를 아니 할 수 있겠는가.
○충(忠)-자기에 충실. ○언(焉)-어조사. ○회(誨)-깨우치다.

234.
貧而無怨難하고 富而無驕易하니라.
(빈이무원난, 부이무교이) (論語 憲問)

가난하면서 원망하지 않음은 어려우나, 부하면서 교만하지 않음은 쉽다.

사람이 가난에 빠지면 세상을 원망하고 남을 탓하는 것이 상정이다.

그러므로 가난하면서도 세상을 원망하지 않는다는 것은 부자가 교만함을 억누르는 것보다도 어려운 일이고, 부자가 교만함을 누르는 것은 오히려 쉽다.
○빈(貧)-가난하다. ○원(怨)-원망하다. ○부(富)-부하다. ○교(驕)-교만하다.

235.
見利思義하니라. (견리사의) (論語 憲問)

이로운 것을 보면 의로움을 생각하라.

사람은 이로운 것에 눈이 어두워지기 쉽다. 이로운 것을 앞에 두고서는 그것이 도리에 맞는 정의로운 것인지를 생각해야 한다.
○사(思)-생각하다. ○의(義)-정의롭다. ○리(利)-이익되다.

236.
見危授命이니라. (견위수명) (論語 憲問)

위태로운 것을 보면 목숨을 주어라.

사람은 위험한 경우를 당하면 목숨이 아까워서 먼저 그것을 피하려 하는 것이 상정이다. 훌륭한 사람이라면 감연히 목숨을 걸고 이에 대처하여야 한다.
○위(危)-위태롭다. ○수(授)-주다. ○명(命)-목숨.

237.
久要不忘平生之言이면 亦可爲成人矣니라.

(구요불망평생지언, 역가위성인의) (論語 憲問)

　　오랜 약속이라도 전날의 자기의 말을 잊지 않고 실천한다면, 역시 인간 완성이라 할 수 있다.

완성된 인간이라면 오래된 약속이라도 잊지 않고 반드시 실천한다.
ㅇ구(久)-오래다. ㅇ요(要)-약속. ㅇ망(忘)-잊다. ㅇ평(平)-평탄하다. ㅇ생(生)-살다.

238.
<公明賈曰…> 時然後言이라 人不厭其言하니라.
(시연후언, 인불염기언) (論語 憲問)

　　말할 때가 되어서 말하므로 남들이 그 말을 싫어하지 않는다.

말해야 할 때를 가려서 말을 하면 그 말을 싫다고 하지 않게 된다.
ㅇ시(時)-때. ㅇ연(然)-그런. ㅇ후(後)-뒤. ㅇ염(厭)-싫다.

239.
<公明賈曰…> 樂然後笑라 人不厭其笑하니라.
(낙연후소, 인불염기소) (論語 憲問)

　　정말로 즐거워할 때가 되어서 웃으므로 남이 그 웃음을 싫어 하지 않는다.

정말로 즐거움을 맛보고 기뻐할 때에 웃으면 그 웃음을 남들이 싫어 하지 않는다.

ㅇ락(樂)-즐겁다. ㅇ소(笑)-웃다.

240.
<公明賈曰…> 義然後取라 人不厭其取하니라.
(의연후취, 인불염기취) (論語 憲問)

의로움을 확인한 후에 재물을 취하므로 남이 그 재물 취하는 것을 싫어하지 않는다.

재물을 취할 때 그 재물을 취하는 것이 도리에 맞는지를 확인한 후에 취하므로, 남들이 그것을 탐욕이라고 보지 않고 정당하게 여긴다.
ㅇ의(義)-정의롭다. ㅇ취(取)-가지다.

241.
勿欺也요 而犯之니라. (물기야, 이범지) (論語 憲問)

속이지 말고, 면전에서 간하라.

남을 섬길 때는 진심을 다해 섬기고, 속이지 말며, 웃어른의 눈치를 보려 하지 말고 얼굴을 마주 보고 간언하라.
ㅇ기(欺)-속이다. ㅇ범(犯)-간언하다.

242.
君子上達하고 小人下達하니라. (군자상달, 소인하달) (論語 憲問)

군자는 위로 뻗어 진리, 도덕에 통달하고, 소인은 아래로 뻗어 재물이나 이욕에만 통달한다.

국가 사회의 지도자로서의 군자는 국가의 명운, 도덕의 시행, 학문의 진리 같은 고원하고 차원이 높은 문제들에 달관 통달하고, 소인은 신변의 문제나 생활을 위한 생업 등의 차원이 낮은 문제에 밝아진다.
○상(上)-위. ○달(達)-사무치다. ○하(下)-아래.

243.
古之學者爲己러니 今之學者爲人이로다.
(고지학자위기, 금지학자위인) (論語 憲問)

옛날의 학자는 자기 수양을 위하고, 오늘의 학자는 남에게 보이기 위하여 공부한다.

옛날의 학자는 오직 자기의 수양을 위하여 학문을 하였으나, 오늘의 학자는 자기 수양보다 세상의 평판을 노리고 공부하고 있다.
○고(古)-옛날. ○기(己)-자기. ○금(今)-이제. ○인(人)-남. 타인.

244.
夫子, 欲寡其過나 而未能也니라. (부자, 욕과기과, 이미능야) (論語 憲問)

선생님은 자기의 잘못을 적게 하고자 애쓰나, 잘 되지 않는 듯하다.

여기서 말하는 선생님은 위나라 대부인 거백옥을 말한다. 그는 애써서 잘못을 저지르지 않으려 노력은 하지마는 뜻대로 되지 않고 있다고

말함이다
○욕(欲)-바라다. ○과(寡)-적다. ○과(過)-잘못. ○미(未)-못하다.

245.
不在其位면 不謀其政이니라. (부재기위, 불모기정) (論語 憲問)

그 지위에 있지 않으면, 그 정사를 논하지 말라.

지위에 따라 전문적인 직무가 있게 마련이다. 그 지위에 있지 않으면 그 지위와 관련되는 직무에 대하여 알 수도 없을 뿐아니라 말할 권한도 없다.
○재(在)-있다. ○위(位)-자리. 지위 ○모(謀)-꾀하다. ○정(政)-정치.

246.
<曾子曰> 君子思不出其位니라. (군자사불출기위) (論語 憲問)

군자는 생각하는 바가 그 지위를 벗어나지 않게 한다.

군자는 그가 맡은 영역에 충실하여 남의 영역을 침범하지 않는다. 자기의 위치, 직책에는 사명감을 가지고 철저하지만 남의 일에 대하여서는 함부로 말하거나 간섭하지 않는다.
○사(思)-생각하다. ○출(出)-나다. ○위(位)-자리. 지위

247.
君子 恥其言而過其行이니라. (군자, 치기언이과기행) (論語 憲問)

군자는 자신의 말이 행동보다 지나치는 것을 부끄러워한다.

군자는 실행할 수 없는 발언을 삼가하고, 말한 것보다 더 많이 실천하려고 노력한다.
○치(恥)-부끄럽다. ○언(言)-말. ○과(過)-지나다.

248.
仁者不憂하고 知者不惑하고 勇者不懼니라.
(인자불우, 지자불혹, 용자불구) (論語 憲問)

인자는 근심하지 않고, 지자는 혹하지 않으며, 용자는 두려워하지 않는다.

인자는 뒤돌아보아 꺼림직한 일이 없으므로 근심이 없으며, 지자는 사리를 확실히 분간할 수 있으므로 혹하는 일이 없으며, 용자는 믿는 바대로 돌진하는 용기가 있으므로 두려워하지 않는다.
○우(憂)-걱정하다. ○혹(惑)-어지럽다. ○구(懼)-두렵다.

249.
我則不暇니라. (아즉불가) (論語 憲問)

나는 한가하지 않다.

자공이 재주가 뛰어나서 때때로 남을 비평하는 버릇이 있으므로 이를 꾸짖기 위하여 공자가 한 말로서, 나로서는 남을 비평할 만큼 한가하지 않다.

○아(我)-나. ○가(暇)-한가하다.

250.
不逆詐하여 不億不信이니라. (불역사, 불억불신) (論語 憲問)

　　　남이 자기를 속이지도 않는데 미리 경계하는 일이나 남이 나를 의심하지 않는가 하여 억측하는 일이 없어야 한다.

　사람과 대할 때, 그는 속임수가 있고 표리가 있다고 지나치게 생각하거나, 믿을 수 없는 일을 할 것이 아닌가 하고 지레 짐작하는 일은 하지 말아야 한다.
○역(逆)-거스르다. 미리 추측하다. ○사(詐)-속이다. ○억(億)-억측하다.

251.
以直報怨이오 以德報德이니라. (이직보원, 이덕보덕) (論語 憲問)

　　　원한은 강직함으로 갚고 덕행에는 은덕으로 갚아라.

　억울함을 당하면 그 비도를 공평한 판단에 의하여 강직함으로 갚아야 하고, 덕스러운 은혜에 대하여는 은덕으로 갚아야 한다.
○직(直)-강직하다. ○보(報)-갚다. ○이(以)-로써.

252.
不怨天하며 不尤人이라. (불원천, 불우인) (論語 憲問)

　　　하늘을 원망하지 말며, 사람도 탓하지 말라.

사람의 힘으로는 어쩔 수 없는 운명을 단순히 대상으로 보지 않고, 사람과 만물을 생멸시키는 주체를 천 곧 하늘이라고 본다. 사람은 자기 자신의 불우한 한을 푸는 대상을 천으로 정하여 놓고, 하늘을 원망하지도 말고 사람을 탓하지도 말아라. 하늘은 자기 자신과 만물의 근원이고, 사람은 자기 자신과 같은 인간이다. 오직 자기 자신을 탓해야 한다.
ㅇ불(不)-아니. ㅇ원(怨)-원망하다. ㅇ우(尤)-탓하다.

253.
下學而上達하니라. (하학이상달) (論語 憲問)

밑으로 배워 위로 통달한다.

자기 자신보다 신분, 연령, 학식 등이 낮은 사람에게도 배우고, 신변의 비근한 것이나 자질구레한 일이라도 소홀히 하지 말고 배워 하루하루 조금씩 나아져 간다. 더 나아가서 자기 자신의 일상 생활을 잘 배우고 그 근원인 운명의 자각으로까지 깊이 들어가서 인간으로서의 존재 방식이나 운명의 개척 방법까지 깨달아 통달하는 것이다.
ㅇ학(學)-배우다. ㅇ달(達)-통달하다.

254.
道之將行也與도 命也며 道之將廢也與도 命也니라.
(도지장행야여, 명야, 도지장폐야여, 명야) (論語 憲問)

도가 이루어지는 것도 천명이며, 도가 폐하는 것도 천명이다.

도가 행해지고 폐하여 없어지는 것 모두가 천명에 달려 있다.

○장(將)-장차. ○명(命)-천명. ○폐(廢)-폐하다.

255.
上好禮면 則民易使也니라. (상호례, 즉민이사야) (論語 憲問)

　　　웃사람이 예를 좋아하면, 백성을 부리기 쉽다.

　웃사람이 예를 숭상하면, 아랫사람들이 겸양의 마음을 깨달아, 자기의 분수를 알게 되므로 부리기가 쉬워진다.
○호(好)-좋아하다. ○이(易)-쉽다. ○사(使)-시키다.

256.
修己以敬이니라. (수기이경) (論語 憲問)

　　　자기 수양을 하고 경건해야 한다.

　군자는 먼저 자기 수양에 힘쓰고 사람을 대할 때 경건하고 신중한 태도를 지녀야 한다.
○수(修)-닦다. ○기(己)-자기. ○경(敬)-공경하다.

257.
修己以安人이니라. (수기이안인) (論語 憲問)

　　　자기 수양을 하고 남을 편하게 해주어야 한다.

　군자는 자기 수양을 쌓고 그 덕을 널리 펴서, 백성들이 편안한 생활을 할 수 있도록 하는 데 힘써야 한다.
ㅇ수(修)-닦다. 수양하다. ㅇ기(己)-자기. ㅇ안(安)-편안하다. ㅇ인(人)-남. 사람.

258.
君子固窮이라. (군자고궁) (論語 衛靈公)

군자는 원래 궁하게 마련이다.

군자도 곤궁할 경우가 있다. 군자는 곤궁에 처하더라도 도리를 벗어나는 일은 하지 않는다.
ㅇ고(固)-진실로. 원래. ㅇ궁(窮)-궁하다.

259.
小人窮斯濫矣니라. (소인궁사람의) (論語 衛靈公)

소인은 궁해지면 넘나는 짓을 한다.

소인이 곤궁에 처하게 되면 군자와 달리 도리에 벗어난 짓을 한다.
ㅇ사(斯)-곧. ㅇ람(濫)-넘치다.

260.
予一以貫之니라. (여일이관지) (論語 衛靈公)

나는 인 하나로 일관한다.

나는 많은 것을 배운 것은 아니다. 내 자신의 인생을 단 하나의 도인인(仁)을 가지고 일관한다.
ㅇ여(予)-나. ㅇ관(貫)-꿰뚫다. ㅇ이(以)-이것.

261.
恭己正南面而已矣니라. (공기정남면이이의) (論語 衛靈公)

몸가짐을 공손히 하고, 남면하여 바르게 앉았다.

순임금은 아무 것도 하지 않았으나 천하를 태평하게 다스렸다. 그는 오직 몸가짐을 공손히 하고 조심하여 천자의 자리 곧 옥좌에 남면하여 앉아 있을 뿐이었다. 자기 스스로를 다스리는 사람은 "무위의 화(無爲의 化)"를 남에게 미치게 한다. 남면한다 함은 천자는 언제나 남쪽을 향하여 앉도록 옥좌가 놓여져 있음을 말한다.
ㅇ공(恭)-공손하다. ㅇ정(正)-바르다. ㅇ남(南)-남쪽.

262.
言忠信하며 行篤敬이면 雖蠻貊之邦行矣니라.
(언충신, 행독경, 수만맥지방행의) (論語 衛靈公)

말을 충성과 신의롭게 하고, 행동을 돈후하고 공경스럽게 하면, 비록 오랑캐 나라에서도 통할 것이다.

사람의 말이 진실하고 미더우며, 행동이 인정 두텁고, 조심성이 깊으면, 남북의 야만족의 나라에서도 그 말은 반드시 행해질 것이다.
ㅇ독(篤)-도탑다. ㅇ수(雖)-비록. ㅇ만(蠻)-오랑캐. ㅇ맥(貊)-오랑캐

263.
可與言而不與之言이면 失人이오.
(가여언이불여지언, 실인) (論語 衛靈公)

　　　더불어 말할 수 있는 사람과 말을 하지 않으면 사람을 잃는다.

　상대와 대화를 나누어야 할 때, 대화를 하지 않거나, 모처럼 대화를 나눌 만한 사람과 만났음에도 대화를 하지 않으면 훌륭한 사람을 잃게 된다.
ㅇ가(可)-가하다. ㅇ여(與)-더불다. ㅇ실(失)-잃다. ㅇ언(言)-말하다.

264.
不可與言而與之言이면 失言이오.
(불가여언이여지언, 실언) (論語 衛靈公)

　　　더불어 말할 수 없는 사람과 말을 하면 말을 잃는다.

　대화를 해서는 안될 때에 말을 하거나, 대화를 나눌 만한 사람이 아닌데 그 사람을 상대로 대화를 하면 실언의 과오를 범하게 된다.
ㅇ불(不)-아니다. ㅇ언(言)-말하다.

265.
志士仁人은 無求生以害仁이오 有殺身以成仁이니라.
(지사인인, 무구생이해인, 유살신이성인) (論語 衛靈公)

　　　지사와 인인은 살기 위하여 인을 해치는 일이 없고, 몸을 죽여

인을 이루는 일이 있다.

도에 뜻을 세우고 인인이 되려고 노력하는 사람 또는 인간다운 인간이 되려는 이상을 추구하는 사람은 생명이 아까워서 인을 희생하는 일은 없고, 일신을 희생하여 인을 이룬다. 곧 인간다운 인간을 완성시키는 일이 있다.
○지(志)-뜻. ○사(士)-선비. ○무(無)-없다. ○구(求)-구하다. ○생(生)-목숨. ○해(害)-해치다. ○살(殺)-죽이다.

266.
工欲善其事면 必先利其器니라.
(공욕선기사, 필선리기기) (論語 衛靈公)

직공이 일을 잘 하려면 반드시 먼저 연장을 예리하게 간다.

직공이 일을 잘하려면 먼저 도구를 잘 갈고 다듬는다. 이렇듯이 훌륭한 인간이 되기 위하여 수양하려면 먼저 현명한 사람을 가까이 모시고 배우며, 인자를 벗으로 사귀는 것이 필요하다.
○공(工)-장인. 만들다. ○선(善)-잘하다. ○필(必)-반드시. ○선(先)-먼저. ○리(利)-날카롭다. ○기(器)-도구. 그릇.

267.
人無遠慮면 必有近憂니라. (인무원려, 필유근우) (論語 衛靈公)

사람은 멀리 생각하지 않으면 ,반드시 가까운 근심이 있다.

사람은 먼 장래의 일, 또는 넓은 범위의 일을 미리 생각해 두지 않으면, 반드시 신변 가까운 데서 걱정할 일이 생긴다.
ㅇ려(慮)-생각하다. ㅇ우(憂)-걱정하다. ㅇ원(遠)-멀다. ㅇ근(近)-가깝다.

268.
躬自厚하며 而薄責於人이면 則遠怨矣니라.
(궁자후, 이박책어인, 즉원원의) (論語 衛靈公)

　　　자기 책망은 엄하게 하고, 남의 잘못은 가볍게 책망하면, 원망은 멀어진다.

자기 자신에 대하여는 책망이나 반성이나 수양을 더 두텁게 (엄하게) 하고, 남의 잘못에 대한 책망은 얇게 (가볍게) 한다면, 후회하거나 원망을 듣는 일이 멀어질 것이다.
ㅇ궁(躬)-몸소. ㅇ자(自)-스스로. ㅇ후(厚)-두텁다. ㅇ박(薄)-엷다. ㅇ책(責)-책망하다. ㅇ원(怨)-원망하다.

269.
不曰如之何如之何者는 吾末如之何也已矣니라.
(불왈여지하여지하자, 오말여지하야이의) (論語 衛靈公)

　　　어찌 하나, 어찌 하나 말하지 않는 사람은 나도 어찌 할 수가 없다.

일을 어떻게 처리 하면 좋을까 하고 심사숙고할 줄 모르는 사람은 아무리 선도를 하려 해도 의욕이 없으므로 성과를 기대할 수 없기 때문에 어떻게 할 도리가 없다.
○하(何)-어찌. ○오(吾)-나. ○말(末)-못하다.

270.
言不及義오 好行小慧면 難矣哉라.
(언불급의, 호행소혜, 난의재) (論語 衛靈公)

말이 의로움에 미치지 않고, 자잘한 재주 부리기만 좋아하는 사람은 딱하다.

한 마디도 의로움에 대하여 말하는 바 없고 잔재주 부리기만 좋아하는 사람은 처세하기에 딱할 것이다.
○급(及)-미치다. ○혜(慧)-요요하다. 똑똑하다. ○소혜(小慧)-잔재주. ○난(難)-어렵다. 딱하다

271.
君子義以爲質이요 禮以行之하며 孫以出之하며 信以成之하나니라.
(군자의이위질, 예이행지, 손이출지, 신이성지) (論語 衛靈公)

군자는 의로써 바탕을 삼고, 예로써 행하며, 공손하게 말하며, 신의로써 성취한다.

군자의 본질은 의리이다. 바른 의리를 근본으로 하여 그 의를 행함에는 존비 친소를 생각해서 예를 갖추어야 하며, 겸허한 태도로 말하며, 시종 신의로 일관하는 것이 군자의 태도이다.
○질(質)-바탕. ○손(孫)-공손하다. ○출(出)-나다. ○성(成)-이루다.

272.
君子疾沒世而名不稱焉이니라. (군자질몰세이명불칭언) (論語 衛靈公)

군자는 종신토록 이름이 칭송되지 않음을 걱정한다.

사람의 일생의 평가는 죽은 다음에 정해지는 것이다. 그러므로 군자는 생전의 공적이 죽고난 다음에 세상에 일컬어지지 않음을 걱정하고 괴로워하는 것이다.
○질(疾)-걱정. 두렵다. ○몰(沒)-죽다. 없다. ○세(世)-세상. ○칭(稱)-일컫다.

273.
君子求諸己요 小人求諸人이니라.
(군자구제기, 소인구제인) (論語 衛靈公)

군자는 자신을 책하고, 소인은 남을 책한다.

군자는 무엇이나 자기에게 구하여 책임을 다한다. 이에 반하여 소인은 무엇이나 남에게 시키고 책임을 남에게 전가시킨다.
○구(求)-책하다. ○제(諸)-못되다.

274.
群而不黨이니라. (군이부당) (論語 衛靈公)

무리와 어울리되 편당하지는 않는다.

군자는 그 태도는 엄하나 많은 사람과 어울리기에 힘쓴다. 그러나 사심에 흔들려서 편당하는 일은 없다.
ㅇ군(群)-무리짓다. ㅇ당(黨)-무리. 편벽되다.

275.
君子不以言擧人하며 不以人廢言이니라.
(군자불이언거인, 불이인폐언) (論語 衛靈公)

군자는 말만으로 사람을 높이지 않고, 또 사람 때문에 그 말까지 버리는 일은 없다.

군자는 좋은 말을 한다고 해서 사람을 등용하지 않으며, 평상의 행동이 좋지 않다고 하여 그 사람의 말을 거부하는 일은 없다.
ㅇ거(擧)-받들다. ㅇ폐(廢)-버리다.

276.
己所不欲을 勿施於人이니라. (기소불욕, 물시어인) (論語 衛靈公)

자기가 하고 싶지 않은 것을 남에게 시키지 말라.

자기가 하고 싶지 않은 일, 또는 당하고 싶지 않은 일을 남에게 시키지 말아야 한다.
ㅇ소(所)-바. ~하는 바. ㅇ욕(欲)-바라다. ㅇ물(勿)-말다. ㅇ시(施)-베풀다. 시키다.

277.
巧言은 亂德이니라. (교언, 난덕) (論語 衛靈公)

간교한 말은 덕을 어지럽힌다.

말재간이 좋은 것은 좋은 일이다. 그러나 실천이 수반되지 않은 말은 인간의 덕을 어지럽히게 된다.
○교(巧)-교묘하다. ○란(亂)-어지럽다.

278.
小不忍則亂大謀니라. (소불인즉란대모) (論語 衛靈公)

작은 것을 못 참으면 큰 일을 흐트러뜨린다.

작은 일을 소홀히 하면 큰 일을 잘못되게 하기 쉽다. 자그만 욕망이라고 허용하거나, 자그만 실수라고 눈감아주곤 하여 인정을 베풀다 보면 결국에는 큰 일을 잘못되게 한다.
○인(忍)-참다. ○모(謀)-꾀하다.

279.
衆惡之라도 必察焉하며 衆好之라도 必察焉이니라.
(중오지, 필찰언, 중호지, 필찰언) (論語 衛靈公)

민중이 싫어하는 것이라도 반드시 살펴볼 것이며, 민중이 좋아하는 것이라도 반드시 살펴보아야 한다.

모든 사람이 싫어하는 일이라도 본인 스스로가 잘 살펴 확인해야 하며, 좋아하는 것이라도 그 진상을 반드시 확인하여 결코 맹종하는 일이 있어서는 안된다.

○중(衆)-무리 민중. ○오(惡)-미워하다. ○찰(察)-살피다.

280.
人能弘道요 非道弘人이니라. (인능홍도, 비도홍인) (論語 衛靈公)

사람이 도를 넓히는 것이요, 도가 사람을 넓히는 것이 아니다.

덕목이 아무리 많다 하여도 도덕이 넓어지는 것은 아니다. 도를 넓히는 것은 덕의 가르침이 아니고 덕을 실천하는 사람에게 있다. 도덕을 비롯하여 정치, 경제, 문화 등 생활상의 여러 가지 방식을 도라고 볼 때 이 것들은 인간이 노력하여 쌓아 놓은 것이므로 인간이 이러한 방식을 넓힐 수는 있어도, 이 방식 자체가 있어도 그것을 배워 넓히려는 인간이 없다면, 그 방식 자체가 세상에 넓혀지는 것은 아니다.
○능(能)-능하다. ○홍(弘)-넓다. ○비(非)-아니다.

281.
過而不改를 是謂過矣니라. (과이불개, 시위과의) (論語 衛靈公)

잘못하고도 고치지 않는 것이 바로 잘못이다.

인간이기 때문에 잘못이 있을 수 있다. 그러나 정말 잘못은 잘못인 줄 알면서도 반성하거나 고치지 않는 것 그것이 바로 잘못인 것이다.
○과(過)-잘못. ○개(改)-고치다. ○시(是)-이것.

282.
謀道요 不謀食이니라. (모도, 불모식) (論語 衛靈公)

도를 구할뿐 밥을 구하지 않는다.

군자는 도를 어떻게 실천할 것인가를 생각할 뿐이지 생활비를 어떻게 구할 것인가 하고 부심하지는 않는다. 의식은 구한다고 얻어지는 것이 아니다. 그 사람의 지위, 하는 일 등에 따라 그 일을 잘 해내는 데서 의식을 구하는 것이 참된 생활 방식이다.
○모(謀)-꾀하다. ○도(道)-도리. ○식(食)-밥. 먹다.

283.
學也에 祿在其中矣니라. (학야, 녹재기중의) (論語 衛靈公)

배우면 저절로 녹을 얻을 수 있다.

사람은 배우면 그 속에서 의식을 해결할 수 있는 방법을 구할 수 있다.
○록(祿)-녹. 보수. ○재(在)-있다. ○중(中)-가운데.

284.
君子憂道요 不憂貧이라. (군자우도, 불우빈) (論語 衛靈公)

군자는 도를 염려하되 가난을 염려하지 않는다.

군자는 도의 수양에 마음을 쓰지마는 가난에 대하여서는 걱정하지 않는다. 군자는 국가 사회의 지도 계급에 속하므로 지도자로서의 학식과 도덕성의 함양에 힘써 노력하고 그 실천과 직무의 수행에 마음을 쓰지마는 자신의 불운으로 인한 빈한에 대하여는 체념하고 원망하거나 걱정하지 않음을 말한다.
ㅇ우(憂)-걱정. ㅇ빈(貧)-가난하다.

285.
君子不可小知이나 而可大受也니라.
(군자불가소지, 이가대수야) (論語 衛靈公)

군자는 작은 일은 모르지만, 큰 일은 맡을 수 있다.

군자는 부분적인 자그만 일에 대하여는 모를 수 있다. 그러나 그 인물의 크기나 지위에 따라 커다란 전체적인 문제의 처리를 맡아야 한다.
ㅇ대(大)-크다. ㅇ수(受)-받다. 맡다.

286.
當仁하야 不讓於師니라. (당인, 불양어사) (論語 衛靈公)

인을 행함에 있어서는 스승에게도 양보하지 않는다.

일상 생활에서 장유, 붕우간에는 서로 양보를 하는 것이 미덕이다. 제자가 스승에게 양보하는 것은 너무나도 당연한 일이다. 그러나 인을 행하는 문제는 스승에게도 양보하지 않는 것이 좋다.
ㅇ당(當)-당하다. 마땅. ㅇ양(讓)-사양하다. ㅇ사(師)-스승.

287.
君子貞而不諒이니라. (군자정이불량) (論語 衛靈公)

군자는 굳고 바르지만 맹목적으로 완고하지는 않다.

군자는 임기응변으로 일을 처리하면서 바른 방향으로 향하여 유연히 동요하지 않으며, 대국적 견지에서 항상 바른 태도를 견지하여 나아간다. 그러나 자그만 신념에 흔들려 대국을 잘못되게 하지 않는다.
○정(貞)-바르고 굳다. ○량(諒)-맹목적 믿음.

288.
有敎無類니라. (유교무류) (論語 衛靈公)

가르치되 분류하지는 말라.

인간이 현명한지 우둔한지, 선한지 악한지는 오직 교육하기에 달려 있을 뿐 타고난 천성은 평등한 것이다. 그러므로 가르침에 있어서 그 사람의 지위, 빈부, 귀천을 분류하지는 말아라.
○유(有)-있다. ○류(類)-나누다.

289.
道不同이면, **不相爲謀**니라. (도부동, 부상위모) (論語 衛靈公)

지켜 나아갈 도가 같지 않으면 서로 모의하지 말라.

동쪽으로 가려는 사람과 서쪽으로 가려는 사람이 서로 여행 일정을 의논한다고 하면 그 의논이 무슨 소용이 있겠는가. 이처럼 인생의 행로에 있어서도 예를 들면 선을 목표로 하는 사람과 이득을 목표로 하는 사람이 서로 의논을 한다고 해도 그 의논의 결과는 일치하지 않을 뿐 아니라 아무 쓸모가 없을 것이다.
○도(道)-도. 길. ○동(同)-같다. ○상(相)-서로. ○위(爲)-하다. ○모(謀)-피하다.

290.
辭達而已矣니라. (사달이이의) (論語 衛靈公)

말과 글은 뜻이 통달되면 그만이다.

일반적인 말 곧 언사는 의사가 정확하게 상대에게 전달되면 그것으로 충분하다. 문장수식이나 기교를 효과적으로 적절히 쓰되, 함부로 꾸미거나 필요 이상으로 말을 늘어놓을 필요는 없다.
○사(辭)-글. 말. ○달(達)-통달하다.

291.
危而不持하고 顚而不扶면 則將焉用彼相矣리오.
(위이부지, 전이부부, 즉장언용피상의) (論語 季氏)

위태로워도 붙잡지 못하고, 엎어져도 일으키지 못한다면 그런 신하를 어디에 쓰겠는가.

사람이 위험에 처해 있는데 구해줄 손을 펴지 못하고, 엎어져 있는데도 일으켜 도와 주려고 하지 않는다면 그런 사람이 무슨 필요가 있겠는가. 나라의 재상도 국왕을 보좌할 수 없다면 무슨 필요가 있겠는가. 상(相)은 눈먼 사람을 인도하는 사람을 말하는 말로서 나라의 재상을 비유한 말이다.
○위(危)-위험하다. ○지(持)-잡다. ○전(顚)-엎어지다. ○부(扶)-돕다. ○장(將)-장

차. ㅇ피(彼)-저. 저것. ㅇ상(相)-재상.

292.
君子疾夫舍曰欲之요 而必爲之辭니라.
(군자질부사왈욕지, 이필위지사) (論語 季氏)

군자는 겉으로 탐내지 않는 척하고 말을 꾸미는 것을 미워한다.

군자는 솔직하게 이러고 싶다고 확실히 말하지 않고, 반드시 이유나 변명의 말을 하는 것을 싫어한다.
ㅇ질(疾)-근심하다. ㅇ부(夫)-저것. ㅇ사(舍)-버리다. ㅇ왈(曰)-말하다. ㅇ욕(欲)-바라다. ㅇ사(辭)-말.

293.
不患寡而患不均하니라. (불환과이환불균) (論語 季氏)

적은 것을 걱정하지 않고, 고르지 못함을 걱정한다.

백성이 적다든가, 물질이 적다든가 하는 것을 걱정하지 않고, 백성이 불평등하거나 부당하다는 불만을 가지는 것을 걱정한다.
ㅇ환(患)-걱정하다. ㅇ과(寡)-적다. ㅇ균(均)-고르다.

294.
不患貧而患不安이니라. (불환빈이환불안) (論語 季氏)

가난함을 거정하지 않고, 불안함을 걱정한다.

백성이 가난한 것은 걱정거리가 아닐 수 없다. 그러나 그보다도 백성이 안심하고 살 수 있는지 어떤지가 더 걱정이 되는 것이다.
○빈(貧)-가난하다. ○안(安)-편안하다.

295.
天下有道면 則庶人不議하니라. (천하유도, 즉서인불의) (論語 季氏)

천하에 도가 있으면, 서민이 논란을 하지 않는다.

서민이 정치에 대하여 논란을 벌이는 것은 정치에 문제가 있기 때문이다. 만일 나라에 도가 있어서 곧 정책이 바르게 시행되고 있다면, 서민은 정치에 대하여 논란을 하지 않을 것이다.
○천(天)-하늘. ○서(庶)-무리. 여럿. ○의(議)-의논하다.

296.
益者三友니 友直하며 友諒하며 友多聞이면 益矣니라.
(익자삼우, 우직, 우량, 우다문, 익의) (論語 季氏)

이익이 되는 세 벗이 있으니, 정직한 사람과 벗하고, 성실한 사람과 벗하고, 박학다식한 사람과 벗하면 이익이 된다.

이익이 되는 벗은 정직한 사람, 성실한 사람, 견문이 넓은 사람 등이다.
○익(益)-더하다. 이익. ○직(直)-곧다. 정직. ○량(諒)-믿다. ○다(多)-많다. ○문(聞)-듣다.

297.
益者三樂이니 樂節禮樂하며 樂道人之善하며 樂多賢友면, 益矣니라.
(익자삼요, 요절례악, 요도인지선, 요다현우, 익의) (論語 季氏)

좋아하는 일 중에 이익이 되는 세 가지가 있으니, 예악의 절도를 맞추기를 좋아하거나, 남의 착한 일을 말하기를 좋아하거나, 현명한 벗을 많이 가지기를 좋아하거나 하면 이익이 된다.

사람이 좋아하는 것 중에서 이익이 되는 것이 세 가지가 있으니, 신분에 맞도록 예절과 음악의 절도를 맞추어 조화로운 질서 있는 생활을 좋아하는 것, 남의 좋은 점을 자랑하여 말하기를 좋아하는 것, 현명한 벗을 많이 사귀기를 좋아하는 것이다.
○익(益)-이익되다. ○요(樂)-좋아하다. ○절(節)-마디. ○례(禮)-예절. 예의. ○악(樂)-풍류. 음악. ○도(道)-말하다. ○선(善)-좋다. 착하다. ○현(賢)-어질다.

298.
言未及之而言을 謂之躁니라. (언미급지이언, 위지조) (論語 季氏)

말하기 전에 먼저 입을 여는 것을 조급함(躁)이라 한다.

아직 말을 할 때가 아닌데 경솔하게 먼저 말을 하는 것은, 마음이 안정되지 못하여 조급함을 보이는 것이 되므로 웃어른에게는 과실이 된다.
○미(未)-못하다. ○급(及)-때가 오다. ○위(謂)-이르다. 말하다. ○조(躁)-바시대다.

299.
言及之而不言을 謂之隱이니라. (언급지이불언, 위지은) (季氏)

말할 때가 왔음에도 말하지 않는 것을 감추는 것(隱)이라 한다.

말해야 할 때가 되었거나, 웃어른이 말하도록 했는데도 말을 하지 않고 잠자코 있는 것은 웃어른에게 자기를 감추려는 것이 되므로 과실이 된다.
○은(隱)-감추다.

300.
少之時에 血氣未定이라 戒之在色이니라.
(소지시, 혈기미정, 계지재색) (論語 季氏)

젊은 때는 혈기가 미정이라서 여색을 경계해야 한다.

젊은 때는 혈기가 넘쳐서 이성에 의한 감정의 억제가 어려우므로, 남녀간의 색욕에 대하여 경계해야 한다.
○소(少)-젊다. ○혈(血)-피. ○기(氣)-기운. ○정(定)-편안하다. ○계(戒)-경계하다.
○색(色)-예쁜 여자.

301.
及其壯也하여 血氣方剛이라 戒之在鬪니라.
(급기장야, 혈기방강, 계지재투) (論語 季氏)

장년기가 되면 혈기 바야흐로 굳세지므로 싸움을 경계해야 한다.

장년기가 되면 혈기가 굳세지고 자기 주장이 강해져서 남과 싸우기

쉬워지므로 싸움을 경계해야 한다.
○급(及)-때가 오다. ○장(壯)-왕성하다. ○방(方)-바야흐로. ○강(剛)-세다. ○투(鬪)-싸우다.

302.
及其老也하여 血氣旣衰라 戒之在得이니라.
(급기로야, 혈기기쇠, 계지재득) (論語 季氏)

    노년기가 되면 혈기가 이미 쇠하므로 탐욕을 경계해야 한다.

  노년기에 들면 안일, 권세, 명예욕 등이 왕성해진다. 이 시기에는 이러한 욕망을 경계해야 한다.
○로(老)-늙다. ○기(旣)-이미. ○쇠(衰)-쇠하다. ○득(得)-탐하다.

303.
畏天命이라. (외천명) (論語 季氏)

    천명을 두려워하라.

  사람은 천명을 삼가 순종해야 한다. 이것은 신앙의 권위를 깨닫게 되는 계기가 된다. 천명에는 하늘이 준 도덕적 사명 곧 덕명(德命), 사람의 힘이 미치지 못하는 숙명 곧 녹명(祿命)이 있다.
○외(畏)-두렵다. ○천(天)-하늘. ○명(命)-명령.

304.
畏大人이라. (외대인) (論語 季氏)

높은 어른을 두려워하라.

대인 곧 높은 어른이란 덕을 쌓고 경험이 풍부하며 연령이 높은 사람을 말한다. 이러한 사람을 존중하고 그 가르침을 순종하는 데서 사회 질서가 유지된다.
ㅇ대(大)-크다. ㅇ인(人)-사람.

305.
畏聖人之言이라. (외성인지언) (論語 季氏)

성인의 말을 두려워하라.

성인의 말이란 도덕적인 가르침을 말한다. 이것은 세상을 살아가는 규준이 되므로 이를 따라야 한다.
ㅇ성(聖)-성스럽다. ㅇ언(言)-말씀.

306.
生而知之者는 上也니라. (생이지지자, 상야) (論語 季氏)

태어나면서 아는 사람은 으뜸이다.

천성의 능력에는 단계가 있는데 태어나면서 아는 사람이 으뜸이다. 이를 생지(生知)라 한다.
ㅇ생(生)-태어나다. ㅇ지(知)-알다. ㅇ상(上)-위. 으뜸.

307.
學而知之者는 **次也**니라. (학이지지자, 차야) (論語 季氏)

배워서 아는 사람은 다음이다.

천성의 능력 단계 중 제이위는 배워서 아는 사람이다. 이를 학지(學知)라 한다.
○학(學)-배우다. ○차(次)-다음.

308.
困而學之는 **又其次也**니라. (곤이학지, 우기차야) (論語 季氏)

막히자 애써 배우는 자는 그 다음이다.

배워도 잘 몰라 막힐 때 애써서 배우는 사람은 그 다음이다. 이를 곤학(困學)이라 한다.
○곤(困)-막히다. ○우(又)-또.

309.
困而不學이면 **民斯爲下矣**니라. (곤이불학, 민사위하의) (論語 季氏)

막혀도 배우지 않는 사람은 누구나 하치라 한다.

무지로 고통을 당하면서도 배우려는 의욕이 없는 사람은 가장 하등이다. 이를 하우(下愚)라 한다.
○민(民)-백성. ○사(斯)-곧. 이것. ○위(爲)-하다.

310.
色思溫이라. (색사온) (論語 季氏)

안색은 온화하게 하고자 생각한다.

사람과 대할 때 안색이나 태도를 되도록 온화하게 하려고 해야 한다. 공자가 말하는 군자가 지녀야 할 아홉 가지 생각(九思) 중의 하나이다.
○색(色)-낯색. ○사(思)-생각하다. ○온(溫)-온화하다.

311.
言思忠이라. (언사충) (論語 季氏)

말은 성실하게 하고자 생각한다.

말할 때는 마음과 입이 따로따로 되어서는 안된다. 언제나 성실해야 한다. 공자의 구사 중의 하나이다.
○언(言)-말하다. ○충(忠)-정성껏 하다.

312.
疑思問이라. (의사문) (論語 季氏)

의심이 날 때는 물어서 밝히고자 생각한다.

의심이 나는 것은 묻기를 주저하지 말고 물어서 밝히려 노력해야 한다. 비록 그 상대가 아랫 사람이라도 묻기를 부끄러워해서는 안된다.
○의(疑)-의심하다. ○문(問)-묻다.

313.
忿思難이라. (분사난) (論語 季氏)

분이 날 때는 잘못하여 화가 미칠 것을 생각한다.

격정은 자기를 잃게 한다. 분함을 느낄 때 그대로 발산하면 그 결과가 어떻게 미칠 것인지를 생각해야 한다.
ㅇ분(忿)-분하다. ㅇ난(難)-근심.

314.
見得思義니라. (견득사의) (論語 季氏)

이득이 되는 것을 보면 그것이 의로운 것인가를 생각한다.

이익이 되는 것을 보면 그것이 진리와 정의에 맞는가를 생각해야 한다.
ㅇ견(見)-보다. ㅇ득(得)-탐나다. 얻다. ㅇ의(義)-옳다. 의롭다.

315.
見不善如探湯이라. (견불선여탐탕) (論語 季氏)

좋지 못한 일을 보면, 끓은 물에 손이 담긴 듯 속히 뽑아낸다.

좋지 못한 일을 보았을 때는 마치 뜨거운 물에 손을 담갔을 때, 뜨거워서 재빨리 손을 빼듯이 그 속에서 빨리 벗어나야 한다.
ㅇ여(如)-같다. ㅇ탐(探)-시험하다. ㅇ탕(湯)-끓은 물.

316.
隱居而求其志하며 行義以達其道하나니라.
(은거이구기지, 행의이달기도) (論語 季氏)

은퇴해 있으면서도 자기의 뜻한 바 도를 찾고, 나아가 군신의 의를 행함으로써 도를 달성시킨다.

관직에서 은퇴하여 은거를 하더라도 자신의 뜻을 고상히 가지고 수도를 할 것을 생각하고, 관직에 있게 되면 이득보다도 정의를 행하여 뜻을 달성시켜야 한다.
○은(隱)-숨다. ○거(居)-살다. ○구(求)-찾다.

317.
不學詩면 無以言이라. (불학시, 무이언) (論語 季氏)

시를 배우지 못하면 남과 더불어 말할 수가 없다.

여기서 시란 시경을 말한다. 시경은 처세상의 좋은 말이 많이 실려 있는 고전이다. 이를 배우지 않고 세상에 나서면 충분히 발언할 수가 없다.
○시(詩)-글. 시. ○무(無)-아니다. 없다. ○언(言)-말하다.

318.
不學禮면 無以立이라. (불학예, 무이립) (論語 季氏)

예를 배우지 못하면 나설 수 없다.

예절은 세상에 나서는 근간이다. 이 예절을 배우지 못하고서는 인간으로서 세상에 나설 수 없다.
○례(禮)-예절. ○립(立)-서다. 세우다.

319.
<陽貨曰> 懷其寶而迷其邦을 可謂仁乎아.
(<양화왈> 회기보이미기방, 가위인호) (論語 陽貨)

보배를 지니고 있으면서 나라를 혼미하게 하는 것을 인이라 할 수 있겠는가.

훌륭한 보배인 재능을 가지고 있으면서 그것을 정치에 이용하지 않고, 나라를 혼미한 상태로 놓아 두어 바르게 다스리려 하지 않는 것을 인이라 할 수 있겠는가. (노나라의 대부인 양화가 공자에게 정치에 참여할 것을 권하며 한 말)
○회(懷)-품다. ○보(寶)-보배. ○미(迷)-헤매다. ○방(邦)-나라. ○위(謂)-이르다.

320.
性相近也나 習相遠也니라. (성상근야, 습상원야) (論語 陽貨)

사람의 천성은 서로 비슷하나, 습성은 서로 멀다.

인간의 선천적인 성질은 누구에게나 비슷하다. 그러나 후천적인 습관에 따라 크게 달라진다. 습관은 제이의 천성이라 한다.
○성(性)-천성. ○상(相)-서로. ○근(近)-가깝다. ○습(習)-버릇. ○원(遠)-멀다.

321.
唯上知與下愚不移니라. (유상지여하우불이) (論語 陽貨)

　　　상지와 하우는 서로 바꿀 수 없다.

　태어나면서 아는 사람(上知)과 막혀도 배우려는 의욕이 없는 사람(下愚)은 수양이나 교육을 통하여 서로 바꿀 수 없다. 상지는 생이지지자(生而知之者)를 말하며 하우는 곤이불학자(困而不學者)를 말한다.
○유(唯)-오직. ○우(愚)-어리석다. ○이(移)-옮기다.

322.
割鷄에 焉用牛刀리오. (할계, 언용우도) (論語 陽貨)

　　　닭을 자르는 데 어찌 소 잡는 칼을 쓰겠는가.

　닭을 잡는 데 어찌 소 잡는 큰 칼이 필요하겠는가. 일의 대소, 국가의 대소, 조직의 대소에 따라 적재 적소에 인물을 등용하는 것이 옳다.
○할(割)-자르다. ○계(鷄)-닭. ○도(刀)-칼. ○용(用)-쓰다. ○우(牛)-소.

323.
恭則不侮니라. (공즉불모) (論語 陽貨)

　　　공손하면 욕보지 않는다.

　내 자신의 태도가 공손하면 남에게서 모욕을 당하지 않는다.
○공(恭)-공손하다. ○모(侮)-업신여기다.

324.
寬則得衆이니라. (관즉득중) (論語 陽貨)

　　　너그러우면 무리를 얻는다.

내 자신이 너그러우면 많은 사람의 마음을 잡을 수 있어서 따르게 할 수 있다.
ㅇ관(寬)-너그럽다. ㅇ득(得)-얻다. ㅇ중(衆)-무리.

325.
信則人任焉이니라. (신즉인임언) (論語 陽貨)

　　　신의가 있으면 남이 일을 맡긴다.

신의가 있고 거짓이 없는 사람에게는 남이 안심하고 무엇이나 맡긴다.
ㅇ신(信)-믿다. ㅇ임(任)-맡기다.

326.
敏則有功이니라. (민즉유공) (論語 陽貨)

　　　민활하면 일을 성취시킬 수 있다.

민속하게 일을 처리한다면 반드시 성적이 오르고 일을 성취하게 된다.
ㅇ민(敏)-민첩하다. ㅇ공(功)-공.

327.
惠則足以使人이니라. (혜즉족이사인) (論語 陽貨)

은혜를 베풀면 남을 부릴 수 있다.

웃어른이 은혜를 베풀면 아랫 사람은 기분 좋게 일하므로 부리기 쉬워진다.
○혜(惠)-은혜. ○족(足)-족하다. ○사(使)-부리다.

328.
好仁不好學이면 其蔽也愚니라. (호인불호학, 기폐야우) (論語 陽貨)

인을 좋아하나 배우기를 싫어하면, 그 폐단은 어리석고 맹목적이 되는 것이다.

인을 좋아하는 사람은 인정이 두터운 사람이다. 인정이 두터울 뿐 학문을 좋아하지 않으면, 식견을 높이거나 넓힐 수 없어 정에만 빠지기 쉽다.
○호(好)-좋아하다. ○폐(蔽)-덮다. ○우(愚)-어리석다.

329.
好知不好學이면 其蔽也蕩이라. (호지불호학, 기폐야탕) (論語 陽貨)

알기를 좋아하나 배우기를 좋아하지 않으면 그 폐는 허황되고 방탕하다.

지식욕이 있어서 알기를 좋아하면서도 단순한 지식에 그쳐 자각적인 향상심을 가지고 학문을 좋아하지 않으면 결국은 허황되고 방탕에 흐르기 쉽다.
○탕(蕩)-방탕하다.

330.
好信不好學이면 其蔽也賊이니라. (호신불호학, 기폐야적) (論語 陽貨)

신의를 좋아하되 배우기를 좋아하지 않으면, 미신이나 경솔에 빠져 남을 해치게 된다.

속임수나 거짓말을 싫어하고 신의를 좋아하지마는 배우기를 싫어한다면, 사물의 조리를 가릴 수 없어 손해를 입히게 된다.
○신(信)-믿다. ○적(賊)-도둑. ○호(好)-좋아하다.

331.
好直不好學이면 其蔽也絞니라. (호직불호학, 기폐야교) (論語 陽貨)

정직함을 좋아하되 배우기를 좋아하지 않으면 그 폐는 각박하고 절박하다.

정직함은 좋은 것이나 학문에 의하여 식견을 풍부히 하지 못하면 정직 일변도의 고지식한 사람이 되기 쉽다.
○직(直)-곧다. ○교(絞)-목조르다.

332.
好勇不好學이면 其蔽也亂이라. (호용불호학, 기폐야란) (論語 陽貨)

용기를 좋아하되 배우기를 좋아하지 않으면 그 폐는 난동에 흐르기 쉽다.

용기는 좋은 것이나 배우지 못하면 난동을 일으키기 쉽다.
○란(亂)-어지럽다.

333.
好剛不好學이면 其蔽也狂이니라. (호강불호학, 기폐야광) (論語 陽貨)

강직함을 좋아하되 배우기를 좋아하지 않으면 그 폐는 광적이 되기 쉽다.

강함은 좋은 것이나, 학문에 의하여 이지를 갖추어 있지 못하면 함부로 힘을 쓰는 광자가 되기 쉽다.
○강(剛)-굳세다. ○광(狂)-거칠다. 미치다.

334.
其猶正牆面而立也與인져. (기유정장면이립야여) (論語 陽貨)

담장을 마주 보고 서 있어서 더 나아가지 못함과 같다.

마치 담장 앞에 섰을 때 담장을 넘어서 그 안을 내다보지 못하고, 앞으로 더 나아가지도 못하는 것과 같아서, 세상을 내다보지 못하여 학문이 진전되지 못한다. 그러므로 시경의 소남(召南)과 주남(周南)을 읽어서 세상을 널리 내다볼 수 있는 식견을 가져야 한다.
○유(猶)-같다. ○장(牆)-담장. ○면(面)-면하다. ○립(立)-서다.

335.
禮云禮云이나 玉帛云乎哉아. (예운예운, 옥백운호재) (論語 陽貨)

예라는 것이 구슬이나 비단만을 말하겠는가.

세상에서 말하는 예의란 형식적인 금품을 보내는 것만은 아니다. 어디까지나 존경과 성실한 마음의 표현을 우선해야 한다.
○운(云)-말하다. ○옥(玉)-구슬. ○백(帛)-비단.

336.
鄕原은 德之賊也니라. (향원, 덕지적야) (論語 陽貨)

속인들 틈에서 의리를 지킨다고 칭찬받는 사람은 큰 덕을 해치는 도둑이다.

향당에서 민중에 영합하는 사람은 진실한 것처럼 보이나 실은 덕을 해치는 사람이다.
○향(鄕)-마을. ○원(原)-근원. 마을에서 근후한 사람. ○적(賊)-도둑.

337.
道聽而塗說이면 德之棄也니라. (도청이도설, 덕지기야) (論語 陽貨)

길가에서 듣고 그것을 길가에서 말하는 것은 덕을 버리는 짓이다.

학문은 체득해야 하는 것이다. 이쪽 길에서 들은 설을 저쪽 길가에서 더 멋지게 꾸며 말하는 것은 덕 곧 얻은 것(得)을 버리는 것이라서 학자의 태도가 아니다.
○도(道)-길. ○청(聽)-듣다. ○도(塗)-길. ○설(說)-주장. ○기(棄)-버리다.

338.
未得之也엔 患得之하니라. (미득지야, 환득지) (論語 陽貨)

그것을 얻지 못하면 그것을 얻으려 걱정한다.

소인은 지위를 얻지 못하면 그 지위를 얻는 일에만 골몰하여 걱정한다.
○미(未)-못하다. ○득(得)-얻다. ○환(患)-걱정하다.

339.
既得之엔 患失之하니라. (기득지, 환실지) (論語 陽貨)

얻으면 그것을 잃을까 걱정한다.

소인은 지위를 얻으면 그것을 잃어 버릴까 하여 걱정한다.
○실(失)-잃다.

340.
苟患失之면 無所不至矣니라. (구환실지, 무소부지의) (論語 陽貨)

그것을 잃어 버릴까 걱정하게 되면 무슨 짓이든 한다.

자신이 얻은 것을 잃어버리게 될까 하여 걱정하게 되면 무슨 짓이든 하게 된다.
○구(苟)-진실로. ○소(所)-~하는 바. ○지(至)-이르다. 도착.

341.
古之愚也直이러니 今之愚也詐而已矣니라.
(고지우야직, 금지우야사이이의) (論語 陽貨)

옛날에는 어리석어도 정직하였으나, 오늘날은 어리석은 척하면서 남을 속인다.

옛날의 우자는 어리석으나 정직하기는 했는데, 오늘날의 우자는 어리석은 척하면서 속임수를 쓰거나 거짓말을 한다.
○고(古)-옛날. 오래다. ○우(愚)-어리석다. ○직(直)-곧다. 정직. ○금(今)-이제. ○사(詐)-거짓.

342.
惡紫之奪朱也니라. (오자지탈주야) (陽貨)

자주빛이 붉은 빛을 가려 없애는 것을 싫어한다.

자주빛은 주황색과 비슷하다. 자주빛이 주황색의 특징을 빼앗아 비슷하므로 자주빛이 주황색으로 대치되어 세상에 나도는 것을 싫어한다. 곧 본질적이고 순수한 것이 잡물이나 위조물 때문에 제 빛을 잃는 것을 싫어한다.
○오(惡)-미워하다. ○자(紫)-자주빛. ○탈(奪)-빼앗다. ○주(朱)-붉다.

343.
惡利口之覆邦家者니라. (오리구지복방가자) (論語 陽貨)

입 빠른 자의 말이 나라와 집을 뒤엎어 놓는 것을 미워한다.

재담 좋게 좋은 말을 늘어놓아 유덕한 것처럼 내보이는 사이에 나라와 집을 위태롭게 하는 것을 싫어한다.
○리(利)-날카롭다. ○구(口)-입. ○복(覆)-뒤엎다. ○방(邦)-나라. ○가(家)-집.

344.
天何言哉리오 四時行焉하며 百物生焉하니라.
(천하언재, 사시행언, 백물생언) (論語 陽貨)

하늘이 무슨 말을 하던가. 사시가 바뀌어 가고 만물이 철에 따라 자라고 시든다.

하늘은 아무 말도 하지 않는다. 그러나 춘하추동 쉬지도 않고 운행하는 사이에 삼라만상을 낳고 자라게 하며 소멸시키는 은혜를 베풀고 있지 않는가.
○하(何)-어찌. ○시(時)-때. ○행(行)-운행하다. ○백(百)-백. ○물(物)-물건. ○생(生)-낳다. 생기다.

345.
飽食終日하여 無所用心이면 難矣哉라.
(포식종일, 무소용심, 난의재) (論語 陽貨)

하루 종일 배불리 먹기만 하고 마음을 쓰는 데가 없으면 딱하다.

하루 종일 먹기만 하고 마음을 써서 무엇을 하고자 하는 의욕이 없다면, 이 세상에서 살아 나아갈 수가 있겠는가. 참으로 딱하다.
○포(飽)-배부르다. ○식(食)-먹다. ○종(終)-끝. ○심(心)-마음. ○용(用)-쓰다. ○난(難)-어렵다. 딱하다.

346.
小人有勇而無義면 爲盜니라. (소인유용이무의, 위도) (論語 陽貨)

소인은 용감하기는 하되 정의감이 없으면 도둑이 된다.

소인은 용기는 있어도 정의감이 없으면 도둑이 된다. 군자는 용기는 있으되, 정의감이 없으면 난리를 일으킨다고도 말했다.
○용(勇)-용기. ○의(義)-의롭다. ○도(盜)-도둑.

347.
惡稱人之惡者니라. (오칭인지악자) (論語 陽貨)

남의 잘못을 말하는 것을 미워한다.

남의 잘못만을 이것 저것 들고 말하는 것을 미워한다.
ㅇ칭(稱)-일컫다. ㅇ악(惡)-나쁘다.

348.
惡勇而無禮者니라. (오용이무례자) (論語 陽貨)

용감하되 예의를 모르는 사람을 미워한다.

용감하기는 하지만 예의를 모르고 지키지 못하는 사람을 미워한다.
ㅇ례(禮)-예의.

349.
惡果敢而窒者니라. (오과감이질자) (論語 陽貨)

과감하나 막힌 것을 싫어한다.

마음껏 과감하게 행동하나 그것이 조리에 맞지 않는 것을 싫어한다.
ㅇ과(果)-결단성 있다. ㅇ감(敢)-감히 하다. ㅇ질(窒)-막히다.

350.
<子貢曰…> 惡徼以爲知者니라. (오요이위지자) (論語 陽貨)

엿보고 아는 척하는 사람을 미워한다.

무턱대고 남을 의심하며 엿보아 자기 자신이 지자인 것처럼 생각하는 사람을 미워한다.

○요(邀)-맞이하다. 지레짐작하다. ○위(爲)-되다. 체하다.

351.
<子貢曰…> 惡不孫以爲勇者니라. (오불손이위용자) (論語 陽貨)

불손한 태도를 용감하다고 생각하는 사람을 미워한다.

사람을 사람으로 취급하지 않으려는 불손한 태도가 마치 용감한 것처럼 생각하는 사람을 미워한다.
○손(孫)-공손하다. ○용(勇)-용감하다.

352.
唯女子與小人이 爲難養也니라. (유여자여소인, 위난양야) (論語 陽貨)

유독 여자와 소인은 다루기 어렵다.

여자와 소인은 다루기 어렵고 구하기 어렵다.
○유(唯)-오직. ○난(難)-어렵다. ○양(養)-대우하다. 다루다.

353.
近之則不孫하고 遠之則怨이니라. (근지즉불손, 원지즉원) (論語 陽貨)

가까이 하면 불손해지고, 멀리하면 원망한다.

여자와 소인은 대우하여 다루기가 어려운데, 가까이하면 불손해지고 멀리 하면 원망을 하기 때문이다.

○손(孫)-공손하다. ○원(怨)-원망하다.

354.
<接輿曰…> 往者는 不可諫이어니와 來者는 猶可追니라.
(왕자, 불가간, 래자, 유가추) (論語 微子)

지나간 사람은 간할 수 없고, 오는 자는 좇을 수 있다.

지나간 일은 어쩔 수 없다. 장래의 일은 고치려 생각한다면 고칠 수 있다. (공자에게 은거를 권하는 은자 접여의 말)
○왕(往)-가다. ○간(諫)-간하다. ○래(來)-오다. ○유(猶)-오히려. ○추(追)-좇다.

355.
<長沮曰> 是, 知津矣니라. (시, 지진의) (論語 微子)

그렇다면, 나룻터를 알까.

이 말은 은자 장저의 말이다. 저이가 공자인가? 그렇다면 그는 나룻터쯤이야 알고 있겠지, 천하를 주유하는 사람이니까. 세상의 이상과 평화를 실현하고자 유세하며 주유천하의 여행을 하고 있는 공자가 동행인 제자 자로에게 나룻터를 묻게 하였을 때, 은자인 장저가 공자가 지금도 정치에 집착하고 있는 것을 비꼬아 한 말이다.
○시(是)-그렇다. ○지(知)-알다. ○진(津)-나루.

356.
鳥獸는 不可與同群이니 吾非斯人之徒與요 而誰與리오.

(조수, 불가여동군, 오비사인지도여, 이수여) (論語 微子)

사람은 새와 짐승과는 같이 어울려 살지 못한다. 내가 천하의 사람과 더불어 살지 않고 누구와 더불어 살겠느냐.

은자 장저가 은거를 권하는 말에 공자가 답한 말이다. 인간은 조수와 함께 무리를 지어서 살 수는 없다. 나는 인간 사회를 떠나서 누구와 더불어 살겠는가. 나는 은자는 되지 않는다.
○조(鳥)-새. ○수(獸)-짐승. ○군(群)-무리. ○오(吾)-나. ○비(非)-아니다. ○도(徒)-무리. ○수(誰)-누구.

357.
<丈人曰> 四體不勤하고 五穀不分하니 孰爲夫子리오.
(사체불근, 오곡불분, 숙위부자) (論語 微子)

사지를 움직여 일도 하지 않고, 오곡도 분간하지 못하는데 누구를 가리켜 선생이라 하는가.

스스로 농사를 짓지 아니하고 곡류의 종자를 분간하여 밭에 뿌릴 줄도 모르는 사람을 왜 선생이라고 존경해서 부르는가. (자로가 공자를 선생이라고 부르는 것을 보고 말한 은자의 말이다.)
○체(體)-몸. ○근(勤)-부지런하다. 일하다. ○곡(穀)-곡식. ○분(分)-가리다. ○숙(孰)-누구.

358.
<子路曰…> 欲潔其身하고 而亂大倫이라.

(욕결기신, 이란대륜) (論語 微子)

자기 몸을 깨끗하게 하고자 하여 대륜을 문란하게 할 수는 없다.

난세인데 자기 자신의 몸만을 깨끗하게 하고자 세상을 버리고 은거하는 은자의 생활 방식은 군신의 도리를 어지럽히는 것이다. (공자의 뜻을 헤아려 자로가 한 말)
○욕(欲)-바라다. ○결(潔)-깨끗하다. ○란(亂)-어지럽다. ○륜(倫)-인륜. 도덕.

359.
<子路曰…> 道之不行은 已知之矣니라.
(도지불행, 이지지의) (論語 微子)

도가 행해지고 있지 않음은 이미 알고 있다.

군신의 도리는 인간으로서 저버릴 수 없는 정이다. 안된다고 알고 있다고 하더라도 할 일은 해야 한다. 오늘날 도가 행해지고 있지 않음은 이미 알고 있다. 그러나 할 수 있는 데까지 하고 있는 것이다. (공자의 뜻을 헤아려 자로가 한 말)
○행(行)-행하다. ○이(已)-이미. 벌써. ○지(知)-알다.

360.
不降其志하며 不辱其身이라. (불항기지, 불욕기신) (論語 微子)

자기의 뜻을 굽히지 않고, 자기의 몸을 욕되게 하지 않는다.

사람이 비록 세상을 떠나 은거를 한다고 해도 뜻을 높게 가지고, 궁핍하더라도 몸을 욕되게 하지 않아야 한다.
○항(降)-항복하다. ○지(志)-뜻. ○욕(辱)-욕되다.

361.
言中倫하며 行中慮니라. (언중륜, 행중려) (論語 微子)

말이 조리에 맞고 행동이 깊은 생각에 맞는다.

그 하는 말은 조리에 맞고 행동은 깊이 생각하여 잘못이 없다.
○중(中)-맞다. 적중하다. ○륜(倫)-인륜. 도덕. ○려(慮)-생각하다.

362.
隱居放言이라. (은거방언) (論語 微子)

은거하면서도 큰 소리를 친다.

관직을 물러나 은거하면서도 자유롭게 마음대로 말을 한다는 것도 하나의 사는 방법이다.
○은(隱)-숨다. ○거(居)-살다. ○방(放)-놓다.

363.
廢中權이니라. (폐중권) (論語 微子)

세상을 버리는 품이 적절하다.

세상에서 버림을 받아도 임기응변하여 적당히 맞추어 행동에 잘못이 없다.
○폐(廢)-버리다. ○권(權)-적당히 맞추다.

364.
我則異於是하여 無可無不可하라.
(아즉이어시, 무가무불가) (論語 微子)

나는 이와 생각이 다르다. 반드시 해야 한다거나 하면 안된다고 고집하지 않는다.

나는 그들과 생각이 다르다. 이것을 가하다 하고 저것을 불가하다고 고집하지 않고, 때와 형편에 따라 자유롭고 적절 타당하게 처리한다.
○아(我)-나. ○이(異)-다르다. ○시(是)-이것. ○무(無)-아니하다.

365.
<周公曰> 君子不施其親이라. (군자불시기친) (論語 微子)

군자는 어버이를 버려서는 안된다.

군자는 어떠한 경우라도 자기의 일가 친족을 버려서는 안된다.
○시(施)-버리다. 유기하다. ○친(親)-어버이. 친족.

366.
<周公曰…> 故舊無大故則不棄也니라.
(고구무대고즉불기야) (論語 微子)

오랜 친구는 큰 잘못이 없는 한 버리지 않는다.

인간에게는 오래 사귄 친지가 있게 마련이다. 그들은 특별한 큰 잘못이 없는 한 소원하거나 의절하여서는 안된다.
○고(故)-오래다. ○구(舊)-친구. ○고(故)-까닭. ○기(棄)-버리다.

367.
<周公曰…> 無求備於一人이니라. (무구비어일인) (論語 微子)

한 사람에게 만전하기를 바라지 말라.

사람에게는 각기 소질에 따라 할 수 있는 것과 할 수 없는 것이 있다. 사람을 쓸 때 그 한 사람에게 이것 저것 무엇이나 잘할 수 있기를 요구하지 말라.
○구(求)-바라다. ○비(備)-갖추다.

368.
<子張曰…> 君子는 尊賢而容衆이니라. (군자, 존현이용중) (論語 子張)

군자는 현인을 존중하고 민중을 관대히 받아들인다.

군자는 현인에 대하여는 이를 존경의 염을 가지고 사귀며, 일반 사람들은 관용의 태도로 대해야 한다.
○존(尊)-높이다. ○현(賢)-현명하다. ○용(容)-받아들이다. ○중(衆)-민중.

369.
<子張曰…> 嘉善而矜不能이니라. (가선이긍불능) (論語 子張)

우수한 사람을 칭찬하고, 재주 없는 사람도 동정한다.

군자는 재능이 뛰어난 사람의 좋은 점을 칭찬하고 소중히 여기며, 반면에 평범하여 별로 능력이 없는 사람도 소외시키지 말고, 그 재주 없음을 불쌍히 여겨야 한다.
○가(嘉)-훌륭하다. ○선(善)-잘하자. ○긍(矜)-불쌍히 여기다.

370.
<子張曰…> 我之不賢與면 人將拒我니 如之何其拒人也리오.
(아지불현여, 인장거아, 여지하기거인야) (論語 子張)

내가 어질지 못하면 남이 나를 거절할 것이니, 어찌 남을 거절할 수 있겠는가.

내가 어질지 못하면 남이 나를 거절할 것이니까 어찌하여 내가 남을 거절할 수 있겠는가. 거절하지 말고 받아들여야 한다.
○장(將)-장차. ○거(拒)-거절하다.

371.
<子夏曰> 雖小道나 必有可觀者焉이어니와 致遠恐泥라.
(수소도, 필유가관자언, 치원공니) (論語 子張)

백공의 잔재주에도 반드시 도리가 있고 볼만한 점이 있다. 원

논 어 (論語)

대한 뜻을 이루려면 방해가 될까 두렵다.

보잘 것 없는 것 같은 자그만 기술도 쓰일 곳이 있고, 이단의 학설이나 속설에도 배울 점이 있다. 그러나 그 속에 깊이 빠지면 발을 빼지 못하게 될 수가 있음이 두렵다.
ㅇ수(雖)-비록. ㅇ관(觀)-보다. ㅇ치(致)-이루다. ㅇ공(恐)-무섭다. ㅇ니(泥)-뻘.

372.
<子夏曰> 日知其所亡이라. (일지기소망) (論語 子張)

날마다 모르던 바를 안다.

매일 자신을 돌아보아 부족한 점, 모르는 점을 발견하여 알려고 노력한다. 이것이 학문을 좋아 하는 자세이다. 이 말에는 지신(知新)의 뜻이 있다.
ㅇ일(日)-날. ㅇ소(所)-~하는 바. ㅇ망(亡)-없어지다. 잃다.

373.
<子夏曰…> 月無忘其所能이니라. (월무망기소능) (論語 子張)

달마다 잘하는 바를 잊어버리지 않는다.

이미 알고 있는 것을 되살려 익히고 숙달시켜 잊어버리지 않으면 그것이 학문을 좋아하는 자세가 된다. 이 말에는 온고(溫故)의 뜻이 있다.
ㅇ망(忘)-잊다. ㅇ능(能)-잘하다.

374.
<子夏曰…> 博學而篤志니라. (박학이독지) (論語 子張)

널리 배워 뜻을 두텁게 한다.

배우는 데는 동서고금의 지식을 무엇이나 넓게 알려고 노력하고, 배운 바는 소중히 자기의 것으로 간직하며 이를 실천하기에 힘써야 한다.
ㅇ박(博)-넓다. ㅇ독(篤)-도탑다. ㅇ지(志)-뜻.

375.
<子夏曰…> 切問而近思하면 仁在其中矣니라.
(절문이근사, 인재기중의) (論語 子張)

절실하게 묻되 가까운 것을 생각하면, 그런 가운데 인은 저절로 나온다.

가르침을 받을 때는 자기 자신에게 절실한 문제를 묻고, 문제를 생각할 때는 자기 생활의 현실적인 문제를 생각하면 그 속에서 인을 체득할 수 있다.
ㅇ절(切)-절실하다. ㅇ문(問)-묻다. ㅇ사(思)-생각하다. ㅇ재(在)-있다.

376.
<子夏曰> 百工居肆하여 以成其事하고 君子學하여 以致其道니라.
(백공거사, 이성기사, 군자학, 이치기도) (論語 子張)

모든 직공은 작업장에 있으면서 자기의 일을 이루고, 군자는 학문을 하여 도를 달성한다.

모든 공인은 자기의 작업장에서 자기의 일을 완성한다. 그 곳에는 그럴 수 있는 필요한 시설과 공구가 있다. 구도하는 사람에게도 도를 구할 수 있는 알맞은 장소를 구하는 것이 좋을 것이다. 그것이 바로 학문하는 방법이다.
ㅇ거(居)-있다. ㅇ사(肆)-가게. ㅇ성(成)-이루다. ㅇ치(致)-이루다.

377.
<子夏曰…> 小人之過也는 必文이니라. (소인지과야, 필문) (論語 子張)

소인은 잘못을 저지르면 꾸며 속이려 한다.

잘못은 누구나 저지를 수 있다. 그러나 소인은 잘못을 저지르면, 그것을 고쳐 다시는 잘못을 저지르지 않도록 노력은 하지 않고 반드시 변명을 한다. 그래서 거듭하여 잘못을 저지르게 된다.
ㅇ과(過)-잘못. ㅇ필(必)-반드시. ㅇ문(文)-꾸미다.

378.
<子夏曰> 君子有三變이라. (군자유삼변) (論語 子張)

군자의 태도는 세 가지로 다르게 나타난다.

공자의 태도에는 세 가지의 변화가 있다. 처음 만날 때는 친근해지기 어려운 느낌이 있다. 이는 속에 근엄함이 있기 때문이다. 자주 만나다 보면 온화함을 느낄 수 있다. 인정이 있기 때문이다. 그 말을 들으면 매우 격정적임을 느낄 수 있다. 도를 믿는 신념이 강하기 때문이다.
ㅇ변(變)-변하다.

379.
<子夏曰…> 信而後勞其民이니라. (신이후로기민) (論語 子張)

신임을 받은 다음에 백성을 부려야 한다.

백성에게 일을 시키려면 먼저 백성들에게서 신임을 받을 수 있는 일을 해야 한다.
ㅇ후(後)-뒤. ㅇ로(勞)-부리다.

380.
<子夏曰> 大德不踰閑이니라. (대덕불유한) (論語 子張)

큰 덕행은 테두리를 넘지 않는다.

수양이 깊은 훌륭한 인물의 행동은 규범에 벗어나는 일이 없다. 그러나 그렇지 못한 사람 곧 수양이 덜된 사람은 다소 규범을 범하기도 한다. 단 규범을 범하지 않으려 노력을 해야 한다.
ㅇ유(踰)-넘다. ㅇ한(閑)-법. 울타리.

381.
<子游曰> 喪致乎哀而止니라. (상치호애이지) (論語 子張)

거상함에는 진심으로 슬픔을 다하면 된다.

상례는 진심으로 우러나는 슬픔을 다하여 치르어야 한다. 표면적인 의례에 빠져서는 안된다. 곧 허식을 갖출 필요는 없다.
○상(喪)-상례. ○치(致)-이루다. ○애(哀)-슬프다.

382.
人未有自致者也나 必也親喪乎인저.
(인미유자치자야, 필야친상호) (論語 子張)

　　　사람은 자발적으로 자기의 정성을 다하지 않지만, 부모의 친상
　　　에는 지성으로 슬퍼함을 볼 수 있다.

인간 사회에서 자기가 아니면 안된다고 하여 최선의 노력을 기울여야 하는 일은 그리 많지 않다. 그러나 부모의 상례만은 최선을 다해야 하는 일이다.
○자(自)-스스로. ○치(致)-극에 이르다. ○상(喪)-죽다.

383.
<子貢曰…> 君子惡居下流니라. (군자오거하류) (論語 子張)

　　　군자는 하류에 있기를 싫어한다.

사람은 한번 하류로 떨어지면 자신이 한 일도 아닌 혹평마저 들어야 하는 경지에 빠진다. 그러므로 군자는 그런 지위로 전락되는 것을 싫어한다.
○오(惡)-미워하다. ○거(居)-있다. ○류(流)-흐르다.

384.
<子貢曰> 君子之過也는 如日月之食焉이라.
(군자지과야, 여일월지식언) (論語 子張)

군자의 잘못은 일식이나 월식 같다.

군자도 인간이니까 잘못이 있을 수 있다. 군자의 잘못은 일식과 월식 같아서 감추지 않으니 누구나 이를 볼 수 있다. 그러나 군자는 그 잘못을 고치므로 그 때는 일식과 월식이 끝날 때의 빛을 많은 사람들이 우러러 보듯이, 군자의 덕을 우러러 보는 것이다.
ㅇ과(過)-잘못. ㅇ여(如)-같다. ㅇ일(日)-해. ㅇ월(月)-달. ㅇ식(食)-먹다.

385.
<子貢曰…> 賢者識其大者하고 不賢者識其小者니라.
(현자식기대자, 불현자식기소자) (論語 子張)

현명한 사람은 큰 것을 배워서 알고, 현명치 못한 사람은 작은 것을 배워서 안다.

현명한 사람은 언제나 문제의 큰 곳에 착안하여 큰 것을 알고, 현명하지 못한 사람은 큰 곳에 착안하지 못하여 작은 것을 안다. 현불현의 구별은 식견의 대소로 구별된다 하겠다.
ㅇ현(賢)-현명하다. ㅇ식(識)-알다. ㅇ자(者)-것.

386.
<子貢曰…> 人雖欲自絶이나 其何傷於日月乎리오.

(인수욕자절, 기하상어일월호) (論語 子張)

비록 남들이 자기 스스로 선생님의 가르침을 끊는다 하더라도 해나 달 같은 선생님에게 무슨 흠이 있겠는가.

해나 달을 가리려 하더라도 그것은 사람으로는 할 수 있는 일이 아니다. 이처럼 훌륭한 인물에 대하여는 그와 절교해 버리고 싶어도 절대로 되지 않는다. 그 영향이 해와 달 같기 때문이다.
○수(雖)-비록. ○욕(欲)-바라다. ○자(自)-스스로. ○절(絶)-끊다. ○상(傷)-허물. 험

387.
<堯曰…> 允執其中하라. (윤집기중) (論語 堯曰)

반드시 중용의 도를 지켜라.

한 쪽으로 기울지 않는 중용의 도는 항상 마음을 다하여 반드시 지켜야 할 도이다.
○윤(允)-진실로. ○집(執)-지키다. ○중(中)-중용.

388.
百姓有過는 在予一人이니라. (백성유과, 재여일인) (論語 堯曰)

백성이 잘못한 책임은 나에게 있다.

백성에게 잘못이 있다면 그것은 천자인 내가 져야 할 책임이다.
○성(姓)-성씨. ○재(在)-있다. ○여(予)-나.

389.
公則說이니라. (공즉열) (論語 堯曰)

공평하면 누구나 기뻐한다.

지도자가 공평한 태도를 취하면 백성은 안심하여 그것을 기뻐한다.
ㅇ공(公)-공평하다. ㅇ열(說)-기뻐하다.

390.
君子惠而不費니라. (군자혜이불비) (論語 堯曰)

군자는 은혜를 베풀되 낭비하지 않는다.

반드시 비용을 드려야 은혜를 베풀 수 있는 것은 아니다. 백성에게 이로운 사업을 벌리게 하고 그것을 돕는 일에는 비용이 필요 없다.
ㅇ혜(惠)-은혜. ㅇ비(費)-돈 쓰다.

391.
勞而不怨이라. (노이불원) (論語 堯曰)

일을 시켜도 원망하지 않는다.

일을 시키려면 그 일을 하고 싶어하는 사람을 골라 시켜야 한다. 그러면 일은 하되 원망은 하지 않는다.
ㅇ로(勞)-일. 수고롭다. ㅇ원(怨)-원망하다.

392.
欲而不貪이니라. (욕이불탐) (論語 堯曰)

바라기는 하되 탐욕하지 않는다.

요구하고 싶은 것이 있으면 바라기는 하지만 탐욕이 되어서는 안된다.
○욕(欲)-바라다. ○탐(貪)-탐내다.

393.
泰而不驕니라. (태이불교) (論語 堯曰)

태연하되 교만하지 않는다.

태연자약한 자세는 취하지만 교만이 되어서는 안된다.
○태(泰)-태연하다. ○교(驕)-교만하다.

394.
威而不猛이니라. (위이불맹) (論語 堯曰)

위엄이 있으되 사납지 않다.

권위와 위엄은 부리더라도 사납게 굴어서는 안된다.
○위(威)-위엄. ○맹(猛)-사납다.

395.
不戒視成을 **謂之暴**라. (불계시성, 위지포) (論語 堯曰)

　　　　미리 훈계하지 않고 잘못된 결과만을 따지는 것은 포악함이다.

　　미리 일의 성질이나 완성 기일, 주의할 점 등을 충분히 알리지 않고 갑자기 성과나 방법을 따지면 포악함이 된다.
○계(戒)-경계하다. ○시(視)-보다. ○성(成)-이루다. ○위(謂)-이르다. 말하다. ○포(暴)-사납다.

396.
慢令致期를 **謂之賊**이라. (만령치기, 위지적) (論語 堯曰)

　　　　법을 엉성하게 하고서 실천의 기한만을 조이는 것은 적이라 한다.

　　지시를 엉성하게 하고서 성과를 올리는 시기를 엄격히 독촉하는 것은 사람을 해치는 일로서 도적이라 한다.
○만(慢)-느슨하다. ○령(令)-명령. ○치(致)-이르다. 도달.

397.
<堯曰…> **四海困窮**하면 **天祿永終**하리라.
(사해곤궁, 천록영종) (論語 堯曰)

　　　　사해의 백성이 곤궁하면 하늘이 내리는 녹도 영원히 끊어지리라.

사해의 온 백성이 곤궁해지면 모처럼 하늘이 내려준 너의 왕위도 영원히 없어진다.
○해(海)-바다. ○곤(困)-어렵다. ○궁(窮)-궁하다. ○록(祿)-봉록. 보수. ○영(永)-길다. ○종(終)-끝. 끝나다.

398.
擧逸民하신대 天下之民歸心焉하니라.
(거일민, 천하지민귀심언) (論語 堯曰)

　　　숨은 인재를 등용하니 천하의 민심이 돌아 왔다.

세상에 숨겨진 인재를 등용하면 백성이 마음을 돌려 다 돌아온다.
○거(擧)-들다. 등용하다. ○일(逸)-숨다. ○귀(歸)-돌아오다. ○심(心)-마음.

399.
猶之與人也로되 出納之吝을 謂之有司니라.
(유지여인야, 출납지인, 위지유사) (論語 堯曰)

　　　남에게 주어야 할 물건을 인색하게 하는 태도를 창고지기 같다고 한다.

어차피 주어야 할 것을 선선히 주지 않고 머뭇거려 인색하게 하면 창고지기 같다고 나무란다.
○유(猶)-오히려. ○여(與)-주다. ○출(出)-내치다. ○납(納)-넣어두다. ○인(吝)-인색하다. ○사(司)-거느리다.

400.
不知命이면 無以爲君子也니라. (부지명, 무이위군자야) (論語 堯曰)

천명을 알지 못하면 군자가 될 수 없다.

녹명 곧 길흉 화복이 찾아 오는 것은, 반드시 그 사람의 행위와 일치하는 것은 아니다. 불행을 당하였다고 하여 그것을 원망하며 슬퍼하는 것은 천명을 모르기 때문이다. 사람에게는 하늘이 내려준 사명 곧 덕명이 있다. 그것을 자각하지 못하면 군자가 될 수 없다.
ㅇ지(知)-알다. ㅇ명(命)-명하다. ㅇ위(爲)-되다.

三. 맹자의 명언

1. 맹자(孟子)에 대하여

맹자(孟子)는 논어(論語), 대학(大學), 중용(中庸)과 함께 사서(四書)의 하나이다. 공자(孔子)의 학통(學統)은 증자(曾子)에게 전해지고, 증자(曾子)의 학통(學統)은 자사(子思)에게 전해졌으며, 그 자사(子思)의 문하에서 가르침을 받은 자가 맹자(孟子)이다. 공자(孔子)는 논어(論語)를, 증자(曾子)는 대학(大學)을, 자사(子思)는 중용(中庸)을 남기게 했고, 맹자(孟子)는 이 맹자(孟子)를 남기게 했다.

맹자(孟子)는 인의(仁義)의 도(道)를 강조하여 인의예지(仁義禮智)의 사단설(四端說)을 확립하고, 인정(仁政)을 왕도(王道)의 기초로 하여 왕도

(王道)와 패도(霸道)를 명확히 했다.

2. 맹자의 명언

401.
何必曰利이꼬 亦有仁義而已矣니이다.
(하필왈리, 역유인의이이의) (孟子 梁惠王 上)

왜 반드시 이만을 말하는가. 인과 의가 있을 따름이다.

맹자가 양혜왕을 방문하였을 때, 양혜왕이 맹자에게 국가의 영토를 넓히고 부강하게 하는 방법을 제시해 주기를 청했다. 이에 대한 맹자의 대답이다. 맹자가 말하기를 어째서 직접적인 이(利)에 대하여 말할 필요가 있습니까. 당신에게는 옛 성현처럼 인(仁)과 의(義)가 있을 따름입니다. 하고 답했다. 이 말은 맹자의 왕도 정치의 사상을 잘 보여주는 말이다.
○하(何)-어찌. ○리(利)-이롭다. ○역(亦)-또. 역시. ○인(仁)-어질다. ○의(義)-의롭다. ○이(而已)-따름이다.

402.
上下交征利면 而國이 危矣리이다.
(상하교정리, 이국, 위의) (孟子 梁惠王 上)

위와 아래가 서로 이만을 취하면 나라가 위태로워질 것이다.

만일 웃사람도 아랫사람도 제각기 자기의 이익만을 생각하여 움직인다면 그 나라의 존립은 위태로워질 것이다.
○교(交)-서로. ○정(征)-취(取)하다. ○위(危)-위태롭다.

403.
養生喪死에 無憾이 王道之始也니이다.
(양생상사, 무감, 왕도지시야) (孟子 梁惠王 上)

　　　　산 사람을 부양하고, 죽은 사람을 장사지내는 데 유감 없게 하는 것이 왕도의 시작이다.

백성이 제각기 안심하여 살 수 있게 하고, 죽은 가족을 안장시킬 수 있도록 안정된 생활을 보장해 주는 것이 왕도 정치의 제일의 과제이다.
○양(養)-기르다. ○생(生)-살다. 산 사람. ○상(喪)-장사지내다. ○도(道)-도리. ○사(死)-죽다. 죽은 사람. ○감(憾)-원망하다. ○시(始)-시작하다.

404.
頒白者, 不負戴於道路矣리이다.
(반백자, 불부대어도로의) (孟子 梁惠王 上)

　　　　반백 노인이 길에서 지거나 이고 다니지 않게 될 것이다.

백발이 성성한 노인들이 물건을 지거나 이고 다녀야 하는 괴로운 생활을 시키지 않는 것이 왕도 정치이다.
○반(頒)-반백(斑白)으로 백발. ○부(負)-짐지다. ○대(戴)-머리에 이다. ○도(道)-길. ○로(路)-길.

405.
王이 無罪歲하시면 斯天下之民이 至焉하리이다.
(왕, 무죄세, 사천하지민, 지언) (孟子 梁惠王 上)

　　　왕이 흉년을 허물하지 않으면, 이에 천하의 백성들이 모여들 것이다.

　혹시 흉년이 들어서 백성들이 굶어 죽는 일이 생기면 이것은 기후가 불순하여 흉년이 들었기 때문이라 하여 흉년을 죄주려 하지 말고, 왕의 책임으로 여겨야 천하의 백성들이 복종하고 모여든다.
ㅇ무(無)-아니하다. ㅇ죄(罪)-죄. ㅇ세(歲)-시절. 해. ㅇ죄세(罪歲)-흉년. ㅇ사(斯)-곧. ㅇ지(至)-이르다.

406.
仁者無敵이라. (인자무적) (孟子 梁惠王 上)

　　　어진 이는 적이 없다.

　천하에 인자에 대적할 적은 없다. 양혜왕이 나라의 욕을 씻으려면 어떻게 해야 하는가 하고 물음에, 맹자가 말하기를 인정을 베풀어 민심을 편안하게 하는 것이 우선이라 하며 한 말이다.
ㅇ자(者)-사람. ㅇ적(敵)-적. ㅇ무(無)-없다.

407.
不嗜殺人者가 能一之라. (불기살인자, 능일지) (孟子 梁惠王 上)

사람 죽이기를 좋아하지 않는 자가 통일할 것이다.

맹자는 양양왕(梁襄王)을 만나 보니 왕다운 기품이나 위엄이 보이지 않았다. 그러나 그가 천하는 어떻게 낙착되겠느냐고 묻자, 하나로 통일이 될 터인데 사람 죽이기를 싫어하는 사람이 통일할 것이라 했다. 곧 인(仁)의 정치를 하는 왕이 통일을 이룬다 함이다.
○기(嗜)-좋아하다. ○살(殺)-죽이다. ○능(能)-잘하다. 능하다.

408.
不爲也언정 非不爲也니라. (불위야, 비불위야) (孟子 梁惠王 上)

하지 않는 것이지 못하는 것이 아니다.

세상에는 진실로 하지 못하는 것과 할 수 있는 것이 있다. 흔히 하지 못한다는 것은 하지 않기 때문이다. 무슨 일이나 하려고 하면 안될 일이 없다. 왕이 하는 일은 어른을 위하여 나뭇가지 하나를 꺾는 것처럼 할 수 있는 일이다.
○위(爲)-하다. ○비(非)-아니다.

409.
爲長者折枝라. (위장자절지) (孟子 梁惠王 上)

웃어른을 위하여 나뭇가지를 꺾는다.

손 위의 사람을 위하여 꽃나무 가지를 하나 꺾어 드리는 일은 누구나 하면 할 수 있는 쉬운 일이다. 그러나 흔히 못한다고 하여 하지 않는다.

인생 행로의 태반이 이런 것이다.
ㅇ위(爲)-위하다. ㅇ장(長)-어른. ㅇ절(折)-꺾다. ㅇ지(枝)-나뭇가지.

410.
老吾老하여 以及人之老하니라. (로오로, 이급인지로) (孟子 梁惠王 上)

내 집 노인을 공경하여 그 마음이 다른 집 노인에게 미치게 한다.

자기 집 노인을 공경하여서 그 마음이 다른 집 노인을 공경하는 데까지 미치게 한다. 이렇게 마음을 쓴다면 쉽게 천하를 다스릴 수 있을 것이다.
ㅇ로(老)-받들다. ㅇ오(吾)-나. ㅇ로(老)-늙다. 노인. ㅇ급(及)-미치다.

411.
推恩이면 足以保四海라. (추은, 족이보사해) (孟子 梁惠王 上)

은혜를 널리 펴면, 족히 사해를 보존할 수 있다.

친형제자매의 은애의 정을 다른 사람에게도 널리 펴 나아가면 전세계를 편안하게 할 수 있다.
ㅇ추(推)-밀다. ㅇ은(恩)-은혜. ㅇ족(足)-족하다. ㅇ보(保)-안보하다. ㅇ해(海)-바다. 세상.

412.
蓋亦反其本矣니이꼬. (개역반기본의) (孟子 梁惠王 上)

어찌 근본으로 돌아가지 않는가.

어찌 그 근본으로 돌아가지 않는가. 정치를 할 경우 형벌이나 법률은 말단의 방법이고 근본은 도덕이다. 몸을 닦아 수신하는 경우 남을 책하는 것보다 자기 자신을 책하는 것이 본이다.
ㅇ개(蓋)-어찌. ㅇ반(反)-돌아가다. ㅇ기(基)-터. 근본. ㅇ본(本)-근본. 뿌리.

413.
無恒産이면 **因無恒心**이니라. (무항산, 인무항심) (孟子 梁惠王 上)

일정한 산업이 없으면, 그로 인하여 꾸준한 마음을 가질 수 없다.

일반 백성들은 항산(恒産) 곧 어떠한 경우에도 생활해 나아갈 수 있는 정도의 재산이나 생계 수단을 가지고 있지 못하면, 항심(恒心) 곧 변하지 않는 마음, 사상, 도덕심을 보전할 수 없다. 그러므로 정치는 우선 백성들로 하여금 항산을 가질 수 있게 해야 한다.
ㅇ항(恒)-늘. ㅇ산(産)-낳다. ㅇ인(因)-말미암다.

414.
與民同樂이니라. (여민동락) (孟子 梁惠王 下)

백성과 함께 즐긴다.

정치는 자기 혼자서 즐기려 해도 할 수 있는 일이 아니다. 항상 백성과 함께 즐거움을 같이 하려는 마음가짐이 필요하다.

○여(與)-함께. ○동(同)-같다. ○락(樂)-즐겁다. 즐기다.

415.
爲民上而...樂民之樂者는 民亦樂其樂하나니라.
(위민상이, 낙민지락자, 민역락기락) (孟子 梁惠王 下)

　　왕이 백성의 즐거움을 즐거워하면, 백성도 왕의 즐거움을 즐거워한다.

　왕이 백성의 즐거움을 즐거워하면, 백성도 왕이 즐거워하는 것을 즐거워한다. 이처럼 군민, 상하가 마음을 함께 하면 나라는 잘 다스려질 것이다.
○민(民)-백성. ○락(樂)-즐겁다. ○역(亦)-또. ○기(其)-그.

416.
先王은 無流連之樂과 荒亡之行하니라.
(선왕, 무류연지락, 황망지행) (孟子 梁惠王 下)

　　선왕은 유련하는 향락과 황망한 행동은 없었다.

　유(流)란 배를 타고 강을 내려가는 놀이이고, 연(連)이란 배를 끌어 강을 거슬러 올라가는 놀이이다. 황(荒)은 싫증을 모르게 짐승을 쫓는 수렵이고, 망(亡)은 술로 만사를 잊어버리는 것을 말한다. 선왕은 결코 무한정의 수렵이나 주연 등의 유흥에 빠지는 일이 없었다.
○류(流)-흐르다. 놀이 이름. ○연(連)-잇다. 놀이 이름. ○황(荒)-거칠다. 놀이 이름. ○망(亡)-죽다. 놀이 이름. ○행(行)-행동하다.

417.
故國者는 非謂有喬木之謂也라 有世臣之謂也라.
(고국자, 비위유교목지위야, 유세신지위야) (孟子 梁惠王 下)

오랜 나라란 교목이 있는 것을 두고 하는 말이 아니라, 세신이 있는 것을 두고 하는 말이다.

유서 깊은 오랜 나라라 함은 큰 나무가 무성히 자라고 있어서 하는 말이 아니고, 대를 이어 오는 훌륭한 신하가 있는 나라를 말하는 것이다.
○고(故)-오래다. ○위(謂)-이르다. ○유(有)-있다. ○교(喬)-키 큰 나무. ○세(世)-대.

418.
戒之戒之하라 出乎爾者反乎爾者也니라.
(계지계지, 출호이자반호이자야) (孟子 梁惠王 下)

경계하고 경계하라. 너에게서 나간 것이 너에게로 돌아온다.

네가 한 언행은 그 결과가 너에게로 다시 돌아 온다. 곧 선한 일을 하면 선의 결과가 오고, 악한 일을 하면 악의 결과가 온다. 추(鄒)나라와 노(魯)나라의 싸움에서 추나라의 장교는 33명이나 전사를 했는데 그 부하는 한 사람도 죽지 않았다. 추(鄒)나라의 왕 목공(穆公)이 맹자에게 상담을 청하자 맹자는 이 증자의 말을 인용하여 평상시 추나라의 장교들의 행위가 악하기 때문에 백성이 그 앙갚음을 한 것이라 했다.
○계(戒)-경계하다. ○출(出)-나다. ○이(爾)-너. ○반(反)-되돌아오다.

419.
君子는 不以其所以養人者로 害人이라.
(군자, 불이기소이양인자, 해인) (孟子 梁惠王 下)

군자는 사람을 기르는 땅 때문에 사람을 해치지 않는다.

군자는 인간을 인간답게 기르는 사람이다. 그 군자가 사람을 먹여 살리고 기르는 땅을 빼앗기 위하여 전쟁을 일으켜 사람을 해치는 일은 하지 않는다.
○불이(不以)-아니하다. ○소이(所以)-까닭. ○양(養)-기르다. ○해(害)-해치다.

420.
自反而縮이면 雖千萬人이라도 吾往矣니라.
(자반이축, 수천만인, 오왕의) (孟子 公孫丑 上)

스스로 반성하여 의로우면, 비록 수천만 인의 앞이라도 나는 용감히 가리라.

증자가 공자에게서 들은 바 대용(大勇)이란 무엇인가를 말하고 있다. 곧 대용이란 자기 스스로 반성해 보아서 부정한 바가 있으면, 비록 신분이 천하고 가난한 사람 앞에서도 두려워하지 않을 수 없고, 그 반대로 스스로 반성해서 자신의 행동이 확실히 정당하다면 상대할 사람이 비록 수천만 명이 된다고 해도 용감히 이 앞에 나설 수 있는 것이다. 용기란 의를 지키는 것이라 하겠다.
○반(反)-반성하다. ○축(縮)-곧다. 바르다. ○수(雖)-비록. ○왕(往)-가다.

421.
雖有智慧나 不如乘勢라.
(수유지혜, 불여승세) (孟子 公孫丑 上)

비록 지혜가 있어도 시세를 잘 타는 것만 못하다.

아무리 지혜가 있다고 해도 시대의 흐름을 견딜 수는 없다. 왕업을 성취하는 데도 시대의 흐름을 잘 타야 한다. 아무리 농기구를 갖추었다 하여도 때를 기다려 계절에 맞는 농사를 지어야 함과 같다.
ㅇ유(有)-있다. ㅇ지(智)-지혜. ㅇ혜(慧)-지혜. ㅇ승(乘)-타다. ㅇ세(勢)-형세. ㅇ불여(不如)-못하다.

422.
德之流行이 速於置郵而傳命이라.
(덕지유행, 속어치우이전명) (孟子 公孫丑 上)

덕이 퍼져나가는 것은 역마로 명령을 전달하는 것보다 빠르다.

유덕자의 덕이 전파되는 속도는 역마로 명령을 전달하는 것보다 빠르다. 백성은 인의 정치를 기대하고 있기 때문이다.
ㅇ덕(德)-덕. ㅇ류(流)-흐르다. ㅇ행(行)-다니다. ㅇ속(速)-빠르다. ㅇ치(置)-두다. ㅇ우(郵)-우편. ㅇ전(傳)-전하다. ㅇ명(命)-명령.

423.
我는 四十이라 不動心하니라. (아, 사십, 부동심) (孟子 公孫丑 上)

나는 마흔 살이 되어 마음이 흔들리지 않았다.

　공자가 마흔 살이 되어 불혹했다 하듯이, 맹자도 마흔 살이 되어 마음이 동요되는 일이 없었다.
ㅇ동(動)-움직이다.　ㅇ심(心)-마음.

424.
量敵而後進하니라. (양적이후진) (孟子 公孫丑 上)

　　　적을 헤아려 본 뒤에 나아간다.

　적이 많고 적음이나, 정예의 정도가 어떠한지, 군비는 어떠한 지를 측량한 뒤에 진격한다.
ㅇ량(量)-분량. 헤아리다.　ㅇ후(後)-뒤.　ㅇ진(進)-나아가다.

425.
守約也니라. (수약야) (孟子 公孫丑 上)

　　　지키는 데 요령이 있다.

　용사인 맹시사(孟施舍)는 수비의 요령을 체득하고 있었다. 상대를 두려워하지 않고 적대시하지 않아 스스로를 지키는 요령을 체득하고 있었다.
ㅇ약(約)-요점.　ㅇ수(守)-지키다.

426.
志는 氣之帥也오 氣는 體之充也니라.

(지, 기지수야, 기, 체지충야) (孟子 公孫丑 上)

뜻은 기의 총수요, 기는 몸에 가득찬 것이다.

지(志)는 사상과 정신을 말하며, 기(氣)는 몸에 가득찬 원기와 기력을 말한다. 지는 기의 총수 곧 지휘자로서 사상이 확립되고 정신이 철저하면 그에 따라서 스스로 원기나 기력이 생겨나는 것이다.
○지(志)-뜻. ○기(氣)-기운. ○수(帥)-장수. ○충(充)-가득차다.

427.
善養吾의 浩然之氣하니라. (선양오, 호연지기) (孟子 公孫丑 上)

호연지기를 잘 기른다.

호연지기란 의(義)로써 길러진 하늘을 우러러 보고, 땅을 굽어 보아 부끄러움이 없는 넓고 풍부한 기운을 말한다. 이러한 기운을 기르고 있다.
○선(善)-잘하다. ○호(浩)-넓다. ○연(然)-그러하다.

428.
必有事焉而勿正하라. (필유사언이물정) (孟子 公孫丑 上)

반드시 의로운 일이 있으면, 그만 두지 말라.

사물에 직면할 때 잘 생각하여 예기나 예측을 하지 말라. 마음을 그 속에서 떨어지지 않으려 노력해야 한다. 또 그 결과가 이로울 것이라는 생각은 지(志) 곧 뜻을 손상시키는 일이 되므로 하지 말아야 한다.

○사(事)-일. ○물(勿)-말다. ○정(正)-예측하는 것.

429.
心勿忘하며 勿助長也라. (심물망, 물조장야) (孟子 公孫丑 上)

마음에서 잊지 말고, 조장하지 말라.

사태나 사물에 접하여 주의를 게을리하지 말아야 한다. 그리고 시세의 흐름이나 자연의 변화를 기다려야 하지 이를 무시하여 호연지기를 기르려 하거나 무리하게 좋은 결과를 기대하여 서두르는 것은 좋지 않다.
옛날 송나라에 어리석은 사람이 있었는데 자기집 논의 벼묘가 남의 집 논의 벼묘보다 더디 자라는 것을 알고 살짝 모싹을 뽑아올렸다. 그 말을 들은 아들이 모판에 나가보니 잘 자라고 있을 모싹이 무참하게도 시들어 버렸었다. 요는 묘의 싹을 뽑을 것이 아니라 물을 대고 잡초를 뽑고 알맞게 시비를 하여 자연에 따라 자라도록 도와 주어야 할 일이다.
○조(助)-돕다. ○장(長)-자라다.

430.
遁辭에 知其所窮이니라. (둔사, 지기소궁) (孟子 公孫丑 上)

피하려는 말을 들으면 그 사람이 궁지에 빠져 있음을 알 수 있다.

웬지 회피하는 말을 하는 자가 있다면 그 사람의 생각이 궁지에 몰려 있음을 알 수 있다.

ㅇ둔(遁)-피하다. ㅇ사(辭)-말. ㅇ지(知)-알다. ㅇ궁(窮)-궁하다.

431.
行一不義하며 殺一不辜而得天下는 皆不爲也라.
(행일불의, 살일불고이득천하, 개불위야) (孟子 公孫丑 上)

한 가지라도 의롭지 못한 일을 행하고, 한 사람이라도 죄없는 사람을 죽여서 천하를 얻는 일은 다들 하지 않았다.

단 한 사람이라도 의롭지 못한 일을 하거나 단 한 사람이라도 무고한 사람을 죽여서 천하를 얻는 일은 옛 성인[백이(伯夷), 숙제(叔齊), 이윤(伊尹), 공자(孔子)]은 아무도 하지 않았다.
ㅇ행(行)-행하다. ㅇ의(義)-의롭다. ㅇ고(辜)-죄. ㅇ득(得)-얻다. ㅇ개(皆)-모두 ㅇ불위(不爲)-하지 아니하다.

432.
以力假仁者는 霸니라. (이력가인자, 패) (孟子 公孫丑 上)

힘으로 인(仁)을 가장하는 것은 패도이다.

군대의 병력이나 권력을 가지고 표면적으로만 인자인 척하는 것은 실은 왕도(王道)의 인(仁)을 가장하는 것으로 이는 패도를 행하는 패자의 수법이다.
ㅇ력(力)-힘. ㅇ가(假)-거짓. ㅇ패(霸)-패왕.

433.
以德行仁者는 王이니라. (이덕행인자, 왕) (孟子 公孫丑 上)

덕으로써 인을 행하는 자는 왕도이다.

덕으로써 인정을 베푸는 자 곧 왕도를 베푸는 자가 왕자(王者)이다.
ㅇ 이(以)- 으로써. ㅇ 행(行)-행하다. ㅇ 왕(王)-임금.

434.
以力服人者는 非心服也라 力不贍也니라.
(이력복인자, 비심복야, 역불섬야) (孟子 公孫丑 上)

힘으로 남을 복종하게 하는 것은 상대가 마음으로 복종하는 것이 아니라 힘이 모자라서이다.

힘으로 남을 복종시켜도 복종당한 자는 마음으로 복종하는 것이 아니다. 그것은 반항할 힘이 부족하기 때문에 할 수 없이 복종하는 것이어서 언제 배반할지도 모른다.
ㅇ 복(服)-복종하다. ㅇ 섬(贍)-넉넉하다.

435.
以德服人者는 中心이 悅而誠服也니라.
(이덕복인자, 중심, 열이성복야) (孟子 公孫丑 上)

덕으로써 남을 복종하게 하면 상대는 마음으로 기뻐하여 참으로 복종한다.

덕으로써 남을 복종하게 하는 왕자(王者)에게는 복종당한 자가 기뻐하는 마음으로 복종한다.
○열(悅)-기뻐하다. ○성(誠)-정성. 참. ○열복(悅服)-기뻐하는 마음으로 복종하다.

436.
天作孽은 猶可違어니와 自作孽은 不可活이라.
(천작얼, 유가위, 자작얼, 불가활) (孟子 公孫丑 上)

하늘이 지은 재앙은 그래도 피할 수 있으나, 스스로 지은 재앙은 살아날 수 없다.

천재는 피할 수 없다고 하지만 자신이 주의하고 조심한다면 피할 수가 있다. 그러나 인간이 스스로 저지른 재앙은 이것을 피하여 살아남을 수 없다. 인간의 화복은 인간 스스로가 불러들이는 것이다.
○작(作)-짓다. ○얼(孽)-요물. ○위(違)-어기다. ○활(活)-살다.

437.
無敵於天下者는 天吏也라. (무적어천하자, 천리야) (孟子 公孫丑 上)

천하에 적이 없는 자는 하늘의 사자이다.

천하에 적이 없는 사람은 하늘의 명을 실천하는 일꾼이다. 곧 하늘의 뜻에 맞는 행위를 하는 자는 천하에 적이 없는 왕자인 것이다.
○천(天)-하늘. ○리(吏)-관리.

438.
人皆有不忍人之心하니라. (인개유불인인지심) (孟子 公孫丑 上)

사람은 누구나 다 차마 남에게 잔인하게 하지 못하는 마음이 있다.

인간에게는 누구나 모두가 차마 보지 못하고, 차마 할 수 없는 인정이 있다. 이러한 충성과 용서의 마음이 나라를 다스리는 근본이다.
ㅇ개(皆)-모두. ㅇ인(忍)-참다.

439.
惻隱之心은 仁之端也니라. (측은지심, 인지단야) (孟子 公孫丑 上)

측은해 하는 마음은 인의 단서이다.

사람이 불행이나 위험에 처했을 때 불쌍하게 생각하는 마음이 곧 측은히 생각하는 마음으로 이것이 인의 단서가 된다.
ㅇ측(惻)-불쌍하다. ㅇ은(隱)-불쌍히 여기다. ㅇ단(端)-끝.

440.
羞惡之心은 義之端也니라. (수오지심, 의지단야) (孟子 公孫丑 上)

부끄러워하는 마음은 의의 단서이다.

자신의 착하지 못한 것을 부끄러워하고, 남의 악을 미워하는 것은 의의 단서이다.

○수(羞)-부끄럽다. ○오(惡)-미워하다. ○의(義)-의롭다.

441.
辭讓之心은 禮之端也니라. (사양지심, 예지단야) (孟子 公孫丑 上)

사양하는 마음은 예의 단서이다.

남에게 겸손하고 사양하는 마음은 예의 단서이다.
○사(辭)-겸손하다. ○양(讓)-양보하다. ○례(禮)-예도.

442.
是非之心은 智之端也니라. (시비지심, 지지단야) (孟子 公孫丑 上)

시비를 가리는 마음은 지의 단서이다.

옳고 그름, 선과 악을 판단하는 마음은 지의 단서이다.
○시(是)-그러하다. ○비(非)-아니다. ○지(智)-지혜.

443.
仁은 天之尊爵也며 人之安宅也라.
(인, 천지존작야, 인지안택야) (孟子 公孫丑 上)

인은 하늘이 준 존귀한 벼슬이고, 사람의 편안한 집이다.

인은 자연이 인간에게 내려준 귀한 벼슬 곧 천작(天爵)이고, 인간이 있을 곳 중에서 가장 편안한 곳이다.

ㅇ존(尊)-높다. ㅇ작(爵)-벼슬. 귀족 벼슬. ㅇ안(安)-편안하다. ㅇ택(宅)-집.

444.
樂取於人하야 以爲善이러라. (락취어인, 이위선) (孟子 公孫丑 上)

　　남에게서 취하여 선을 행하기를 즐거워한다.

　남의 선행을 본받아 자기도 실행하는 것을 즐거워한다. 대체로 인간은 남이 착한 일을 하면 부러워하면서도 약간의 질투심을 느끼는 것이 보통이다. 그러나 순(舜)임금은 매우 자연스럽게 남의 선행을 본받아 자신의 선행으로 옮겼다.
ㅇ락(樂)-즐거워하다. ㅇ취(取)-가지다. ㅇ어(於)-에게서. ㅇ선(善)-착하다. 선행.

445.
君子는 莫大乎與人爲善이니라.
(군자, 막대호여인위선) (孟子 公孫丑 上)

　　군자에게는 남과 함께 선을 행하는 것보다 더 중대한 일은 없다.

　자기 자신만이 아니라 남과 함께 선을 행하는 일이 군자로서는 중대한 일이다. 선은 자기와 남의 구별이 없다. 남의 선행을 내가 본받고, 자기의 선행을 남에게 미치게 하여 모두 함께 선을 행하는 사회를 이루고자 하는 생각이다.
ㅇ막(莫)-없다. ㅇ여(與)-함께. 더불다.

446.
如以朝衣朝冠으로 坐於塗炭하니라.
(여이조의조관, 좌어도탄) (孟子 公孫丑 上)

정장인 관복을 입고, 뻘과 숯더미에 앉은 것과 같다.

조정에 출퇴근할 때 입는 정장인 관복을 입고 뻘과 숯덤이에 앉은 것과 같다. 백이는 부정과 부패한 왕과 신하가 있는 조정에 봉직하는 것을 마치 관복을 입고 뻘과 숯더미에 앉은 것과 같다고 하였다. 이는 관직에 있으면 부패해지기 쉽다는 뜻으로 청렴결백을 주장한 말이다.
○여(如)-같다. ○조(朝)-조정. ○의(衣)-옷. ○관(冠)-관. ○좌(坐)-앉다. ○도(塗)-뻘. ○탄(炭)-숯.

447.
遺佚而不怨이라. (유일이불원) (孟子 公孫丑 上)

버림을 받아도 원망하지 않는다.

세상이 다 잊어버려 문제시 하지 않고 별볼일 없게 되어도, 자신이 신념과 하는 일에 충실하므로 특별히 사람을 원망하거나 하늘을 원망하지 않는다. (노나라의 대부 유하혜(柳下惠)의 너그러움을 칭찬한 맹자의 말)
○유(遺)-남기다. ○일(佚)-버리다. ○유일(遺佚)-버림을 받아 임용되지 않음. ○원(怨)-원망하다.

448.
天時는 不如地利요 地利는 不如人和니라.
(천시, 불여지리, 지리, 불여인화) (孟子 公孫丑 下)

천시는 지리만 못하고, 지리는 인화만 못하다.

천시를 얻었다 해도 지리를 얻는 것만 못하고 지리를 얻었다 해도 인화 곧 사람이 화목해서 단결됨만 못하다. 무슨 일이나 성공하려면 천시, 지리, 인화가 모두 중요하나 그중 가장 중요한 것은 인화이다.
○천(天)-하늘. ○시(時)-때. ○천시(天時)-사시와 일진과 방위와 관련하여 율한 때. ○불(不)-아니다. ○여(如)-같다. ○불여(不如)-못하다. ○지(地)-땅. ○리(利)-이롭다. ○화(和)-고르다. 화하다.

449.
得道者는 多助하고 失道者는 寡助라.
(득도자, 다조, 실도자, 과조) (孟子 公孫丑 下)

도를 얻은 자는 도와 주는 사람이 많고, 도를 잃은 자는 도와 주는 사람이 적다.

왕자(王者)의 도 곧 인의(仁義)의 도를 얻은 사람에게는 많은 사람이 그를 도와 주는데, 왕자의 도 곧 인의의 도를 잃은 사람에게는 도와 주는 사람이 적다.
○득(得)-얻다. ○득도(得道)-왕자의 도를 체득함. ○조(助)-돕다. ○실(失)-잃다. ○과(寡)-적다.

450.
寡助之至에는 親戚畔之하고 多助之至에는 天下順之니라.
(과조지지, 친척반지, 다조지지, 천하순지) (孟子 公孫丑 下)

도와주는 사람이 적은 경우에는 친척도 배반하고, 도와주는 사람이 많은 경우에는 천하가 다 순종한다.

도와주는 사람이 많으면 천하 모든 사람이 따르지마는 도와주는 사람이 적으면 심지어 친척마저도 배반한다.
ㅇ친(親)-친족. ㅇ척(戚)-친족. ㅇ반(畔)-배반하다. ㅇ순(順)-순하다.

451.
彼以其富어든 我以吾仁이오 彼以其爵이어든 我以吾義니 吾何慊乎哉리오.
(피이기부, 아이오인, 피이기작, 아이오의, 오하겸호재) (孟子 公孫丑 下)

그들이 부를 가지고 하면 나는 인을 가지고 하고, 그들이 벼슬을 가지고 하면 나는 의를 가지고 하리니 내가 어찌 그들만 못하겠는가.

상대가 부 곧 재력을 자랑하면 나는 인을 가지고 대항하고, 그들이 벼슬을 자랑한다면 나는 의를 가지고 그에 대항한다. 그러면 어찌해서 내가 그들만 못하겠는가. 인의(仁義)의 도(道)에 착실하다면 상대가 누구이든 내가 두려워할 까닭이 있겠는가.
ㅇ피(彼)-저. ㅇ부(富)-부하다. ㅇ이(以)-~으로써. ㅇ작(爵)-벼슬. ㅇ겸(慊)-만족하지 않다.

452.
有官守者는 不得其職則去하니라.
(유관수자, 부득기직즉거) (孟子 公孫丑 下)

　　벼슬을 가진 자가 그 직책을 다하지 못하면, 떠나가야 한다.

관직을 가진 자가 그 직책을 다하지 못하게 되면 물러나는 것이 당연하다.
ㅇ유(有)-있다. ㅇ관(官)-벼슬. ㅇ수(守)-지키다. ㅇ직(職)-직책. ㅇ거(去)-떠나다. 가다. ㅇ부득(不得)-어쩔 수 없이.

453.
君子는 不以天下儉其親이니라.
(군자, 불이천하검기친) (孟子 公孫丑 下)

　　군자는 천하의 재물을 아끼기 위해서 부모의 상을 절약하지 않는다.

부모의 상을 치르는 데는 가능한 대로 비용을 써서 잘 치러야 한다. 절약이라는 명목으로 간소하게 하여 비용을 줄여서는 안된다.
ㅇ이(以)-위하다. ㅇ검(儉)-검소하다. 절약하다. ㅇ친(親)-어버이.

454.
彼一時며 此一時也니라. (피일시, 차일시야) (孟子 公孫丑 下)

　　그 때도 한 때요, 이 때도 한 때라.

그 때는 그 때이고 이 때는 이 때이니 시세(時勢)에 맞추어 일을 처리해야 한다.
○피(彼)-저. ○차(此)-이.

455.
彼丈夫也며 我丈夫也니 吾何畏彼哉리오.
(피장부야, 아장부야, 오하외피재) (孟子 滕文公 上)

　　그도 장부이고 나도 장부인데 내가 어찌 그를 두려워하겠는가.

그도 남자이고 나도 남자이다. 누구에게나 지켜야 할 바른 도는 하나이니 그를 두려워할 까닭이 있겠는가.
○장(丈)-어른. ○오(吾)-나. ○외(畏)-두려워하다.

456.
顔淵曰, 舜何人也며 予何人也오.
(안연왈, 순하인야, 여하인야) (孟子 滕文公 上)

　　안연이 말하기를 순임금은 누구이며, 나는 누구인가.

순임금은 누구이며 나는 누구인가. 결국은 똑같은 사람이 아닌가. 그렇다면 순임금이 한 일은 나도 할 수 있는 것이 아닌가.
○안(顔)-얼굴. ○안연(顔淵)-공자의 제자 이름. ○순(舜)-순임금.

457.
親喪은 固所自盡也니라. (친상, 고소자진야) (孟子 滕文公 上)

친상에는 본래 자신의 마음을 다해야 하는 것이다.

부모의 상을 당하면 낳고 키워준 은공을 생각하며 자기 자신의 온 정성을 다해야 한다.
○상(喪)-상례. ○고(固)-원래. 본디. ○소(所)-바. ○진(盡)-다하다.

458.
罔民을 而可爲也리오. (망민, 이가위야) (孟子 滕文公 上)

　　백성을 속이는 일을 할 수 있겠는가.

미끼를 주어 고기를 모아 놓고 그물을 던져 그 고기를 잡듯이, 백성들로 하여금 법망에 걸려 들게 하는 속임수를 써서는 안된다.
○망(罔)-흐리다. ○민(民)-백성.

459.
人倫이 明於上이면 小民이 親於下니라.
(인륜, 명어상, 소민, 친어하) (孟子 滕文公 上)

　　인륜이 위에서 밝아지면, 백성들은 아래에서 친해진다.

윗어른이 도를 밝히면 아랫사람들은 서로 친해진다.
○륜(倫)-인륜. ○명(明)-밝다. 밝히다. ○친(親)-친하다.

460.
周雖舊邦이나 其命維新이라. (주수구방, 기명유신) (孟子 滕文公 上)

주나라는 비록 오래나 받은 바 천명은 새롭다.

주나라는 나라는 오래지마는 언제나 바른 정치를 하고 있으므로 그 나라에 주어진 천명은 항상 새롭다.
○주(周)-주나라. 두루. ○구(舊)-오래다. ○방(邦)-나라. ○명(命)-명령. 천명. ○유(維)-오직. ○신(新)-새롭다.

461.
敎以人倫하니 **父子有親**이며 **君臣有義**이며 **夫婦有別**이며 **長幼有序**이며 **朋友有信**이니라. (교이인륜, 부자유친, 군신유의, 부부유별, 장유유서, 붕우유신) (孟子 滕文公 上)

인륜을 가르치니, 부자간에는 친함이 있고, 군신간에는 의리가 있으며, 부부간에는 다름이 있고, 어른과 아이 간에는 차례가 있고, 붕우간에는 신의가 있다.

요(堯)임금이 신하 설(契)을 사도라는 교육담당으로 기용하여 인륜을 가르쳤다. 이를 흔히 오륜(五倫)이라 하는데, 부자간에는 친애함을 근본으로 해야 하며, 군신간에는 의리를 근본으로 해야 하며, 부부간에는 분별을 근본으로 해야 하며, 어른과 아이 간에는 질서를 근본으로 해야 하며, 친구 간에는 신의를 근본으로 삼아야 한다.
○부(父)-아버지. ○자(子)-아들. ○친(親)-친하다. ○신(臣)-신하. ○의(義)-의롭다. ○부(夫)-지아비. 남편. ○부(婦)-며느리. 아내. ○별(別)-다르다. ○장(長)-어른. ○유(幼)-어리다. ○서(序)-차례. ○붕(朋)-벗. ○우(友)-벗. ○신(信)-믿다.

462.
敎人以善을 謂之忠이라. (교인이선, 위지충) (孟子 滕文公 上)

남에게 선을 가르치는 것을 충이라 이른다.

남을 가르칠 때 무엇이 선이며 선은 어떻게 행해야 하는가를 가르치는 것은 진심을 가지고 행하는 행위로서 이를 충이라 한다.
ㅇ교(敎)-가르치다. ㅇ선(善)-착하다. ㅇ위(謂)-이르다. 말하다. ㅇ충(忠)-충성.

463.
爲天下得人者를 謂之仁이라. (위천하득인자, 위지인) (孟子 滕文公 上)

천하를 위하여 인재를 얻는 것을 인이라 이른다.

세상에서 가장 중요한 은혜는 인정(仁政)을 베푸는 것이다. 이 인정을 베풀 수 있는 인물을 골라 채용하는 것을 인이라 한다.
ㅇ위(爲)-위하다. ㅇ득(得)-얻다.

464.
以天下與人은 易하고 爲天下得人은 難하니라.
(이천하여인, 이, 위천하득인, 난) (孟子 滕文公 上)

천하를 남에게 주기는 쉽고, 천하를 위하여 인재를 얻기는 어렵다.

천하를 남에게 양보하여 물려주기는 쉬우나, 물려준 뒤에 천하를 위하여 인재를 구하기란 어려운 일이다.
○여(與)-주다. ○이(易)-쉽다. ○난(難)-어렵다.

465.
出於幽谷하야 遷于喬木이라. (출어유곡, 천우교목) (孟子 滕文公 上)

깊은 골짜기에서 나와 높은 나무로 옮아 간다.

봄이 되어 꾀꼬리가 깊은 골짜기에서 나와 인가 가까운 곳에 있는 높은 나무에 옮아 앉듯이 사람도 비천한 사람이 출세하여 고귀하게 된다. 이를 천교(遷喬), 또는 천앵(遷鶯)이라 하는데 과거에 급제하여 출세하는 것을 말한다. 이 구절의 원 뜻은 꾀꼬리가 교목에 옮겨도 옛친구를 잊어 버리지 않듯이, 인간도 출세하더라도 옛친구를 잊지 말라는 뜻이 있다.
○출(出)-나다. ○유(幽)-깊다. ○곡(谷)-골짜기. ○천(遷)-옮기다. ○교(喬)-키 큰 나무.

466.
不直則道不見하나니라. (부직즉도불현) (孟子 滕文公 上)

직접적으로 나가지 않으면 도는 나타나지 않는다.

곧이 곧대로 말해서 공박하지 않으면 정도는 나타나지 않는다. 곧장 말해서 그릇된 점을 바로잡아 주지 않으면 도는 나타나지 않는다. 만일 친구에게 잘못이 있다면 꺼리지 말고 충고해서 바로잡아 주어야 한다.
○직(直)-곧장. ○현(見)-나타나다.

467.
枉尺而直尋이라. (왕척이직심) (孟子 滕文公 下)

한 자를 굽혀 여덟자를 곧게 한다.

한자를 굽혀서 여덟자를 곧게 한다. 곧 큰 것을 위하여 작은 것을 희생한다. 공리성을 주장한 말이다.
ㅇ왕(枉)-굽다. ㅇ척(尺)-자. 한자. ㅇ직(直)-곧다. ㅇ심(尋)-여덟자.

468.
志士는 不忘在溝壑이오 勇士는 不忘喪其元이라.
(지사, 불망재구학, 용사, 불망상기원) (孟子 滕文公 下)

지사는 구렁텅이에 던져지는 것을 잊지 않고, 용사는 목이 달아나는 것을 잊지 않는다.

의를 지키는 지사는 구학의 신세 곧 죽어서 구렁텅이나 골짜기에 버려질 것을 잊지 않고, 용사는 목이 잘려서 죽음을 당할 것을 잊지 않는다. 곧 지사와 용사는 항상 죽음을 각오하고 있다. (공자의 말)
ㅇ지(志)-뜻. ㅇ망(忘)-잊다. ㅇ재(在)-있다. ㅇ구(溝)-구렁텅이. ㅇ학(壑)-골짜기. ㅇ상(喪)-잃다. ㅇ원(元)-머리.

469.
枉己者는 未有能直人者也니라.
(왕기자, 미유능직인자야) (孟子 滕文公 下)

자기를 굽히는 사람으로서는 아직 남을 곧게 할 수 있는 사람
은 나오지 못했다.

자기 자신이 부정을 저지르는 사람이 남의 부정을 바로잡아 주는 예
는 없다. 언제나 스스로가 발라야 한다.
ㅇ왕(枉)-굽다. ㅇ기(己)-자기. ㅇ미(未)-못하다.

470.
以順爲正者는 妾婦之道也니라.
(이순위정자, 첩부지도야) (孟子 滕文公 下)

순종으로 바른 도리를 삼는 것은 부녀자의 도리이다.

오로지 순종하는 것을 바른 도리로 삼는 것은 남의 아내된 자의 도리
이다.
ㅇ순(順)-순종하다. ㅇ위(爲)-삼다. 되다. ㅇ첩(妾)-첩. ㅇ부(婦)-아내.

471.
居天下之廣居하며 立天下之正位하며 行天下之大道하니라.
(거천하지광거, 입천하지정위, 행천하지대도) (孟子 滕文公 下)

천하의 넓은 집에서 살며, 천하의 바른 자리에 서며, 천하의 큰
도를 행한다.

인(仁)이라는 가장 큰 집에 살며, 예(禮)라는 바른 자리에 서며, 의(義)
라는 가장 큰 도를 당당히 행한다. 이것이 대장부로서 살아갈 길이다.

인의 도만큼 인간의 안태롭고 넓은 집은 없다. 예라는 바른 자리에 서면 누구도 비평하지 않을 것이다. 의는 가장 큰 길이다. 의의 도를 따라서 가면 가장 당당하고 편안하다.
○거(居)-살다. ○광(廣)-넓다. ○위(位)-자리. ○행(行)-행하다.

472.
不得志하얀 獨行其道하라. (부득지, 독행기도) (孟子 滕文公 上)

　　뜻을 얻지 못하면 홀로 그 도를 행한다.

뜻을 얻지 못하고 자기의 사상이 세상에서 받아들여지지 않으면 그에 굴하지 않고 혼자 자신이 정당하다고 생각하는 도를 행하여 나아간다. 이것이 장부의 태도이다.
○독(獨)-홀로. ○행(行)-행하다.

473.
富貴不能淫하며 貧賤不能移하며 威武不能屈이 此之謂大丈夫니라.
(부귀불능음, 빈천불능이, 위무불능굴, 차지위대장부) (孟子 滕文公 下)

　　부귀도 그 마음을 유혹하지 못하고, 빈천도 그의 지조를 바꾸지 못하고, 위엄과 무력도 그의 뜻을 꺾지 못하는 것, 이것을 일러 대장부라 한다.

부귀와 쾌락으로 유혹하더라도 그 정신을 흐트러뜨려서 타락하게 할 수 없고, 아무리 빈천으로 고통이 있다 해도 의의 뜻을 바꾸지 않고, 어떠한 권위와 무력으로 위협하더라도 굽히지 않는 불굴의 생활 태도를 견지한 사람이 대장부이다.
○귀(貴)-귀하다. ○음(淫)-어지럽다. ○빈(貧)-가난하다. ○천(賤)-천하다. ○이(移)-옮기다. ○위(威)-위협하다. ○무(武)-무력. ○굴(屈)-굽히다.

474.
非其道則一簞食라도 不可受於人이니라.
(비기도즉일단사, 불가수어인) (孟子 滕文公 下)

　　정도가 아니면 한 대그릇의 밥도 남한테서 받아서는 안된다.

　도에 맞지 않은 것이라면 아무리 사소한 것일지라도 남한테서 받아서는 안된다.
○비(非)-아니다. ○단(簞)-대바구니. ○사(食)-밥. ○수(受)-받다.

475.
東面而征에 西夷怨하며 南面而征에 北狄怨하니라.
(동면이정, 서이원, 남면이정, 북적원) (孟子 滕文公 下)

　　동쪽으로 향하여 정벌하면 서쪽 오랑캐가 원망하고, 남쪽을 향해 정벌하면 북쪽 오랑캐가 원망한다.

　인자가 동쪽으로 정벌에 나서면 서쪽 오랑캐가 원망하고, 남쪽으로 정벌에 나서면 북쪽 오랑캐가 원망한다. 평소에 서쪽 오랑캐나 북쪽 오랑캐가 학정에 시달리고 있어 해방을 바라는 마음이 있기 때문이다. 곧 인자의 정벌은 남들이 기뻐하는 일이다. 은나라 탕왕이 처음으로 갈(葛)을 정벌하였을 때 서이북적(西夷北狄)이 원망했다는 기록이 있다.

○동(東)-동녘. ○면(面)-방면. 얼굴. ○정(征)-치다. 공격하다. ○이(夷)-오랑캐.
○남(南)-남녘. ○적(狄)-오랑캐. ○원(怨)-원망하다.

476.
知我者도 其惟春秋乎며 罪我者도 其惟春秋乎인저.
(지아자, 기유춘추호, 죄아자, 기유춘추호) (孟子 滕文公 下)

　　　　나를 알고자 하는 사람도 이 춘추를 볼 것이고, 나를 책하고자 하는 사람도 이 춘추를 볼 것이다.

　　　　진실로 나의 진의를 알아줄 사람이 있다면 그는 다만 이 춘추를 통해서일 것이고, 또 천자가 할 일을 내가 했다고 해서 나를 비방할 사람이 있다면 이 또한 춘추를 통해서일 것이다. 공자가 춘추를 지어서 한 말로서 춘추는 난신적자에게는 필주를 가하고, 선인에게는 그 선행에 대하여 칭찬을 보내어 대의명분을 밝힌 책이다.
○유(惟)-오직. ○춘(春)-봄. ○추(秋)-가을. ○춘추(春秋)-역사 책 이름. ○죄(罪)-죄. 벌주다.

477.
作於其心이면 害於其事하며 作於其事면 害於其政하나니라.
(작어기심, 해어기사, 작어기사, 해어기정) (孟子 滕文公 下)

　　　　생각이 마음에 작용하면 일을 그르치고, 그것이 일에 작용하면 정치를 그르친다.

　　　　사악한 가르침이나 바르지 못한 주장이 마음 속에 일어나면 그 사람이 하는 일에 해를 끼치게 되고, 그 해가 하는 일에 일어나면 그 결과는 정치에 나쁜 변화를 일으킨다.
○작(作)-작용하다. ○해(害)-해롭다. ○정(政)-정치.

478.
孔子成春秋而亂臣賊子懼하니라.
(공자성춘추이난신적자구) (孟子 滕文公 下)

공자가 춘추를 완성시켜서 난신적자들이 두려워하게 되었다.

공자가 춘추를 짓고 나니 세상의 난신적자가 이를 두려워하여 무도한 짓을 하지 않게 되었다.
○성(成)-이루다. ○란(亂)-어지럽다. ○적(賊)-도둑. ○구(懼)-두려워하다.

479.
能言距楊墨者는 聖人之徒也니라.
(능언거양묵자, 성인지도야) (滕文公 下)

말로써 양주, 묵적을 막아낼 수 있는 사람은 성인의 무리이다.

누구든지 논증을 잘하여서 양주(楊朱)의 자애설(自愛說)과 묵적(墨翟)의 겸애설(兼愛說)을 막아낼 수 있는 사람이 있다면 그들을 성인의 무리라 해도 좋다. 양주와 묵적은 세상을 어지럽히는 사설(邪說)을 늘어놓고 있기 때문이다.
○능(能)-능히 하다. ○거(距)-멈추다. ○양(楊)-버드나무. 사람 이름(양자). ○묵(墨)-먹. 사람 이름(묵자). ○성(聖)-성인. ○도(徒)-무리.

480.
離婁之明과 公輸子之巧로도 不以規矩면 不能成方員이라.
(이루지명, 공수자지교, 불이규구, 불능성방원) (孟子 離婁 上)

이루의 밝은 눈과 공수자의 교묘한 기술로도 규구를 쓰지 않으면, 모난 것과 둥근 것을 만들지 못한다.

이루(離婁)와 같이 시력이 뛰어난 사람이나, 또 공수자(公輸子)처럼 세공 기술이 뛰어난 사람도 규구 곧 원을 그리고 모를 재는 도구를 쓰지 않았다면, 모난 것이나 둥근 것을 만들 수 없다. 이처럼 요임금이나 순임금이라 하더라도 인정(仁政)이라는 법을 쓰지 않았다면 천하를 다스릴 수 없었을 것이다. 모든 일에는 도구와 그 쓰는 방법이 반드시 필요한 것이다.

이루(離婁)는 주(朱)라는 이름을 가진 황제(黃帝)때 사람으로 눈이 밝아 백보 밖에서 가을철에 가늘어진 짐승의 털끝을 볼 수 있었다 하고, 공수자(公輸子)는 반(班)이라는 이름을 가진 노(魯)나라 사람으로 손재주가 뛰어나서 세공에 솜씨가 있었다고 한다.
○명(明)-밝다. ○교(巧)-교묘하다. ○규(規)-법. 동그라미. 원을 그리는 도두. 그림쇠. ○구(矩)-곱자. 모를 재어 그리는 도구. ○방(方)-모. 각. ○원(員)-둥글다.

481.
徒善은 不足以爲政이오 徒法은 不能以自行이라.
(도선, 부족이위정, 도법, 불능이자행) (孟子 離婁 上)

한갓 선하기만 해서는 정치를 하지 못하고, 한갓 법도만으로는 저절로 행해지지 못한다.

마음이 선하다고 족히 정치를 할 수 있는 것은 아니고, 법률을 만들어도 저절로 잘 운용이 되는 것은 아니다. 반드시 선왕의 도를 배워 그에 따라야 과오가 없다.
ㅇ도(徒)-홀로. ㅇ족(足)-족하다. ㅇ법(法)-법. ㅇ자(自)-스스로. ㅇ행(行)-행하다.

482.
爲高하되 必因丘陵하며 爲下하되 必因川澤이라.
(위고, 필인구릉, 위하, 필인천택) (孟子 離婁 上)

높게 하려면 반드시 언덕을 따라 하고, 낮게 하려면 반드시 개울이나 못을 따라서 한다.

땅을 높게 하려면 낮은 언덕을 따라서 하고 땅을 파서 낮게 하려면 개울이나 못을 따라서 낮은 곳을 파는 것이 좋다. 이처럼 정치도 선왕의 도를 따르는 것이 지혜로워서 좋다.
ㅇ인(因)-말미암다. ㅇ구(丘)-언덕. ㅇ릉(陵)-언덕. ㅇ하(下)-아래. 낮추다. ㅇ천(川)-내. ㅇ택(澤)-못.

483.
上無道揆也하며 下無法守也하야 …國之所存者幸也니라.
(상무도규야, 하무법수야, …국지소존자행야) (孟子 離婁 上)

웃사람이 정도로 사물을 헤아리지 않고, 아랫사람이 법을 지키지 않는다.그러고서도 나라가 존속되는 것은 요행이다.

웃사람이 의리로써 사물을 헤아리지 않고, 아랫사람들은 법을 지키지 않고서는 그 나라가 망하지 않고 존속될 수 없다.
ㅇ규(揆)-헤아리다. 꾀하다. ㅇ수(守)-지키다. ㅇ존(存)-있다. ㅇ행(幸)-다행하다.

484.
規矩는 方員之至也요 聖人은 人倫之至也니라.
(규구, 방원지지야, 성인, 인륜지지야) (孟子 離婁 上)

　　　규구는 각과 원을 만드는 표준이고, 성인은 인륜의 표준이다.

　규(規)는 원을 그리는 자이고, 구(矩)는 각을 만드는 자이다. 규나 구가 없으면 원이나 각을 만들 수 없다. 이처럼 성인이 인간 도덕의 표준이 되므로 이를 본받아 도덕이 지켜지는 것이다.
ㅇ방(方)-모. 각. ㅇ원(員)-동그라미. ㅇ지(至)-지극한 표준. ㅇ성(聖)-성스럽다.
ㅇ륜(倫)-인륜.

485.
欲爲君이면 盡君道요 欲爲臣이면 盡臣道니라.
(욕위군, 진군도, 욕위신, 진신도) (孟子 離婁 上)

　　　임금 노릇을 하려면 임금의 도리를 다해야 하고, 신하 노릇을 하려면 신하의 도리를 다해야 한다.

　왕은 왕으로서의 도리를 다하고 신하는 신하로서의 도리를 다해야 한다. 당연한 것은 당연한 대로 그대로 실천해야 한다.
ㅇ욕(欲)-하고자 하다. ㅇ진(盡)-다하다. ㅇ도(道)-도. 도리.

486.
孔子曰, 道二니 仁與不仁而已矣라
(공자왈, 도이, 인여불인이이의) (孟子 離婁 上)

도는 둘이니 인과 불인 뿐이다.

세상에 도는 둘 뿐이다. 하나는 인이고 하나는 불인이다. 요순을 본받아 임금을 공경하고 백성을 해치지 않으면 인이고, 그렇지 않으면 불인이다.
○여(與)-와. 과.

487.
惡死亡而樂不仁하나니 是猶惡醉而强酒니라.
(오사망이락불인, 시유오취이강주) (孟子 離婁 上)

죽는 것을 싫어하면서 불인을 즐기고 있으니, 이는 마치 취하는 것을 싫어하면서 억지 술을 마시는 것과 같다.

불인을 저지르는 것은 내 자신을 죽이는 일이다. 내가 죽기를 싫어하면서 불인을 즐기는 것은 술취하는 것을 싫어하는 사람이 남에게 억지로 술을 마시게 하는 것과 다를 것이 없다. 이러한 모순이 어디 있겠는가.
○오(惡)-싫어하다. ○사(死)-죽다. ○망(亡)-죽다. ○낙(樂)-즐거워하다. ○유(猶)-오히려. ○취(醉)-취하다. ○강(强)-억지. ○주(酒)-술.

488.
愛人不親이어든 反其仁하고 治人不治어든 反其智하고 禮人不答이어든 反其敬이니라. (애인불친, 반기인, 치인불치, 반기지, 례인부답, 반기경) (孟子 離婁 上)

남을 사랑하되 친해지지 않으면 자신이 인자한지를 반성해 보고, 남을 다스리되 다스려지지 않으면 자신이 지혜가 있는지를 반성해 보고, 남을 예우하되 답례가 없으면 자신이 공경함이 어떤지를 반성해 보아야 한다.

사랑하되 친해지지 않으면 자신의 인자함에 문제가 있다고 보고, 남을 다스리되 따라오지 않으면 자신이 지혜가 부족함이 문제가 되고, 남을 예로서 섬기되 보답이 없으면 자신의 공경함에 문제가 있다고 보아 노력해야 한다.
○애(愛)-사랑하다. ○반(反)-반성하다. ○치(治)-다스리다. ○지(智)-지혜. ○례(禮)-예도. ○답(答)-대답. 답하다. ○경(敬)-공경하다.

489.
行有不得者어든 皆反求諸己니라.
(행유부득자, 개반구저기) (孟子 離婁 上)

행해도 얻어지지 않으면 모두 자신을 반성해야 한다.

무슨 일이든 해보고서 잘 되지 않을 때는 상대를 탓하기 보다 자기 자신을 반성해야 한다.
○행(行)-행하다. ○개(皆)-모두. ○구(求)-구하다. 요구하다. ○저(諸)-거기에서.

490.
天下之本은 在國하고 國之本은 在家하고 家之本은 在身하니라.
(천하지본, 재국, 국지본, 재가, 가지본, 재신) (孟子 離婁 上)

천하의 근본은 한 나라에 있고, 한 나라의 근본은 한 가정에 있고, 한 가정의 근본은 한 몸에 있다.

천하 국가를 참으로 생각한다면 먼저 가장 가까운 자신의 몸을 수양하는 데 힘써야 할 것이다. 곧 천하를 다스리는 근본은 수기치인(修己治人)에 있다.
ㅇ항(恒)-늘. ㅇ언(言)-말하다. ㅇ개(皆)-모두. ㅇ왈(曰)-말하다. ㅇ본(本)-근본. ㅇ재(在)-있다. ㅇ국(國)-나라. ㅇ가(家)-집. ㅇ신(身)-몸.

491.
順天者는 存하고 逆天者는 亡하나니라.
(순천자, 존, 역천자, 망) (孟子 離婁 上)

하늘의 뜻에 따르는 자는 생존하고, 하늘의 뜻을 거스르는 자는 멸망한다.

하늘의 뜻 곧 자연의 순리를 따르는 자는 살고, 이를 어기는 자는 죽는다.
ㅇ순(順)-순종하다. ㅇ존(存)-있다. ㅇ역(逆)-거스르다. ㅇ망(亡)-죽다. 망하다.

492.
孔子曰 仁不可爲衆也라. (인불가위중야) (孟子 離婁 上)

인자에게는 많은 수의 무리도 대적하지 못한다.

인도(仁道)를 행하는 자에게는 다중의 힘으로 이를 대항하려 해도 성공할 수 없다. 곧 인자무적(仁者無敵)이다.
ㅇ가(可)-가하다. ㅇ위(爲)-되다. 하다. ㅇ중(衆)-무리.

493.
國君이 好仁이면 天下無敵이라. (국군, 호인, 천하무적) (孟子 離婁 上)

임금이 인을 좋아하면 천하에 적이 없다.

왕이 인을 좋아하여 인정을 베푼다면, 그 정사에 반대할 이가 없다. 그러므로 적이 없다.
ㅇ호(好)-좋다. 좋아하다. ㅇ적(敵)-적.

494.
詩云,誰能執熱하야 逝不以濯이리오.
(시운, 수능집열, 서불이탁) (孟子 離婁 上)

어느 누가 뜨거운 것을 잡고도 물에 담그지 않을 수 있겠는가.

누구나 뜨거운 것을 손으로 잡으면 재빨리 빼어 그 손을 찬 물에 넣어 식힐 것이다. 이처럼 천하에 배반자가 있다면 먼저 인정을 베풀어야 한다.
ㅇ운(云)-말하다. 운운하다. ㅇ수(誰)-누구. ㅇ집(執)-잡다. ㅇ열(熱)-뜨겁다. ㅇ서(逝)-가다. ㅇ탁(濯)-적시다.

495.
有孺子歌曰, 滄浪之水淸兮어든 可以濯我纓이오 滄浪之水濁兮어든 可以濯我足이라. (유유자가왈, 창랑지수청혜, 가이탁아영, 창랑지수탁혜, 가이탁아족) (孟子 離婁 上)

어떤 아이가 있어 노래하기를, 창랑의 물이 맑으면 내 갓끈을 씻고, 창랑의 물이 흐리면 내 발을 씻을 것이라 했다.

창랑의 물이 맑으면 존귀한 관의 끈을 씻고, 물이 흐리면 더러운 발을 씻게 된다. 인간의 마음 쓰기에 따라서 좋은 결과를 낳기도 하고 나쁜 결과를 낳기도 한다. 어떻게 하면 좋은 결과가 올 수 있도록 마음 쓰게 할 수 있을까. 환경과 여건에 맞추어 생각할 수 있어야 한다.
○유(孺)-젖먹이. ○가(歌)-노래. ○유자가(孺子歌)-어린이 노래. ○창(滄)-푸르다. ○랑(浪)-물결. ○청(淸)-맑다. ○탁(濯)-빨래하다. ○영(纓)-갓끈. ○탁(濁)-흐리다.

496.
得天下有道하니 得其民이면 斯得天下矣리다.
(득천하유도, 득기민, 사득천하의) (孟子 離婁 上)

천하를 얻는 데 방법이 있으니, 그 백성을 얻으면 천하를 얻게 된다.

천하를 얻는 방법은 백성을 위하는 일을 하고, 백성이 싫어하는 일을 하지 말아서 그 마음을 잡는 것이다.
○득(得)-얻다. ○도(道)-방법.

497.
自暴者는 不可與有言也오 自棄者는 不可與有爲也니라.
(자포자, 불가여유언야, 자기자, 불가여유위야) (孟子 離婁 上)

　　　스스로 자기를 해치는 사람과는 더불어 말을 하지 말고, 스스로 자기를 버리는 사람과는 함께 일할 것이 아니다.

자기 자신을 해치는 사람과는 함께 하여 말할 수 없고 자기 자신을 버리는 사람과는 함께 행동할 수 없다. 곧 자중자애(自重自愛)해야 한다.
○포(暴)-사납다. ○기(棄)-버리다. ○여(與)-더불어.

498.
仁은 人之安宅也오 義는 人之正路也니라.
(인, 인지안택야, 의, 인지정로야) (孟子 離婁 上)

　　　인은 사람의 편안한 집이고, 의는 사람이 가야할 바른 길이다.

인은 편안히 살 수 있는 집이고, 의는 당당히 걸어갈 수 있는 바른 길이다. 사람들은 편안한 집을 비워둔 채로 살지 않고, 바른 길을 따라 가지 않으니 슬픈 일이로다.
○안(安)-편안하다. ○택(宅)-집. ○로(路)-길.

499.
道在爾한데 而求諸遠이라. (도재이, 이구저원) (孟子 離婁 上)

　　　도는 가까이 있는데 멀리서 찾는다.

도는 사실은 가까운 일상생활 속에 있는데 멀고 고원한 데서 찾으려 한다. 어버이를 친애하고 웃어른을 존경하는 것이 바로 인도가 아니겠는가.
ㅇ이(邇)-가깝다. ㅇ구(求)-구하다. ㅇ저(諸)-그것을 ~에서. ㅇ원(遠)-멀다.

500.
事在易한데 而求諸難이라. (사재이, 이구저난) (離婁 上)

일은 쉬운 데 있는데 어려운 데서 구한다.

인정이 넘치는 일이 곧 도덕에 맞는 일이므로 쉬운 일인데 고매한 뜻과 희생이 있어야 하는 것처럼 어렵게 생각한다.
ㅇ사(事)-일. ㅇ이(易)-쉽다. ㅇ난(難)-어렵다.

501.
誠者는 天之道也오 思誠者는 人之道也니라.
(성자, 천지도야, 사성자, 인지도야) (離婁 上)

성실함은 하늘의 도리이고, 성실해지려고 생각하는 것은 사람의 도리이다.

성실함은 하늘의 도리로서 고금 변함이 없으며, 이 하늘의 도리인 성실함에 위배되지 않으려 노력하는 것은 사람의 도리이다.
ㅇ성(誠)-정성. ㅇ자(者)-~라는 것. ㅇ사(思)-생각하다.

502.
至誠而不動者는 未之有也니라.
(지성이부동자, 미지유야) (孟子 離婁 上)

지성이면서 감동시키지 못하는 일은 없다.

지성을 다하면 감동시키지 못하는 일이 없다. 지성은 귀신도 감동하는 것이다. 지성이면 감천이라 하지 않는가.
ㅇ지(至)-지극하다. ㅇ성(誠)-정성. ㅇ동(動)-움직이다.

503.
古者에 易子而敎之하니라. (고자, 역자이교지) (孟子 離婁 上)

옛날에는 아들을 바꾸어 가르쳤다.

옛날에는 서로 자식을 바꾸어 가르쳤다. 왜냐하면 친자간에는 교육하기가 어렵기 때문이다. 어버이는 자식에게 바른 행동을 가르치고 실행하도록 한다. 자식은 어버이가 바른 행동을 하고 있지 않다고 반발한다. 이러다 보면 친자간의 정에 금이 가기 쉽다.
ㅇ고(古)-옛날. ㅇ역(易)-바꾸다. ㅇ교(敎)-가르치다.

504.
父子之間은 不責善하나니 責善則離요 離則不祥이 莫大焉이니라.
(부자지간, 불책선, 책선즉리, 이즉불상, 막대언) (孟子 離婁 上)

부자간에는 책하지 않으니 선을 책하면 사이가 벌어지게 되고 사이가 벌어지면 그보다 큰 불상사가 없다.

부자 간에는 선을 꾸짖을 것이 아니다. 자식을 꾸짖으면 부자간의 정이 멀어져서 결국 부자 간에 이간이 되는 불상사가 일어날 수 있다.
○간(間)-사이. ○책(責)-꾸짖다. ○리(離)-떨어지다. ○상(祥)-복. 상서.

505.
失其身而能事其親者는 吾未之聞也로다.
(실기신이능사기친자, 오미지문야) (孟子 離婁 上)

자기의 몸을 불의에 빠뜨리고서 능히 부모를 섬길 수 있었다는 말을 나는 듣지 못하였다.

자기 자신이 수양이 없으면서도 부모를 잘 섬겼다는 말을 나는 듣지 못하였다.
○실(失)-잃다. ○신(身)-몸. ○사(事)-섬기다. ○친(親)-어버이. ○문(聞)-듣다.

506.
有不虞之譽하며 有求全之毁하니라.
(유불우지예, 유구전지훼) (孟子 離婁 上)

뜻하지 않게 칭찬을 받을 수가 있고, 온전하기를 바라다가 비방을 받을 수도 있다.

대단한 일을 한 것도 아닌데 영예로운 칭찬을 받을 수도 있고, 만전을 기하려 노력을 했음에도 비방을 받아야 하는 결과를 낳기도 한다. 칭찬과 비방에 과민한 태도를 보이는 것은 바람직하지 못하다.
○우(虞)-갖추다. ○예(譽)-칭찬하다. ○전(全)-온전하다. ○훼(毁)-비방하다.

507.
人之易其言也는 無責耳矣니라.
(인지이기언야, 무책이의) (孟子 離婁 上)

　　사람들이 말을 쉽게 하는 것은 책임감이 없기 때문이다.

　사람들이 말을 쉽게 하는 것은 그 결과에 대한 책임을 생각하지 않기 때문이다.
○이(易)-쉽다. ○언(言)-말하다. ○책(責)-책임. ○이의(耳矣)-뿐이다.

508.
人之患은 在好爲人師니라. (인지환, 재호위인사) (孟子 離婁 上)

　　사람들의 병통은 남의 스승이 되기를 좋아하는 데 있다.

　사람들의 병환은 스스로 남의 스승이 되기를 좋아하는 것인데 이는 자기 충실을 기하지 않을 때 진보를 막는 일이 된다.
○환(患)-병. ○재(在)-있다. ○사(師)-스승. ○위(爲)-되다.

509.
不孝有三하니 無後爲大하니라. (불효유삼, 무후위대) (孟子 離婁 上)

　　불효에 세 가지가 있으니, 후사가 없는 것이 가장 크다.

불효 세 가지 중에서 후사가 없어서 대를 이을 수 없는 것이 자장 큰 불효이다. 다른 한 가지는 부모를 불의에 빠지게 하는 것이고, 또 하나는 빈궁해서 부모를 잘 부양하지 못하는 것이라고 한다.
○효(孝)-효도. ○후(後)-후손. ○위(爲)-되다. ○대(大)-크다.

510.
不知足之蹈之하며 手之舞之니라.
(부지족지도지, 수지무지) (孟子 離婁 上)

    모르는 사이에 발이 경중거리고 손을 들어 춤을 추게 된다.

즐거운 나머지 모르는 사이에 손을 흔들고 발을 구르며 즐거움을 나타내게 된다.
○족(足)-발. ○도(蹈)-밟다. ○수(手)-손. ○무(舞)-춤추다.

511.
先聖後聖이 其揆一也니라. (선성후성, 기규일야) (孟子 離婁 下)

    이전의 성인과 이후의 성인이 행한 법도는 같다.

    이전의 성인인 순임금은 저풍(諸馮)에서 태어나 명조(鳴條)에서 세상을 떠났으므로 동쪽 끝 지방의 사람이고, 이후의 성인인 주나라 문왕은 기주(岐周)에서 태어나 필영(畢郢)에서 세상을 떠났으므로 서쪽 끝 지방 사람이다. 이들 선성과 후성은 공간적으로는 동쪽 끝과 서쪽 끝 천리를 격하였고, 시간적으로는 천년을 격하였지만 그들이 행한 법도는 시간과 공간을 초월하여 영원히 변하지 않아 동일하였기 때문에 중국을 훌륭히 다스릴 수가 있었다. 두 성인의 도는 진리 하나로 같았다.
ㅇ선(先)-먼저. ㅇ성(聖)-성인. ㅇ규(揆)-피하다. 법도.

512.
惠而不知爲政이로다. (혜이부지위정) (孟子 離婁 下)

은혜로우나 정치를 할 줄은 모른다.

정(鄭)나라 재상 자산(子産)이 사람들이 도보로 강을 건너는 것을 보고 자기 차를 빌려주어 건너게 했다는 사실을 비평해서 맹자가 한 말로서, 그것은 자그만 은혜일 수는 있어도 정치는 아니다. 더 대국적인 뜻을 쏟아 놓아야 한다고 했다.
ㅇ혜(惠)-은혜. ㅇ지(知)-알다. ㅇ정(政)-정치.

513.
君仁이면 莫不仁이오 君義면 莫不義니라.
(군인, 막불인, 군의, 막불의) (孟子 離婁 下)

임금이 인자하면 인자하지 않은 사람이 없고, 임금이 의로우면 의롭지 않은 사람이 없다.

임금의 덕은 교화력이 생겨 그대로 백성에게로 옮아간다. 임금이 인자하면 백성도 인자하고, 의로우면 백성도 의롭다.
ㅇ군(君)-임금. ㅇ인(仁)-어질다. ㅇ막(莫)-없다. ㅇ의(義)-의롭다.

514.
中也養不中하며 才也養不才라 故로 人樂有賢父兄也니라.
(중야양부중, 재야양부재, 고, 인락유현부형야) (孟子 離婁 下)

조화된 인격을 갖춘 사람은 조화된 인격을 갖추지 못한 사람을 길러 주고, 재능이 있는 사람은 재능 없는 사람을 길러 준다. 그러므로 사람들은 현명한 부형이 있음을 즐거워한다.

과하지도 부족함도 없는 중용의 덕을 갖추어야 중용을 갖추지 못한 사람을 가르칠 수 있고, 재능이 있는 사람이라야 재능이 없는 사람을 가르칠 수 있다. 그러므로 이들이 현명한 부형 같음을 즐거워하는 것이다. 누구나 앞선 사람은 후진을 선도하고 훈도하는 데 인색해서는 안된다 함이다.
ㅇ중(中)-가운데. 중용. ㅇ양(養)-기르다. ㅇ고(故)-까닭. ㅇ현(賢)-어질다. 현명하다. ㅇ형(兄)-형.

515.
人有不爲也而後에 可以有爲니라.
(인유불위야이후, 가이유위) (孟子 離婁 下)

사람은 하지 않은 것이 있은 후에야 하는 것이 있게 될 것이다.

해서는 안될 일은 단호히 하지 않는 사람이라야 큰 일을 할 수 있다. 곧 불인, 불의를 저지르지 않을 수 있는 용기를 갖춘 후에라야 인의를 실천할 수 있는 힘이 생긴다.

○후(後)-뒤. ○위(爲)-하다.

516.
言人之不善이면 當如後患에 何오.
(언인지불선, 당여후환, 하) (孟子 離婁 下)

남의 좋지 않은 일을 말하면, 그에 따른 후환을 어떻게 할 것인가.

세상에는 남의 잘못을 떠벌여 말하는 사람이 있다. 그들은 그 후에 올 환을 어떻게 할 작정인가. 나쁜 욕질은 할 것이 아니다. 반드시 그 원한이 자기에게로 되돌아온다.
○언(言)-말하다. ○당(當)-당하다. ○환(患)-걱정하다. ○하(何)-어찌.

517.
大人者는 不失其赤子之心者也니라.
(대인자, 불실기적자지심자야) (孟子 離婁 下)

대인이란 그의 어린 아이 때의 마음을 잃지 않은 사람이다.

대인이란 어린이의 순진한 마음을 잃지 않은 사람이다. 사람의 마음은 본래 착한 것이므로 순진무구한 마음으로 백성을 어린이 보듯이 하면 따르게 될 것이다.
○대(大)-크다. ○실(失)-잃다. ○적(赤)-붉다. ○적자(赤子)-어린 아기.

518.
取之左右에 逢其原이니라. (취지좌우, 봉기원) (孟子 離婁 下)

좌우에서 취하여도 그 근원에 접하게 된다.

참으로 도를 체득한 사람은 그의 언동이 좌에서 취하거나 우에서 취하거나 어떻게 행하더라도 모두가 근본에 합치 된다.
○취(取)-취하다. 가지다. ○좌(左)-왼쪽. ○우(右)-오른쪽. ○봉(逢)-만나다. ○원(原)-근원.

519.
博學而詳說之는 將以反說約也니라.
(박학이상설지, 장이반설약야) (孟子 離婁 下)

널리 배워서 상세하게 풀어 나가는 것은 그것을 바탕으로 하여 되돌아가서 요점을 풀려는 것이다.

널리 배워서 그 배운 바를 상세히 풀이하는 것은 근본에 되돌아가서 그 요약을 전하려는 것이다. 곧 박학다식을 자랑하려는 것이 아니고 학문을 실제에 쓰이게 하려 함이다.
○박(博)-넓다. ○학(學)-배우다. ○상(詳)-자세하다. ○장(將)-장차. ○반(反)-되돌아오다. ○설(說)-풀다. ○약(約)-요약하다.

520.
以善養人然後에 能服天下니라.
(이선양인연후, 능복천하) (孟子 離婁 下)

선으로 남을 길러준 후라야 천하를 복종시킬 수 있다.

　자신이 선을 행함으로써 선행을 쌓고, 선정을 베풀며, 충분히 남을 감화시켜 선을 지향해 나아가도록 선도를 해야 비로소 남이 복종하게 된다. 가장된 선으로 남을 복종시키는 패자의 도가 아니라, 선으로 사람을 길러 선을 지향하게 하는 왕자의 도를 말함이다.
○양(養)-기르다. ○연(然)-그렇다. ○후(後)-뒤. ○복(服)-복종하다.

521.
聲聞過情을 君子恥之니라. (성문과정, 군자치지) (孟子 離婁 下)

　　명성이 실제보다 지나치는 것을 군자는 부끄러워한다.

　과분한 명성이나 평판이 실질 실력보다 지나칠 때 군자는 이를 부끄러워한다.
○성(聲)-소리. 명성. ○문(聞)-듣다. ○과(過)-지나다. ○정(情)-실상. ○치(恥)-부끄럽다.

522.
禹는 惡旨酒而好善言하니라. (우, 오지주이호선언) (孟子 離婁 下)

　　우왕은 맛있는 술을 싫어하고, 선한 말을 좋아했다.

　우왕은 미주를 물리치고 남에게서 선한 말을 듣기 좋아했다. 우왕은 의적(儀狄)이 술을 만들어 우왕에게 바치니 우왕이 이를 마시고 맛이 달다고 하고는 후세에 반드시 술로써 나라를 망치는 일이 있지 않겠는가

하고 말했다 한다.
○우(禹)-우임금. ○오(惡)-싫어하다. 미워하다. ○지(旨)-맛. ○주(酒)-술.

523.
湯은 執中하며 立賢無方하니라. (탕, 집중, 입현무방) (孟子 離婁 下)

탕왕은 중용을 지키고 현량한 인재를 벼슬자리에 서게 하는데는 그 출처를 따지지 않았다.

은나라의 탕왕은 중용을 지켜 잃지 않았고, 현자를 등용함에 있어서는 친척, 귀천, 당파 등을 구별하지 않았다.
○탕(湯)-탕임금. 끓다. ○집(執)-잡다. ○중(中)-중용. 가운데. ○립(立)-서다. ○현(賢)-현명하다. ○방(方)-종류.

524.
文王은 視民如傷하니라. (문왕, 시민여상) (孟子 離婁 下)

문왕은 백성을 다친 사람 보듯이 하였다.

주나라의 문왕은 백성을 불쌍히 여겨 마치 부상당한 사람을 보듯이 대했다.
○시(視)-보다. ○여(如)-같다. ○상(傷)-상처 받다.

525.
可以取며 可以無取에 取면 傷廉이니라.
(가이취, 가이무취, 취, 상렴) (孟子 離婁 下)

받을 만도 하고 받지 않을 만도 한데 받으면 청렴을 해친다.

선물 같은 것을 받아서 좋은지, 받지 않아서 좋은지, 망설일 때는 받지 않는 것이 좋다. 잘못하면 청렴을 해친다.
ㅇ취(取)-가지다. ㅇ상(傷)-상처 받다. ㅇ렴(廉)-청렴하다.

526.
可以與며 可以無與에 與면 傷惠니라.
(가이여, 가이무여, 여, 상혜) (孟子 離婁 下)

줄 만도 하고 주지 않을 만도 한데 주면 은혜를 해친다.

선물을 줄 때 주의하지 않으면 선물을 줌으로써 오히려 참된 은혜에 상처를 입히게 된다.
ㅇ여(與)-주다. ㅇ혜(惠)-은혜.

527.
西子蒙不潔, 則人皆掩鼻而過之니라.
(서자몽불결, 즉인개엄비이과지) (孟子 離婁 下)

서자라도 불결한 것을 머리에 쓰면 사람들은 모두 코를 가리고 지나갈 것이다.

전국시대 월나라의 절세 미인인 서시(西施)가 만일 머리에 오물을 뒤집어 쓰고 있다면 사람들은 그 미모를 보려 하지 않고 모두 코를 가리고 도망칠 것이다. 사람의 얼굴의 아름다움이 중요한 것이 아니라 그 마음의 아름다움과 몸의 청결이 중요하다.
○서(西)-서녘. ○서자(西子)-미인 서시. ○몽(蒙)-덮다. 어리석다. ○결(潔)-깨끗하다. ○엄(掩)-가리다. ○비(鼻)-코. ○과(過)-지나다.

528.
所惡於智者는 爲其鑿也니라. (소오어지자, 위기착야) (孟子 離婁 下)

지혜로움을 미워하는 바는 지혜로 천착하기 때문이다.

지는 중요한 덕이다. 그러나 너무 지나치게 작은 부분까지 파고 드는 폐해가 있을 수 있어서 미운 것이다.
○소(所)-~바. ○지(智)-지혜. ○착(鑿)-파다.

529.
愛人者는 人恒愛之하고 敬人者는 人恒敬之니라.
(애인자, 인항애지, 경인자, 인항경지) (孟子 離婁 下)

남을 사랑하는 자는 남이 항상 그를 사랑하고, 남을 공경하는 자는 남이 항상 그를 공경한다.

남을 사랑하는 사람은 늘 남의 사랑을 받고, 남을 공경하는 사람은 늘 남의 공경을 받는다.
○애(愛)-사랑. ○항(恒)-늘. ○경(敬)-공경하다.

530.
君子有終身之憂요 無一朝之患也니라.

(군자유종신지우, 무일조지환야) (孟子 離婁 下)

군자는 평생의 근심은 있으나, 하루 아침에 겪는 걱정은 없다.

군자는 항상 수양의 부족을 생각하고 있으므로 내심의 우려는 평생 계속된다. 그러나 돌연한 외부로부터 일어난 환난에는 결단코 마음을 움직이지 않는다.
o 종(終)-마치다. 끝. o 조(朝)-아침.

531.
如有一朝之患이라도 則君子不患矣니라.
(여유일조지환, 즉군자불환의) (孟子 離婁 下)

하루 아침에 겪는 걱정 같은 것이라면 군자는 걱정하지 않는다.

군자는 만일 갑짜기 일시적인 재난이 일어났다 해도, 그것 때문에 마음의 동요는 하지 않는다. 군자가 걱정하는 것은 자기 수양이 모자라다는 것 뿐이다.
o 여(如)-같다. o 유(有)-있다. o 환(患)-걱정.

532.
責善은 朋友之道也니 父子責善이 賊恩之大者니라.
(책선, 붕우지도야, 부자책선, 적은지대자) (孟子 離婁 下)

선을 책하는 것은 벗들 사이에 할 도리이지, 부자간에 선을 책하는 것은 은의를 해치는 일 중에도 큰 일이다.

선을 권장하고 책하는 것은 벗들 사이에서는 권장할 만한 미덕이다. 그러나 부자간에는 천연의 은애를 주로 하는 것이므로 서로 책하는 것은 은애의 인정을 해치는 결과가 된다.
ㅇ책(責)-꾸짖다. ㅇ붕(朋)-벗. ㅇ적(賊)-도적. 해치다. ㅇ은(恩)-은혜.

533.
何以異於人哉리오 堯舜도 與人同耳니라.
(하이이어인재, 요순, 여인동이) (孟子 離婁 下)

어떻게 일반 사람과 다른가. 요임금도 순임금도 일반 사람과 같다.

성천자인 요순이라 해도 같은 인간이다. 그도 인간이고 나도 인간이다. 누구나 수양에 따라 훌륭한 인간이 될 수 있다.
ㅇ하(何)-어찌. ㅇ이(異)-다르다. ㅇ요(堯)-요임금. ㅇ순(舜)-순임금. ㅇ동(同)-같다.

534.
良人者는 所仰望而終身也니라.
(양인자, 소앙망이종신야) (孟子 離婁 下)

남편이란 우러러 보고 평생을 같이 할 사람이다.

남편이란 아내로서는 하늘처럼 우러러 종신토록 의지해야 할 사람이다. 그러므로 남편은 인간으로서 존경받을 만한 존재가 되지 않으면 안

된다
ㅇ량(良)-어질다. ㅇ양인(良人)-남편. 처가 남편을 칭하는 말. 주인. ㅇ앙(仰)-우러르다. ㅇ망(望)-바라보다.

535.
其妻妾이 不羞也而不相泣者幾希矣니라.
(기처첩, 불수야이불상읍자기희의) (孟子 離婁 下)

    그들의 아내와 첩이 부끄러워하지 않고 서로 울지 않는 것이 드물다.

세상 남자들은 왕왕 부귀 영달을 위하여 비굴한 행동을 하기도 한다. 그런 것을 안다면 많은 아내나 첩들은 부끄러워서 울지 않을 사람이 없을 것이다.
제나라의 어느 남편이 매일 술에 취하여 집에 돌아와서는 오늘은 어느 고관하고 연회가 있었다 하고 뽐내었다. 어느날 아내와 첩이 남편을 미행했더니 그는 묘지의 산소에 괴어놓은 음식과 술을 먹고 마시고 있는 것을 보고, 부끄러움에 아내와 첩이 서로 껴안고 울었다고 한다.
ㅇ처(妻)-아내. ㅇ첩(妾)-첩. ㅇ수(羞)-부끄럽다. ㅇ상(相)-서로. ㅇ읍(泣)-울다. ㅇ기(幾)-얼마. 자못. ㅇ희(希)-드물다.

536.
爲不順於父母로 如窮人無所歸러니라.
(위불순어부모, 여궁인무소귀) (孟子 萬章 上)

    부모에게 사랑을 받지 못하였기 때문에 곤궁한 사람이 갈 곳이 없는 것과 같다.

부모에게서 기쁨을 받지 못한 때문에 곤궁해져서 갈 곳이 없는 사람과 같다.
○순(順)-순하다. ○모(母)-어머니. ○궁(窮)-궁하다. ○귀(歸)-돌아가다.

537.
大孝는 終身慕父母하나니라. (대효, 종신모부모) (孟子 萬章 上)

큰 효는 죽을 때까지 부모를 사모한다.

진실된 효자는 종신토록 그 부모를 사모한다. 어릴 때는 어버이를, 자라면 여성을, 가정을 가지면 처자를, 또는 부귀 등 따르는 곳이 있게 마련이다. 그러나 진실된 효자는 부모를 사모한다. 순임금은 끝까지 부모를 생각해서 부모를 기쁘게 하는 것을 절대 유일의 일로 생각했다.
○종(終)-마치다. 끝. ○모(慕)-사모하다. 생각하다.

538.
男女居室은 人之大倫也니라. (남녀거실, 인지대륜야) (孟子 萬章 上)

남자와 여자가 같이 사는 것은 인간의 중대한 일이다.

남녀가 부부의 관계를 맺고 한 방에서 사는 것은 인간의 가장 중대한 일이다.
○남(男)-사나이. ○여(女)-계집. ○거(居)-살다. ○실(室)-방. ○륜(倫)-인륜.

539.
君子는 可欺以其方이어니와 難罔以非其道라.
(군자, 가기이기방, 난망이비기도) (孟子 萬章 上)

　　군자란 사리에 맞고 실지에 어울리는 방법을 가지고 속일 수
　　는 있어도 사리에 맞지 않는 것을 가지고는 그를 속이기 힘들
　　다.

　　군자라도 사리에 맞고 실지에 맞는 방법으로는 속일 수 있다. 그러나
도리가 통하지 않는 말을 가지고는 속일 수 없다.
ㅇ기(欺)-속이다. ㅇ방(方)-방법. ㅇ난(難)-어렵다. ㅇ망(罔)-흐리다.

540.
盛德之士는 君不得而臣하며 父不得而子라.
(성덕지사, 군부득이신, 부부득이자) (孟子 萬章 上)

　　덕이 대단한 인물은 임금이 그를 신하로 삼을 수 없고, 아비가
　　그를 아들로 삼을 수 없다.

　　덕이 대단히 높은 사람은 왕이 단순한 신하로 삼을 수 없고, 손님의
예로서 대우한다. 부자간에도 마찬가지이다.
ㅇ성(盛)-성하다. ㅇ덕(德)-덕. ㅇ득(得)-얻다. ㅇ신(臣)신하

541.
孔子曰, 天無二日이요 民無二王이라.
(공자왈, 천무이일, 민무이왕) (孟子 萬章 上)

하늘에는 두 해가 없고, 백성에게는 두 임금이 없다.

하늘에 두 해가 없는 것처럼 백성에게는 두 임금이 있어서는 안된다.
○천(天)-하늘. ○일(日)-해. ○민(民)-백성. ○왕(王)-임금.

452.
說詩者는 不以文害辭하며 不以辭害志요 以意逆志면 是爲得之라.
(설시자, 불이문해사, 불이사해지, 이의역지, 시위득지) (孟子 萬章 上)

시를 해설하는 사람은 글자로 말을 해치지는 않고, 말로 뜻을 해치지는 않는다. 마음으로 시의 뜻을 맞아들인다면 그것이 바로 하는 것이다.

시 해설자는 문 곧 글자로써 사 곧 문자로 엮어진 말을 해치지는 않으며, 말로써 시의 뜻을 해치지는 않는다. 곧 시를 해설할 때 한 글자 한 글자에 매여서 구의 뜻을 잘못 바꾸어서는 안된다. 또 한 구절 한 구절에 매여서 작자의 본 뜻을 해쳐서도 안된다. 오직 자기의 마음으로 그 시의 대지를 파악하여 맞아들인다. 그러는 것이 시를 바로 해설하는 것이다.
○설(說)-풀이하다. ○시(詩)-시. 글. ○문(文)-문자. 글자. ○사(辭)-구절. ○해(害)-해치다. ○지(志)-뜻. ○의(意)-뜻. 역(逆)-거스르다.

543.
天子不能以天下與人이니라. …天이 與之라.
(천자부능이천하여인, …천, 여지) (孟子 萬章 上)

천자가 천하를 남에게 주지는 못한다. …하늘이 준 것이다.

천자라 하더라도 혼자의 생각으로 천하를 남에게 줄 수는 없다. 왜냐하면 천하는 하늘이 주는 것이기 때문이다.
ㅇ여(與)-주다.

544.
天視自我民視하며 天聽自我民聽이라.
(천시자아민시, 천청자아민청) (孟子 萬章 上)

　　하늘이 보는 것은 우리 백성들을 통해서 보고, 하늘이 듣는 것은 우리 백성들을 통해서 듣는다.

하늘은 백성의 눈을 통하여 보고, 귀를 통하여 듣는다. 곧 민심이 천심이고 민성이 천성이 된다.
ㅇ시(視)-보다. ㅇ자(自)-~으로부터. 통해서. ㅇ청(聽)-듣다. ㅇ아(我)-나.

545.
丹朱之不肖에 舜之子亦不肖하며 …其子之賢不肖는 皆天也라.
(단주지불초, 순지자역불초, …기자지현불초, 개천야) (孟子 萬章 上)

　　단주가 못났고, 순임금의 아들이 못났다. …그 아들이 잘나고 못난 것은 다 하늘이 시킨 것이지 사람이 할 수 있는 일이 아니다.

자식이 현명하고 현명하지 못함은 하늘이 시키는 일이라 사람으로서는 어쩔 수 없다. 요임금 같은 훌륭한 임금도 그 아들 단주(丹朱)는 불초했고 순임금의 아들 상균(商均)도 불초했다.
○단(丹)-붉다. ○주(朱)-붉다. ○초(肖)-같지 않다. ○불초(不肖)-못나다. ○역(亦)-또. ○현(賢)-현명하다. ○개(皆)-모두.

546.
莫之爲而爲者는 天也요 莫之致而至者는 命也라.
(막지위이위자, 천야, 막지치이지자, 명야) (孟子 萬章 上)

하려던 일이 아닌데 그렇게 되는 것은 하늘의 뜻이고, 부르지 않았는데 닥쳐오는 것은 운명이다.

사람의 힘으로 하려던 일이 아닌데 성취되는 것은 하늘이 하는 일이요, 사람이 불러들인 것이 아닌데 자연히 찾아오는 것은 천명에 의한 것이다.
○막(莫)-아니하다. ○위(爲)-하다. ○치(致)-이루다. ○지(至)-이르다. ○명(命)-명령.

547.
非其義也며 非其道也면 祿之以天下라도 弗顧也라.
(비기의야, 비기도야, 녹지이천하, 불고야) (孟子 萬章 上)

그 의가 아니고 그 도가 아니면 천하를 녹으로 주어도 돌아보지 않는다.

의리나 도리에 맞지 않는 방법이라면 천하를 녹으로 준다 해도 돌아보지 않는다.
○록(祿)-보수. 관직. ○불(弗)-아니하다. ○고(顧)-돌아보다.

548.
伊尹曰, …予는 天民之先覺者也라.
(이윤왈, …여, 천민지선각자야) (孟子 萬章 上)

　　나는 하늘이 낳은 백성 중에서 먼저 깨달은 자이다.

　이윤(伊尹)은 하늘이 낳은 백성들 중에서 인간 세상의 올바른 이치를 먼저 깨달은 자이다.
○이(伊)-이것. 저것. ○윤(尹)-다스리다. 바르다. ○이윤(伊尹)-사람 이름. ○여(予)-나. ○선(先)-먼저. ○각(覺)-깨닫다.

549.
自任以天下之重이 如此라. (자임이천하지중, 여차) (孟子 萬章 上)

　　천하의 중대한 사명을 자임하고 나섬이 이러하다.

　이윤(伊尹)은 자기 자신의 거취가 천하의 운명을 좌우한다고 확신하고 중대한 사명을 스스로 짊어지고 나섰다.
○임(任)-맡기다. ○중(重)-무겁다. ○여(如)-같다. ○차(此)-이.

550.
伯夷는 聖之淸者也니라. (백이, 성지청자야) (孟子 萬章 下)

백이는 성인으로서 청렴했던 사람이다.

　백이는 눈으로는 사나운 빛을 보지 않았고, 귀로는 사나운 소리를 듣지 않았고, 자기에 맞는 임금이 아니면 섬기지 않았고, 자기에 맞는 백성이 아니면 부리지 않았다. 주(紂)임금 때를 당하여 북해의 변두리에 살면서 천하가 맑아지기를 기다렸다. 백이의 작풍을 들으면 완악한 자도 청렴해졌다.
○백(伯)-맏이.　○청(淸)-맑다.

551.
伊尹은 聖之任者也니라. (이윤, 성지임자야) (孟子 萬章 下)

　이윤은 성인 중에서 사명을 스스로 짊어진 자이다.

　이윤은 하늘이 백성을 내어서 먼저 안 사람을 시켜 뒤늦게 아는 사람을 일깨워 주게 하고, 먼저 깨달은 사람을 시켜 뒤늦게 깨닫는 사람을 일깨워 주게 하였다고 생각하고 자기 자신이 하늘이 낸 백성 중에서 먼저 깨달은 자임을 자각하고 이 도를 가지고 이 백성을 일깨워 주어야 한다는 사명을 스스로 짊어지고 나섰다.
○임(任)-맡기다.

552.
柳下惠는 聖之和者也니라. (유하혜, 성지화자야) (孟子 萬章 下)

　유하혜는 성인 중에서 온화한 자이다.

유하혜는 더러운 임금을 부끄럽게 여기지 않았고, 작은 벼슬을 사퇴하지 않았으며 자기의 우수한 능력을 감추지 않고 반드시 정당한 방법으로 일하였고, 버려져도 원망하지 않고 곤궁에 빠져도 분해하지 않았다. 유하혜의 작풍을 들으면 비루한 사람이 너그러워지고 박한 사람이 후해졌다고 한다.
○류(柳)-버드나무. ○화(和)-고르다. 화하다.

553.
孔子는 聖之時者也니라. (공자, 성지시자야) (孟子 萬章 下)

공자는 성인으로서 때를 알아서 해나간 사람이다.

공자는 때를 맞추는 도리를 터득하여 완급, 진퇴의 때를 틀림 없이 맞추는 성인이다.
○공(孔)-구멍. ○시(時)-때.

554.
不挾長하며 不挾貴하며 不挾兄弟而友니라.
(불협장, 불협귀, 불협형제이우) (孟子 萬章 下)

나이 많은 것을 믿어 뽐내지 않고, 존귀한 세도를 믿어 뽐내지 않고, 형제의 힘을 믿어 뽐내지 않는다.

벗을 사귀는 도리는 연령의 장유, 신분의 고하, 형제의 세력을 생각해서 사귀는 것이 아니다.
오로지 벗이 되는 사람의 덕을 사귀는 것이므로 무엇이 우세하다고 벗이 되어서는 바람직한 교우 관계가 유지되지 않는다.
ㅇ협(挾)-믿어 뽐내다. ㅇ장(長)-어른. ㅇ귀(貴)-귀하다. ㅇ형(兄)-형. ㅇ제(弟)-아우.

555.
友也者는 友其德也니라. (우야자, 우기덕야) (孟子 萬章 下)

　　벗 사귀는 것은 그 벗의 덕을 벗으로 사귀는 것이다.

　벗이란 원래 그 벗의 덕을 인정하고 사귀는 것이라야 한다.
ㅇ우(友)-벗. 벗하다. ㅇ기(其)-그. ㅇ덕(德)-덕.

556.
不可以有挾也니라. (불가이유협야) (孟子 萬章 下)

　　사이에 개재시키는 것이 있어서는 안된다.

　장유의 연령, 존귀의 신분, 빈부귀천, 세력의 유무 등을 사이에 개재시켜서는 벗을 사귈 수 없다. 반드시 벗 되는 사람의 덕을 인정하고 그 덕을 개재시켜 사귀어야 한다.
ㅇ협(挾)-끼다.

557.
孔子는 有見行可之仕하며 有際可之仕하며 有公養之仕하니라.
(공자, 유견행가지사, 유제가지사, 유공양지사) (孟子 萬章 下)

　　공자는 정도를 행할 만하다고 보고 벼슬을 하고, 예로써 접하는 것이 받아들일 만하여서 벼슬을 하고, 현자를 길러 주어서 벼슬을 했다.

공자가 벼슬을 한 동기는 세 가지로 나누어 볼 수 있다. 첫째는 자신의 도가 정도로서 행해질 수 있다는 전망이 있어서 벼슬을 했고, 둘째는 대우가 예에 맞기 때문에 벼슬을 했고, 셋째는 임금이 현인을 양성해 주기 때문에 벼슬을 했다.
○견(見)-보다. ○행(行)-행하다. ○사(仕)-벼슬하다. ○제(際)-어울리다. 사귀다.
○공(公)-벼슬.

558.
仕는 非爲貧也로되 而有時乎爲貧이라.
(사, 비위빈야, 이유시호위빈) (孟子 萬章 下)

벼슬하는 것은 빈곤을 극복하기 위하여 하는 것은 아니다. 때로는 빈곤을 극복하기 위하여 하기도 한다.

벼슬을 하는 것은 원래 의식의 문제를 해결하기 위하여 하는 것은 아니다. 그러나 부모를 봉양한다든지 가족을 부양하기 위하여서 벼슬을 하기도 하는 것이다.
○빈(貧)-가난하다. ○비(非)-아니다. ○유(有)-있다.

559.
位卑而言高는 罪也라. (위비이언고, 죄야) (孟子 萬章 下)

벼슬자리가 낮으면서 말이 고답한 것은 죄이다.

벼슬자리 곧 지위가 낮은 사람이 말만 고답스러이 시비를 논하는 것
은 죄악이다.
○위(位)-지위. ○비(卑)-낮다. ○죄(罪)-죄.

560.
一鄕之善士면 斯友一鄕之善士니라.
(일향지선사, 사우일향지선사) (孟子 萬章 下)

한 고을의 선한 선비라면 한 고을의 선한 선비를 벗으로 삼는
다.

재주와 덕망이 한 고을에서 빼어난 선비라면 동류상구(同類相求)하여
한 고을의 뛰어난 선비와 벗하게 된다. 한 나라의 선한 선비는 그 선비
대로, 천하의 선한 선비는 그 선비대로 같은 류의 선비와 벗하게 된다.
○향(鄕)-고을. ○사(士)-선비.

561.
食色이 性也니 仁은 內也요 非外也며 義는 外也요 非內也니라.
(식색, 성야, 인, 내야, 비외야, 의, 외야, 비내야) (孟子 告子 上)

식과 색은 성이다. 인은 내재적인 것이지 외재적인 것이 아니
며, 의는 외재적인 것이지 내재적인 것이 아니다.

식욕과 성욕은 인간의 본성이다. 인은 내재적인 것이고 의는 외재적
인 것이다.
○식(食)-먹다. ○색(色)-어여쁜 계집. ○성(性)-성품. ○내(內)-안. ○외(外)-밖.

562.
性은 無善無不善也니라. (선, 무선무불선야) (孟子 告子 上)

성은 선한 것도 없고 선하지 않은 것도 없다.

인간의 본성에는 선도 없고 불선도 없다. 경우에 따라서 선도 되고 불선도 된다.
○성(性)-성품.

563.
求則得之하고 舍則失之라. (구즉득지, 사즉실지) (孟子 告子 上)

구하면 얻고, 버려두면 잃어버린다.

구하면 얻을 수 있고 버리면 잃어버린다. 인의예지신의 덕성은 본래 인간의 내심에 있는 것이므로 그것을 구하느냐 구하지 않느냐에 따라 그 인간의 덕성에 차이가 있게 된다.
○구(求)-구하다. ○득(得)-얻다. ○사(舍)-버리다. ○실(失)-잃다.

564.
聖人도 與我同類者라. (성인, 여아동류자) (孟子 告子 上)

성인도 나와 동류의 사람이다.

성인도 우리와 같은 인간이다. 근본적으로는 인간임이 틀림 없으니 배우고 익히면 그에 이를 수 있다.

○여(與)-와. 과. ○아(我)-나. ○동(同)-같다. ○류(類)-갈래. 종류.

565.
聖人은 先得我心之所同然耳라.
(성인, 선득아심지소동연이) (孟子 告子 上)

성인들이 먼저 우리 마음이 옳다고 여기는 것을 알았다는 것 뿐이다.

성인이란 우리들이 다 같이 옳다고 하는 것을 먼저 체득한 자일 따름이다.
○선(先)-먼저. ○심(心)-마음. ○소(所)-바. ○동(同)-같다. ○연(然)-그렇다.

566.
夜氣不足以存, 則其違禽獸不遠矣니라.
(야기부족이존, 즉기위금수불원의) (孟子 告子 上)

밤 사이에 길러지는 기운이 남아 있지 못하게 되면 짐승과 거리가 멀지 않게 된다.

밤 고요히 잠드는 사이에 얻어진 순수무구한 인간 본성에 대한 자각 곧 양심을 보존할 만한 힘이 없다면 그 사람은 금수와 다름이 없다.
○야(夜)-밤. ○기(氣)-기운. ○족(足)-족하다. ○존(存)-있다. ○위(違)-가다. ○금(禽)-날짐승. ○수(獸)-짐승. ○원(遠)-멀다.

567.
苟得其養이면 無物不長이라. (구득기양, 무물부장) (孟子 告子 上)

길러주는 힘을 얻으면 자라지 않는 것이 없다.

적당한 영양분을 얻으면 자라지 않는 것이 없다. 인간의 본성인 선도 기르기에 따라서 크게 자랄 수 있다.
ㅇ구(苟)-만약. ㅇ득(得)-얻다. ㅇ양(養)-기르다. ㅇ물(物)-물건. ㅇ장(長)-자라다.

568.
操則存하고 舍則亡이라. (조즉존, 사즉망) (孟子 告子 上)

잡으면 남아 있고, 버리면 없어진다.

인간의 본성인 선은 잡아서 지키면 남아 있고, 내버리면 달아나 없어지는 것이다.
ㅇ조(操)-잡다. ㅇ존(存)-있다. ㅇ사(舍)-버리다. ㅇ망(亡)-망하다.

569.
一日暴之요 十日寒之면 未有能生者也니라.
(일일포지, 십일한지, 미유능생자야) (孟子 告子 上)

하루 동안 볕을 쬐고, 열흘 동안 차게 하면 살아날 물건이 없다.

아무리 잘 자라는 물건이라도 하루 볕을 쬐게 하고, 열흘 차게 하면

제대로 자랄 수 있는 것이 없다. 잘 가르친 자식이라도 주변에서 해로운 것이 끼어들면 결국은 나쁘게 될 수 있다.
○포(暴)-볕쪼이다. ○한(寒)-춥다. ○미(未)-못하다. ○생(生)-살다.

570.
魚도 我所欲也요 熊掌도 亦我所欲也언마는 二者를 不可得兼인댄 舍魚而取熊掌者也리라. (어, 아소욕야, 웅장, 역아소욕야, 이자, 불가득겸, 사어이취웅장자야) (孟子 告子 上)

　　물고기는 내가 원하는 것이다. 웅장 역시 내가 원하는 것이다. 두 가지를 동시에 얻을 수 없으면 물고기를 포기하고 웅장을 취하는 것이다.

　　물고기도 먹고 싶고 곰의 발바닥도 먹고 싶다. 이 두 가지를 다 얻을 수 없다면 나는 물고기를 버리고 곰의 발바닥을 취하겠다. 생(生)과 의(義)가 모두 내가 원하는 것인데, 둘을 다 취할 수 없다면 나는 생을 버리고 의를 취하겠다.
○어(魚)-물고기. ○욕(欲)-바라다. ○웅(熊)-곰. ○장(掌)-손바닥. ○겸(兼)-겸하다. ○사(舍)-버리다. ○취(取)-가지다. 취하다.

571.
所欲이 有甚於生者라 故로 不爲苟得也하니라.
(소욕, 유심어생자, 고, 불위구득야) (孟子 告子 上)

　　원하는 바가 사는 것보다 더한 바가 있기 때문에 구차하게 얻는 짓을 하지 않는 것이다.

생을 바라는 것은 인간의 상정이다. 그러나 인간에게는 생명 이상으로 더 강하게 요구되는 것이 있다. 곧 의롭지 못하게 사는 것보다 죽어서 의롭게 살기를 바라는 것이다.
○심(甚)-심하다. 더욱. ○고(故)-까닭. ○구(苟)-구차하다.

572.
仁은 人心也요 義는 人路也라. (인, 인심야, 의, 인로야) (孟子 告子 上)

인은 사람의 마음이고, 의는 사람의 길이다.

인은 사람의 자연스러운 마음의 발로이고, 의는 사람으로서 벗어나지 않고 밟아 나아갈 정당한 길이다.
○심(心)-마음. ○의(義)-의롭다. ○로(路)-길.

573.
學問之道는 無他라 求其放心而已矣니라.
(학문지도, 무타, 구기방심이이의) (孟子 告子 上)

학문하는 길은 다른 것이 없다. 자기가 드러내놓은 마음을 찾는 것일 따름이다.

학문의 길은 다름이 아니라 드러내놓아 잃어버린 생래의 마음 곧 양심을 찾는 것일 따름이다.
○타(他)-다른. ○방(放)-놓다.

574.
養其小者는 爲小人이요 養其大者는 爲大人이라.
(양기소자, 위소인, 양기대자, 위대인) (孟子 告子 上)

작은 부분을 기르는 자는 소인이 되고, 큰 부분을 기르는 자는 대인이 된다.

입과 배가 바라는 말단의 부분을 기르는 자는 소인이 되고, 마음의 근본인 심지(心志)를 기르는 자는 대인이 된다.
○양(養)-기르다. ○소(小)-작다. ○대(大)-크다. ○위(爲)-되다.

575.
從其大體爲大人이요 從其小體爲小人이니라.
(종기대체위대인, 종기소체위소인) (孟子 告子 上)

자기의 큰 몸을 따라가면 대인이 되고, 자기의 작은 몸을 따라가면 소인이 된다.

인의의 본질에 따라가면 대인이 되고, 구복(口腹)의 요구에 따라가면 소인이 된다.
○종(從)-따르다. ○체(體)-몸.

576.
修其天爵,而人爵從之니라. (수기천작, 이인작종지) (孟子 告子 上)

자기의 천작을 닦으면 인작이 그에 따라 온다.

천작 곧 하늘이 내려준 작위로서 덕이 높고 인격이 고매하여, 온 세상 사람의 존경을 받는 자리에서 인의충신(仁義忠信)의 수양을 즐거워하여 게을리하지 않으면, 그에 따라 인간이 주는 작위 곧 봉록을 받는 공경대부의 자리는 따라오는 것이다.
○수(修)-닦다. ○작(爵)-벼슬. ○종(從)-따르다.

577.
人之所貴者는 非良貴也니라. (인지소귀자, 비량귀야) (孟子 告子 上)

사람들이 고귀하게 여기는 것은 최상의 고귀한 것은 아니다.

사람들이 고귀하게 여기는 것 곧 인작은 하늘이 내려 준 천작만큼은 못하다.
○귀(貴)-귀하다. ○비(非)-아니다. ○량(良)-좋다.

578.
仁之勝不仁也는 猶水勝火라.
(인지승불인야, 유수승화) (孟子 告子 上)

인자함이 인자하지 않는 것을 이김은 마치 물이 불을 이기는 것과 같다.

인은 반드시 불인을 이긴다. 이는 물이 불을 이기는 것과 같다.
○승(勝)-이기다. ○유(猶)-같다. ○수(水)-물. ○화(火)-불.

579.
大匠이 誨人에 必以規矩하나니 學者도 亦必以規矩니라.
(대장, 회인, 필이규구, 학자, 역필이규구) (孟子 告子 上)

대목이 남을 가르치는 데는 반드시 규구를 가지고 가르친다. 배우는 사람 역시 규구를 가지고 배워야 한다.

훌륭한 목수가 되려면 반드시 규구의 사용법부터 배워야 한다. 학문을 하는 데도 학문의 규구로서 성인을 표준으로 하여 배워야 한다.
ㅇ장(匠)-장인. ㅇ회(誨)-가르치다. ㅇ이(以)-~로써. 가지고. ㅇ규(規)-그림쇠. ㅇ구(矩)-곡척. 모를 재는 자. ㅇ역(亦)-또.

580.
堯舜之道는 孝弟而已矣니라. (요순지도, 효제이이의) (孟子 告子 下)

요, 순의 도는 효와 제일 따름이다.

요, 순의 도라고 하지만 그것은 어버이에 효도하고 형제가 우애로우며 연장자를 공경하는 예일 따름이다.
ㅇ요(堯)-요임금. ㅇ순(舜)-순임금. ㅇ효(孝)-효도. ㅇ제(弟)-아우.

581.
道는 若大路然하니 豈難知哉리오 人病不求耳니라.
(도, 약대로연, 개난지재, 인병불구이) (孟子 告子 下)

도는 대로 같은 것이라 어찌 알기 어려우랴. 사람들이 그것을 찾지 않음이 문제일 따름이다.

　성인의 도는 대로와 같아서 누구에게나 보이는 것이고, 누구나 걸을 수 있다. 그러나 사람들은 이 대로를 구하려 하지 않는다.
ㅇ도(道)-도. 도리.　ㅇ약(若)-같다.　ㅇ로(路)-길.　ㅇ개(豈)-어찌.　ㅇ난(難)-어렵다.
ㅇ병(病)-병.　ㅇ구(求)-구하다.

582.
歸而求之면 有餘師라. (귀이구지, 유여사) (孟子 告子 下)

　돌아가서 도를 구하면, 남아 돌아가는 스승이 생길 것이다.

　요순의 도는 인의와 효제이니 스승에게 직접 사사를 받지 않아도 스스로 양심에서 이를 행하려고만 한다면 누구나 이룰 수 있는 것이다. 그러므로 돌아가서 고요히 도를 구한다면 가르쳐줄 스승은 얼마든지 있다. 인생 도처에 스승은 있다.
ㅇ귀(歸)-돌아가다.　ㅇ여(餘)-남다.　ㅇ사(師)-스승.

583.
先生之志則大矣나 先生之號則不可리이다.
(선생지지즉대의, 선생지호즉불가) (孟子 告子 下)

　　선생의 뜻은 위대하지만 선생의 구호는 옳지 못하다.

　이 말은 맹자가 반전 평화주의자 송경(宋牼)에게 한 말이다. 송경은 제나라 사람으로 평화주의자로서 천하를 유세하고 다녔다. 이 말은 송경의 반전론은 좋으나 전쟁을 한다면 인과 의의 명분이 있어야 하지 이로움과 해로움을 명분으로 하여 이롭지 않으니 전쟁을 하지 말라는 명분은 옳지 않다 함이다.
○선(先)-먼저. ○생(生)-낳다. ○지(志)-뜻. ○호(號)-이름. 호령. ○가(可)-옳다.

584.
五覇者는 三王之罪人也라. (오패자, 삼왕지죄인야) (孟子 告子 下)

오패는 삼왕의 죄인이다.

오인의 패자는 저 삼인 왕자의 죄인이다. 하(夏)의 우왕(禹王), 은(殷)의 탕왕(湯王), 주(周)의 무왕(武王)의 삼왕은 인의 덕으로 왕위에 올랐다. 이와 반대로 무력의 힘으로 인을 이용한 제(齊)의 환공(桓公), 진(晋)의 문공(文公), 진(秦)의 목공(穆公), 송(宋)의 양공(襄公), 초(楚)의 장왕(莊王) 등의 오패자는 삼왕에게서 벌을 받아야 할 죄인이다.
○패(覇)-패자. ○왕(王)-임금. ○죄(罪)-죄.

585.
不敎民而用之를 謂之殃民이니라.
(불교민이용지, 위지앙민) (孟子 告子 下)

백성을 가르치지 않고, 전투에 동원해 쓰는 것은 백성을 재앙에 빠뜨리는 것이다.

백성을 교육시키지 않고 전쟁에 쓰는 것은 백성을 재앙 속으로 몰아 넣는 일이다. 교육이 없으면 예의, 효제, 존장에 대한 예절을 모를 것이므로 명령 계통이 서지 않고 결국은 전력이 약해질 수밖에 없고 끝내는 패전의 고배를 마시게 되어 백성은 재앙 속에 빠지게 된다.
○교(敎)-가르치다. ○용(用)-쓰다. ○위(謂)-이르다. ○앙(殃)-재앙.

586.
禹之治水는 水之道也라. (우지치수, 수지도야) (孟子 告子 下)

우왕이 치수한 것은 물이 제 길로 가게 한 것이다.

우왕이 치수한 것은 물이 제길을 흐르도록 물의 이치를 따른 것이다.
○우(禹)-우임금. ○치(治)-다스리다. ○수(水)-물.

587.
君子不亮이면 惡乎執이리오. (군자불량, 오호집) (孟子 告子 下)

군자가 신용이 없으면 어디를 지지하겠는가.

만약 군자의 도를 닦으려면 믿음을 버리고 무엇을 잡겠는가. 사람은 신용이 없으면 사람 구실을 못한다.
○량(亮)-신용. ○오(惡)-어찌. ○집(執)-고집.

588.
好善이 優於天下어든 而況魯國乎아.
(호선, 우어천하, 이황노국호) (孟子 告子 下)

선을 좋아하면 온 천하에 뛰어나게 되는데, 하물며 노나라에서랴.

만일 위정자가 참으로 선을 좋아한다면, 그 힘은 온 천하를 다스리다
가도 여유가 있다. 하물며 한 나라를 다스리는 데야 문제가 될 것이 있
겠는가.
ㅇ우(優)-뛰어나다. ㅇ어(於)-~에서. ㅇ황(況)-하물며. ㅇ노(魯)-노나라.

589.
入則無法家拂士하고 出則無敵國外患者는 國恒亡이니라.
(입즉무법가불사, 출즉무적국외환자, 국항망) (孟子 告子 下)

들면 법도 있는 세가와 보필하는 선비가 없고, 나면 적국과 외
환이 없다. 그런 나라는 언제나 멸망한다.

국내에는 법도를 지키는 법가가 없고 정사를 보필할 현사가 없으며,
대외적으로는 외환이 없고 항상 경계해야 할 적국이 없다면, 그런 나라
는 백성들이 법에 의한 징계를 두려워하지 않고 평안 속에서 교만과 사
치와 유약에 빠지기 쉽기 때문에 망하게 된다.
ㅇ입(入)-들다. ㅇ법(法)-법. ㅇ불(拂)-돕다. ㅇ사(士)-선비. ㅇ출(出)-나다. ㅇ적(敵)-
적대하다. ㅇ외(外)-밖. ㅇ항(恒)-늘. ㅇ망(亡)-망하다.

590.
敎亦多術矣니 予不屑之敎誨也者는 是亦敎誨之而已矣니라.
(교역다술의, 여불설지교회야자, 시역교회지이이의) (孟子 告子 下)

가르치는 데에도 역시 방법이 많다. 내가 탐탁히 여기지 않아
서 가르쳐주지 않는다면, 그것 역시 가르쳐주는 것일 따름이다.

교육 방법도 가지가지이다. 내가 가르치는 것이 탐탁히 생각되지 않아서 그 교육을 거절했다면 그것도 교육의 한 방법이다.
○다(多)-많다. ○술(術)-방법. ○설(屑)-좋아하지 않다. ○회(誨)-가르치다.

591.
存其心하야 養其性은 所以事天也니라.
(존기심, 양기성, 소이사천야) (孟子 盡心 上)

  자기 마음을 보존하여 본성을 기르는 것은 하늘을 섬기는 것이다.

인의예지신 등의 인간의 마음은 천부적인 것이다. 이 마음을 지켜 그 천성을 손상시키지 않으려 노력하는 것은 곧 하늘을 섬기는 것과 같다.
○존(存)-있다. ○양(養)-기르다. ○성(性)-성품. ○사(事)-섬기다.

592.
莫非命也에 順受其正이니라. (막비명야, 순수기정) (孟子 盡心 上)

  명 아닌 것이 없으나 명의 올바른 것을 순리로 받는다.

사람이 죽는 것은 명 아닌 것이 없다. 명에는 세 가지가 있는데 선을 행하고 선을 얻는 것을 수명(受命)이라 하고, 선을 행하고 악을 얻는 것을 조명(遭命)이라 하며, 악을 행하고 악을 얻는 것을 수명(隨命)이라 한다. 인의에 따르는 선을 행하고 그에 따르는 명을 순리로 받아들여야 한다.
○막(莫)-없다. ○순(順)-순하다. ○수(受)-받다. ○정(正)-바르다.

593.
知命者는 不立乎巖牆之下하나니라.
(지명자, 불립호암장지하) (孟子 盡心 上)

　　　명을 아는 사람은 담장 밑에 서지 않는다.

천명을 아는 사람은 무너지는 돌담 같은 위험한 곳에 서지 않는다. 무엇이건 천명이라고 해서 사려 없이 행동해서는 안되는 것이다.
○지(知)-알다. ○명(命)-천명. ○립(立)-서다. ○암(巖)-바위. ○장(牆)-담장

594.
萬物이 皆備於我矣니라. (만물, 개비어아의) (孟子 盡心 上)

　　　만물의 이치는 모두 나에게 갖추어 있다.

온갖 사물의 이치의 근원은 하나도 빠짐 없이 나의 마음 속에 자연히 갖추어져 있다. 곧 자신을 반성해 봐서 성실하다면 더 없이 즐거움이 크고, 힘써 너그럽게 행하면 인에 더 가까워진다. 불가에서 말하는 일체유심조(一切唯心造)라는 말과 통하는 바가 있다.
○만(萬)-만. ○물(物)-물건. ○개(皆)-모두. ○비(備)-갖추다.

595.
人不可以無恥니 無恥之恥면 無恥矣니라.
(인불가이무치, 무치지치, 무치의) (孟子 盡心 上)

　　　사람은 부끄러워하는 마음이 없어서는 안된다. 부끄러워하는 마

음이 없는 것을 부끄러워하면 부끄러워할 일이 없어진다.

사람은 부끄러움을 알아야 한다. 부끄러움을 모르는 사람처럼 무서운 것은 없다. 부끄러워할 줄 모르는 것을 부끄러워해야 평생 부끄러운 일을 당하지 않고, 저지르지 않게 된다.
○치(恥)-부끄럽다. ○무(無)-없다.

596.
士는 窮不失義하며 達不離道니라.
(사, 궁불실의, 달불리도) (孟子 盡心 上)

선비는 궁해도 의리를 잃어버리지 않고, 잘되어도 정도에서 벗어나지 않는다.

선비는 자신이 뜻하는 바를 펴지 못하여 궁해져도 인의의 정도를 잃어버리지 않으며 높은 지위로 영달했다고 해서 교만해져서 인의의 도리에 벗어나는 일은 없다.
○사(士)-선비. ○궁(窮)-궁하다. ○실(失)-잃다. ○의(義)-의롭다. ○달(達)-사무치다. 영달하다. ○리(離)-떠나다.

597.
古之人이 得志면 澤加於民하고 不得志면 修身見於世하니라.
(고지인, 득지, 택가어민, 부득지, 수신현어세) (孟子 盡心 上)

옛날 사람들은 뜻을 이루면 은택이 백성들에게 가해졌고, 뜻을 이루지 못하면 자신이 덕을 닦아서 세상에 뚜렷이 나타났다.

옛날의 현인들은 뜻을 이루어 영달하면, 그 능력을 발휘하여 백성들에게 은택을 베풀었고, 뜻을 이루지 못하여 야에 묻히면, 자신의 덕을 닦아서 자연히 그 감화를 모든 사람에게 미치게 했다.
○고(古)-옛날. ○택(澤)-덕택. ○가(加)-더하다. 보태다. ○수(修)-닦다. ○현(見)-나타나다. ○세(世)-세상.

598.
窮則獨善其身하고 達則兼善天下하나니라.
(궁즉독선기신, 달즉겸선천하) (孟子 盡心 上)

　　궁해지면 혼자서 선하게 해나가고, 잘되면 동시에 천하를 선하게 해나간다.

　　옛날의 현인들은 뜻을 이루지 못하여 곤궁에 처하게 되면 자기 자신의 수양에 몰두하여 스스로를 선하게 살아 나아갔고, 뜻을 이루어 영달하면 그 능력을 발휘하여 자기 자신만이 아니라 천하의 모든 사람을 선하게 이끌어 나갔다.
○궁(窮)-궁하다. ○독(獨)-홀로. ○신(身)-몸. ○달(達)-영달하다. ○겸(兼)-겸하다.

599.
以佚道使民이면 雖勞나 不怨하나니라.
(이일도사민, 수로, 불원) (孟子 盡心 上)

　　편안하게 해주는 길로 백성들을 부리면, 비록 힘들어도 원망하지 않는다.

백성들로 하여금 편안하게 살 수 있게 하는 마음으로 백성을 부리면, 비록 힘든 일이라 하더라도 백성들은 원망하지 않고 잘 따른다.
○일(佚)-편안하다. ○도(道)-방법. ○사(使)-부리다. ○수(雖)-비록. ○원(怨)-원망하다.

600.
君子는 所過者化하며 所存者神이라.
(군자, 소과자화, 소존자신) (孟子 盡心 上)

군자가 지나가는 곳은 교화되고, 머물러 있는 곳은 신 같다.

군자가 지나가는 곳에서는 모든 사람이 그의 덕에 감화되고, 군자가 머물러 있는 곳에서는 신묘하고 측량할 수 없는 힘이 남 모르는 사이에 감화를 준다.
○소(所)-곳. ○과(過)-지나다. ○화(化)-되다. 교화되다. ○존(存)-있다. ○신(神)-신. 귀신.

601.
仁言이 不如仁聲之入人深也니라.
(인언, 불여인성지입인심야) (孟子 盡心 上)

인자한 말은 인자하다는 평판이 사람에게 깊이 파고드는 것만 못하다.

말로써 인도를 설명하는 감화력은 스스로 인도를 실천하여 얻은 인덕의 명성이 자연스럽게 끼치는 감화의 깊이보다는 못하다.

○인(仁)-어질다. ○언(言)-말하다. ○성(聲)-소리. 명성. ○입(入)-들다. ○심(深)-깊다.

602.
善政이 不如善教之得民也니라.
(선정, 불여선교지득민야) (孟子 盡心 上)

　　잘하는 정치는 잘 가르쳐서 민심을 얻는 것만 못하다.

　잘 다스리면 민심을 얻게 되지마는 인의의 도를 잘 가르쳐서 민심을 얻는 것만은 못하다.
○정(政)-정치. 다스리다. ○교(敎)-가르치다. ○불여(不如)-못하다.

603.
人之所不學而能者는 其良能也요 所不慮而知者는 其良知也니라.
(인지소불학이능자, 기량능야, 소불려이지자, 기량지야) (孟子 盡心 上)

　　사람이 배우지 않고서도 잘하는 것, 그것이 양능이고, 생각하지 않고서도 잘 아는 것, 그것이 양지이다.

　배우지 않아도 잘해 나갈 수 있는 선천적 능력을 양능(良能)이라 하고, 생각하지 않아도 잘 아는 선천적 지능을 양지(良知)라 한다. 인간에게는 태어나면서 이 양지양능이 갖추어져 있다.
○소(所)-바. ○학(學)-배우다. ○능(能)-능하다. ○량(良)-좋다. ○려(慮)-생각하다. ○지(知)-알다.

604.
有天民者하니 達可行於天下而後에 行之者也니라.
(유천민자, 달가행어천하이후, 행지자야) (孟子 盡心 上)

　　하늘의 백성이라는 것이 있는데, 자기가 도달한 지위가 천하에
　　자기의 소신을 행할 수 있게 된 후에 그것을 행하는 자이다.

천명을 자각한 천민이라는 사람이 있다. 그는 영달하여 천하에 인정
(仁政)을 베풀 수 있는 지위에 있게 된 후에는 세상에 나타나서 인정(仁
政)을 행하는 사람이다.
ㅇ유(有)-있다. ㅇ달(達)-달성하다. ㅇ행(行)-행하다. ㅇ후(後)-뒤.

605.
君子有三樂이나 而王天下는 不與存焉이니라.
(군자유삼락, 이왕천하, 불여존언) (孟子 盡心 上)

　　군자에게는 세 가지 낙이 있는데, 천하의 왕 노릇하는 것은 이
　　에 들지 않는다.

군자에게는 세 가지의 낙이 있는데, 왕이 되는 것은 이 세 가지에 들
지 않는다.
ㅇ락(樂)-즐거움. ㅇ왕(王)-왕. ㅇ존(存)-있다.

606.
父母俱存하며 兄弟無故一樂也라.
(부모구존, 형제무고일락야) (孟子 盡心 上)

부모가 다 생존하고, 형제들에 사고가 없는 것이 제일락이다.

부모가 건재하고 형제에 사고가 없는 것이 제일의 낙이다.
ㅇ구(俱)-다. 함께. ㅇ존(存)-있다. ㅇ고(故)-일. ㅇ락(樂)-즐거움.

607.
仰不愧於天하며 俯不怍於人이 二樂也라.
(앙부괴어천, 부부작어인, 이락야) (孟子 盡心 上)

우러러 하늘에 부끄러움이 없고, 굽어 보아 사람에게 부끄럽지 않은 것이 제이의 낙이다.

반성하여 천지에 부끄러움이 없는 것이 제이의 낙이다.
ㅇ앙(仰)-우러르다. ㅇ괴(愧)-부끄럽다. ㅇ부(俯)-업드리다. ㅇ작(怍)-부끄럽다.

608.
得天下英才而敎育之三樂也니라.
(득천하영재이교육지삼락야) (孟子 盡心 上)

천하의 뛰어난 인재를 얻어서 교육하는 것이 제삼의 낙이다.

천하의 영재를 얻어 이들을 교육하는 것이 제삼의 낙이다.
ㅇ득(得)-얻다. ㅇ영(英)-영웅. ㅇ재(才)-재주. ㅇ육(育)-기르다.

609.
執中無權은 猶執一也니라. (집중무권, 유집일야) (孟子 盡心 上)

중간을 잡고 나아가는데 임기응변하는 일이 없으면 그것은 한 가지를 고집하는 것과 같다.

중용을 지킨다 해도 때에 따라서는 그 중간이 변화해야 한다. 그러한 임기응변하는 일이 없이 중용만 주장하는 것은 고루하고 편벽된 고집에 지나지 않다.
○집(執)-잡다. ○중(中)-중용. ○권(權)-임기응변하다. ○유(猶)-같다.

610.
飢者는 甘食하고 渴者는 甘飮하니라.
(기자, 감식, 갈자, 감음) (孟子 盡心 上)

굶주린 사람은 달게 먹고, 목마른 사람은 달게 마신다.

굶주리면 달게 먹을 수 있고, 목마르면 달게 마실 수 있다. 곧 기갈이란 사람의 미각의 본성을 마비시킨다. 이처럼 빈곤은 때로 사람의 선의 본성을 해친다.
○기(飢)-굶주리다. ○감(甘)-달다. ○식(食)-먹다. ○갈(渴)-목마르다. ○음(飮)-마시다.

611.
久假而不歸하니 惡知其非有也리오.
(구가이불귀, 오지기비유야) (孟子 盡心 上)

오래동안 빌리고서 돌려보내지 않으면, 자기가 가지고 있지 않다는 것을 어찌 알겠는가.

빌린 물건을 오래 동안 가지고 있어서 돌리지 않으면, 타인은 그 물건이 남에게서 빌린 것임을 어찌 알 수 있겠는가. 이처럼 패자(覇者)들은 왕자(王者)의 도인 인의의 가면을 쓰고 왕이 되었으나 백성들은 그 패자가 진정한 왕인 줄 알 것이 아닌가.
○구(久)-오래다. ○가(假)-빌리다. ○귀(歸)-돌아가다. ○오(惡)-어찌. ○지(知)-알다. ○유(有)-소유.

612.
尙志니라. (상지) (孟子 盡心 上)

뜻을 고상하게 가진다.

선비는 뜻을 고상하게 가져야 한다. 뜻을 고상하게 가진다함은 인(仁)에 몸을 두고 의(義)의 길을 당당히 걸어 나아가는 대인의 뜻을 가지는 것을 말한다.
○상(尙)-높이다.

613.
居移氣하며 養移體하니라. (거이기, 양이체) (孟子 盡心 上)

거처가 기상을 바꾸고, 봉양하는 것이 몸을 바꾼다.

자양물이 몸을 건강하게 하듯이 사람의 지위, 주거는 품격을 바꾼다. 인도라는 천하의 광거 곧 넓은 집에서 살면 자연 사람의 품격이 훌륭해진다.
○거(居)-살다. ○이(移)-옮기다. 변하다. ○기(氣)-기운. 기상. ○양(養)-영양.

614.
愛而不敬이면 獸畜之也니라. (애이불경, 수축지야) (孟子 盡心 上)

사랑하면서 공경하지 않는 것은 짐승으로 기르는 것이다.

아무리 현자를 사랑하고 후대한다고 해도 공경하는 마음이 따르지 않으면, 개나 고양이를 기르는 것과 같다.
○애(愛)-사랑하다. ○경(敬)-공경하다. ○수(獸)-짐승. ○축(畜)-가축. 기르다.

615.
君子之所以敎者五니 有如時雨化之者하며 有成德者하며 有達財者하며 有答問者하며 有私淑艾者하니라. (군자지소이교자오, 유여시우화지자, 유성덕자, 유달재자, 유답문자, 유사숙애자) (孟子 盡心 上)

군자는 가르치는 방법이 다섯 가지 있다. 제때에 내리는 비가 초목에 변화를 가져 오는 듯하는 것이 있고, 덕을 이루게 하는 것이 있고, 재능을 발전시켜 주는 것이 있고, 물음에 대답해주는 것이 있고, 혼자서 덕을 잘 닦아 나가도록 하는 것이 있다.

군자의 다섯 가지 교육 방법은 이러하다. 제일은 시우(時雨)로 때맞게 오는 비가 만물을 자라게 하듯이 하는 것, 제이는 덕성에 맞게 대성시키는 것, 제삼은 재능(才能)에 맞추어 조성시키는 것, 제사는 질문에 답하게 하여 의문을 풀게 하는 것, 제오는 간접적으로 선인의 선을 들려주어 배우려는 의욕을 일으키는 것이다.
○시(時)-때. ○우(雨)-비. ○화(化)-되다. ○성(成)-이루다. ○달(達)-달성하다. ○재(財)-재물. 재능. ○답(答)-대답하다. ○문(問)-묻다. ○사(私)-사사롭다. ○숙(淑)-사

모하다. ㅇ애(艾)-기르다. 다스리다.

616.
天下有道면 以道殉身하고 天下無道면 以身殉道하나니라.
(천하유도, 이도순신, 천하무도, 이신순도) (孟子 盡心 上)

　　천하에 바른 도가 행하여지면 도를 가지고 몸을 따라가고, 천하에 바른 도가 행하여지지 않으면 몸을 가지고 도를 따라간다.

　천하에 정도가 행하여지면 자기의 이념에 입각하여 천하를 위해 활동한다. 만일 천하에 정도가 행하여지지 않으면 자기의 이념이 통하지 않으므로 이념에 어긋나지 않게 살기 위하여 물러서서 자기 자신만이라도 선하고 깨끗하게 도를 지켜 나간다.
ㅇ순(殉)-따라간다. 타의 희생이 된다.

617.
於不可已而已者는 無所不已라.
(어불가이이이자, 무소불이) (孟子 盡心 上)

　　그만 두어서는 안될 데서 그만 두어버리는 사람은 그만 두지 않을 것이라고는 없을 것이다.

　도리상 그만 두어서는 안될 사정 곧 반드시 해야 할 일이지만 그만 두어버리는 사람은 어떤 필요한 일이라도 그만 두고 실행하지 않을 것이다.

○어(於)-~에서. ○불가이(不可已)-그만 두어서 안되다. ○이(已)-그만 두다. ○무소(無所)-~하는 바 없다.

618.
於所厚者薄이면 無所不薄也니라.
(어소후자박, 무소불박야) (孟子 盡心 上)

　　후하게 해야 할 데에서 박하게 하면, 박하게 하지 않을 것이라고는 없을 것이다.

　　인륜 관계에서 당연히 후하게 대해야 할 경우 곧 부자 관계나 부부 관계에서 박하게 대하는 사람은 다른 어떠한 경우에도 인정상 박한 대우를 하게 될 것이다.
○후(厚)-후하다. 두텁다. ○박(薄)-박하다. 얇다.

619.
其進이 銳者는 其退速이니라. (기진, 예자, 기퇴속) (孟子 盡心 上)

　　앞으로 나아감이 예리한 사람은 뒤로 물러남이 빠르다.

　　출발이 빠른 사람은 물러나는 것도 빠르다. 이처럼 한때 힘을 지나치게 써버리면 그 세력이 쇠해지기 쉽다.
○진(進)-나아가다. ○예(銳)-날카롭다. ○퇴(退)-물러나다. ○속(速)-빠르다.

620.
知者는 無不知也나 當務之爲急이라.

(지자, 무부지야, 당무지위급) (孟子 盡心 上)

지혜로운 사람에게는 알지 못할 것이 없겠으나, 힘써야 할 것을 급히 여겨야 할 것이다.

지자는 무엇이나 모르는 것이 없을 것이나, 아는 데 그치지 않고 무엇을 힘써야 할 것인지를 깨닫는 것이 급선무이다. 일에는 선후, 경중이 있으므로 이를 가려서 아는 것보다 실행하는 것이 더 중요하다.
ㅇ당(當)-마땅하다. ㅇ무(務)-힘쓰다. ㅇ급(急)-급하다.

621.
是之謂不知務니라. (시지위부지무) (孟子 盡心 上)

이것을 두고 힘써야 할 일을 모른다 하는 것이다.

먼저 해야 할 일을 뒤에 하고, 중히 다루어야 할 일을 경하게 다루었다면 이는 힘써야 할 일을 모르는 때문이다.
ㅇ시(是)-이것. ㅇ위(謂)-이르다. 말하다.

622.
盡信書면 則不如無書니라. (진신서, 즉불여무서) (孟子 盡心 下)

서경을 그대로 다 믿는다면 서경이 없느니만 못하다.

서경(書經)에 적혀 있는 내용을 무엇이나 모두 믿는다면 서경은 없는 것이나 같다.

○진(盡)-다하다. ○신(信)-믿다. ○서(書)-글. 서경. ○불여(不如)-같지 못하다.

623.
仁人은 無敵於天下니라. (인인, 무적어천하) (孟子 盡心 下)

인자한 사람에게는 천하에 그를 대적할 사람이 없다.

인자한 사람에게는 천하에 대적할 사람이 없다.
○인(仁)-어질다. ○적(敵)-대적하다.

624.
梓匠輪輿는 能與人規矩언정 不能使人巧니라.
(재장륜여, 능여인규구, 불능사인교) (孟子 盡心 下)

목공과 수레 만드는 장인은 남에게 규구는 줄 수 있어도, 남에게 기술이 좋아지게 만들지는 못한다.

재(梓)는 소목이고, 장(匠)은 대목이며, 윤(輪)은 수레의 바퀴 메우는 장인이고, 여(輿)는 수레의 몸체를 만드는 장인을 말한다. 이들은 배우는 사람에게 규구 사용 방법을 가르칠 수는 있어도, 모두를 훌륭한 장인이 될 수 있도록 할 수는 없다. 훌륭한 장인으로서의 기교의 묘체(妙諦)는 자기 자신이 체득해야 하는 것이다.
○여(輿)-주다. ○사(使)-부리다. ○교(巧)-교묘하다.

625.
使人不以道면 不能行於妻子니라.

(사인불이도, 불능행어처자) (孟子 盡心 下)

사람을 부리는 데 도리에 맞지 않게 하면, 처자도 움직이지 못한다.

만일 도리에 벗어난 방법으로 사람을 부리면, 처자라 하더라도 명령을 실행시킬 수 없다.
ㅇ능(能)-잘하다. ㅇ행(行)-행하다. ㅇ처(妻)-아내. ㅇ자(子)-아들.

626.
無政事則財用이 不足이니라. (무정사즉재용, 부족) (孟子 盡心 下)

정사를 무시하면 재정이 부족해진다.

정치가 잘 행해지지 않으면 나라의 재정 곧 부가 부족해진다.
ㅇ정(政)-정치. ㅇ사(事)-일. ㅇ재(財)-재물. ㅇ족(足)-족하다.

627.
仁也者는 人也니라. (인야자, 인야) (孟子 盡心 下)

인이라는 것은 사람이 행하는 것이다.

인덕(仁德)이란 사람이 의지하여 행하는 것이다. 곧 인(仁)은 사람이다.
ㅇ인(仁)-어질다. ㅇ자(者)-~라는 것.

628.
諸侯之寶三이니 土地와 人民과 政事니라. 寶珠玉者는 殃必及身이니라.
(제후지보삼, 토지, 인민, 정사, 보주옥자, 앙필급신) (孟子 盡心 下)

　　　제후의 보배는 세 가지이다. 토지와 인민과 정사이다. 주옥을 보배로 여기는 자는 앙화가 반드시 미치게 될 것이다.

　제후가 보배로 여겨야 할 세 가지 토지, 인민, 정사를 잊어버리고 주옥을 보배로 여기게 되면 앙화를 받을 것이다.
○제(諸)-모으다. ○후(侯)-영주. 벼슬. ○보(寶)-보배. ○주(珠)-구슬. ○앙(殃)-재앙. ○필(必)-반드시. ○급(及)-미치다.

629.
往者를 不追하며 來者를 不拒라.
(왕자, 불추, 래자, 불거) (孟子 盡心 下)

　　　가는 사람은 붙잡지 않고, 오는 사람은 거절하지 않는다.

　가는 사람은 좇아가서 붙잡지 않으며, 배우기 위하여 찾아오는 사람은 그 사람의 사정에 불구하고 환영한다.
○왕(往)-가다. ○추(追)-좇다. ○래(來)-오다. ○거(拒)-거절하다.

630.
君子는 反經而已矣니라. (군자, 반경이이의) (孟子 盡心 下)

　　　군자는 상도로 돌아갈 따름이다.

결국 군자의 행위는 상도(常道)로 돌아가는 것이다. 상도는 평범하나 그 평범한 것이 변하지 않는 것이다.
ㅇ반(反)-되돌아가다. ㅇ경(經)-떳떳하다.

四. 대학의 명언

1. 대학(大學)에 대하여

　대학(大學)은 원래 중용(中庸)과 함께 예기(禮記) 속의 일편(一篇)이었다. 송대(宋代)이래 단행본으로 독립시켜 이것을 주자(朱子)가 사서(四書)의 하나로 채택함으로써 널리 읽혀지게 되었다. 이 대학(大學)이 누구의 저작인지는 아직 정설이 없다. 주자(朱子)가 이 책을 경(經)의 일장(一章)과 전(傳)의 십장(十章)으로 나누어 경(經)은 공자(孔子)의 말씀을 증자(曾子)가 말한 것이고, 전(傳)은 증자(曾子)가 말한 것을 그 제자(弟子)가 기록한 것이라고 풀이하고 있다. 그래서 대학(大學)의 저자(著者)는 증자(曾子)라고 하게 되었다. 이 설(說)은 주자학(朱子學)이 성행되면서 통설(通說)이 되었다. 그러나 근대(近代)의 연구에서는 그 연대(年代)를 더 아래로 치고 있다.
　대학(大學)의 내용은 정치의 최종 목표는 치국평천하(治國平天下)에 있는데 이를 실현하기 위하여는 제가(齊家)하고 수신(修身)하지 않으면 안된다. 수신(修身)하기 위하여는 마음을 바르게 하고, 뜻을 정성스럽게 해야 한다. 이 정심성의(正心誠意)를 몸에 체득하기 위하여 격물치지(格物治知) 곧 사물(事物)의 도리(道理)를 밝히고, 학문(學文)을 수득(修得)해야 한다는 것을 정연한 조리(條理)로 논하고 있다.

2. 대학의 명언

631.
大學之道는 在明明德하며 在親民하며 在止於至善이니라.
(대학지도, 재명명덕, 재친민, 재지어지선) (大學 經一章)

대학의 도는 밝은 덕을 밝히는 데 있으며, 백성을 새롭게 함에 있으며, 지극한 선에 머무름에 있다.

대학의 목적을 밝힌 말로서 이를 "대학의 삼 강령"이라 하는데 제일은 재명명덕, 곧 하늘에서 받은 바 덕성 곧 양심을 더 훌륭히 갈고 닦는 것이며, 제이는 재친민, 곧 그 덕을 널리 펴서 모든 백성에게 보급하여 새로워지게 하는 것이며, 제삼은 최고의 선에 이르러 머물게 하는 것이다. 이 삼강령을 실천하기 위하여 여덟개의 실천 사항을 제시 하고 있으니 이를 "대학의 팔조목"이라 하는데 격물(格物), 치지(致知), 성의(誠意), 정심(正心), 수신(修身), 제가(齊家), 치국(治國), 평천하(平天下)이다.

632.
明明德하니라. (명명덕) (大學 經一章)

밝은 덕을 밝힌다.

인간에게는 하늘에서 받은 훌륭한 덕성이 있다. 이것을 명덕(明德), 준덕(峻德), 또는 양심(良心)이라고 한다. 거울이 흐리는 수가 있는 것처럼 인간의 양심도 과분한 욕심이나 편벽된 기질로 인하여 한 때 흐려지는 수가 있다. 그러므로 이 명덕을 밝게 할 필요가 있는데, 이것이 곧 수양이다.
○명(明)-밝다. 밝히다. ○덕(德)-덕.

633.
親民하니라. (친민) (大學 經一章)

　　　백성을 새롭게 한다.

일반 백성을 지도하여 하루 하루 진보하여 새로워지도록 한다. 인간의 수양은 자기 혼자만에 그치는 것이 아니라, 백성을 새로워지게 하는 데까지 나아가야 하며 자기 자신도 새로워져야 한다.
○친(親)-새롭다. 신(新)의 뜻으로 본다. ○민(民)-백성.

634.
止於至善이라. (지어지선) (大學 經一章)

　　　최고의 선에 머무른다.

지선이란 최고의 선을 말하며 최고의 선에 머무른다는 것은 온 정신을 경주하여 이 최고의 선의 경지에서 움직이지 않고 이를 지킨다는 뜻이다. 무슨 일에나 이 최고의 선에서 움직이지 않고 머무를 수 있도록 정성을 다하여 노력해야 한다. 이러한 최고의 선의 경지를 추구하는 성

대 학 (大學)

의를 통하여 비로소 학문은 유지되고 발전되는 것이다.
ㅇ지(止)-멎다. 머물다. ㅇ지(至)-지극하다.

635.
知止而後에 有定이라. (지지이후, 유정) (大學 經一章)

머무름을 안 뒤에야 정함이 있다.

인간이 머물러야 할 최종의 목표가 정해진 뒤에라야 자신의 해야 할 방침이 정해진다.
ㅇ정(定)-정하다.

636.
物有本末하고 事有終始하니, 知所先後면 則近道矣니라.
(물유본말, 사유종시, 지소선후, 즉근도의) (大學 經一章)

물건에는 근본과 말단이 있고, 일에는 끝과 시작이 있으니, 먼저 하고 나중 할 바를 알면 곧 도에 가깝다.

무슨 일에나 근본과 말단이 있고 시작과 끝이 있다. 본말과 시종의 이치를 바탕으로 먼저 해야 할 일과 나중에 해야 할 일을 알게 되면 성취에 이르는 길을 발견하게 되는 것이다. 인생에 있어서나 학문에 있어서도 본말, 시종, 선후의 순서가 중요하다.
ㅇ물(物)-물건. ㅇ본(本)-근본. ㅇ말(末)-끝. 말단. ㅇ종(終)-끝. ㅇ시(始)-처음. 시작.
ㅇ선(先)-먼저. ㅇ후(後)-뒤. 나중. ㅇ근(近)-가깝다. ㅇ도(道)-길. 도리.

637.
欲明明德於天下者는 先治其國하니라.
(욕명명덕어천하자, 선치기국) (大學 經一章)

　　명덕을 천하에 밝히려면 먼저 그 나라를 다스린다.

　천하의 모든 사람들로 하여금 명덕을 밝히게 하려면, 먼저 자기의 나라 곧 제후의 나라를 잘 다스려야 한다.
ㅇ욕(欲)-하고자 하다. ㅇ치(治)-다스리다.

638.
欲治其國者는 先齊其家하고 欲齊其家者는 先修其身하니라.
(욕치기국자, 선제기가, 욕제기가자, 선수기신) (大學 經一章)

　　그 나라를 다스리려는 자는 먼저 그 집안을 가지런히 하고, 그 집안을 가지런히 하고자 하는 자는 먼저 그 몸을 닦는다.

　나라를 잘 다스리려는 사람은 먼저 그 집안을 가지런히 하여 화목하게 하며, 집안을 가지런히 하여 화목하게 하고자 하는 사람은 먼저 자신을 수양해야 한다.
ㅇ제(齊)-가지런하다. ㅇ수(修)-닦다.

639.
致知在格物하니라. (치지재격물) (大學 經一章)

　　앎에 이르게 됨은 사물을 구명함에 있다.

인간의 양지(良知)를 잘 닦아 내려면 사물에 직접 부닥쳐서 그 속에 흐르고 있는 천리(天理) 곧 이치를 알아보아야 한다. 우주 간에는 항상 천리가 흐르고 있다. 동식물에는 동식물의 이치 곧 물성(物性)이 흐르고 있고, 인간에게는 인간의 도리 곧 인성(人性)이 흐르고 있다. 인성을 구명하려면 먼저 물성을 구명하는 것이 필요하다.
○치(致)-이르다. ○재(在)-있다. ○격(格)-궁구하다. ○물(物)-일. 물건.

640.
自天子以至於庶人이 一是皆以修身爲本이니라.
(자천자이지어서인, 일시개이수신위본) (大學 經一章)

　　　천자로부터 평민에 이르기까지 한결같이 수신함으로 근본을 삼는다.

위로 천자로부터 아래로 일반 서민에 이르기까지 자신의 몸을 닦는 것을 본으로 삼아야 한다.
○자(自)-부터. ○지(至)-까지. ○서(庶)-무릇. ○개(皆)-모두. ○위(爲)-삼다. 하다.

641.
基本이 亂而末治者는 否矣니라.
(기본, 난이말치자, 부의) (大學 經一章)

　　　근본이 어지러운 데도 그 말단이 다스려지는 법은 없다.

무엇이거나 그 근본이 어지러운데 그 말단이 다스려지는 일은 없다. 그 사람 자신이나, 가정이나, 국가도 그 밖의 자그만 일도 모두 그렇다.

ㅇ기(基)-터. ㅇ란(亂)-어지럽다. ㅇ말(末)-끝. 말단. ㅇ부(否)-아니다. ㅇ치(治)-다스리다.

642.
苟日新이어든 日日新하고 又日新이라.
(구일신, 일일신, 우일신) (大學 傳二章)

　　　　진실로 날로 새로워지면 나날이 새로워지고 또 날로 새롭게 하라.

오늘은 어제보다 새롭고 더 좋아지며, 내일은 오늘보다 더 새롭고 좋아지도록 수양에 힘써야 한다. 은나라 탕왕(湯王)은 이 말을 세면기(盤)에 새겨 놓고 매일 매일 스스로 자성의 구절로 삼았다고 한다.
ㅇ구(苟)-진실로. ㅇ신(新)-새롭다. ㅇ우(又)-또.

643.
君子는 無所不用其極이니라. (군자, 무소불용기극) (大學 傳二章)

　　　　군자는 그 극을 쓰지 않는 바가 없다.

군자는 무슨 일을 하더라도 항상 최선의 도와 최선의 힘을 써야 한다.
ㅇ극(極)-지극. 최선. ㅇ용(用)-쓰다.

644.
誠其意者는 毋自欺也니라. (성기의자, 무자기야) (大學 傳六章)

그 뜻을 정성되이 한다는 것은 스스로를 속이지 않는 것이다.

　성의가 있는 사람이란 자기 자신을 속이지 않는 사람이다. 자기의 본심을 속이지 않는 것이 참으로 뜻을 정성스럽게 하는 길이고 수양의 제일보이다.
○성(誠)-정성. ○의(意)-뜻. ○기(欺)-거짓.

645.
如惡惡臭하며 如好好色을 此之謂自謙이니라.
(여오악취, 여호호색, 차지위자겸) (大學 傳六章)

　　나쁜 냄새를 싫어함과 같으며 좋은 색을 좋아함과 같은 것을 스스로 기꺼워함이라 한다.

　사람은 악취를 싫어 하듯이 나쁜 일을 싫어하며, 미인을 보기 좋아하듯이 선행을 좋아해야 한다. 그런 때라야 마음이 충만하고 유쾌함을 느끼게 된다.
○겸(謙)-겸(慊)의 뜻으로. 족하다. ○여(如)-같다. ○오(惡)-밉다. ○악(惡)-나쁘다. ○호(好)-좋다. 좋아하다. ○색(色)-색. 여색.

646.
君子는 必愼其獨也니라. (군자, 필신기독야) (大學 傳六章)

　　군자는 반드시 그 홀로를 삼간다.

　혼자일 경우 곧 남이 보지도 않고 듣지도 않는 경우라 하더라도 언행을 조심하여 스스로를 속이지 않도록 하는 것이 군자의 태도이다.
ㅇ필(必)-반드시. ㅇ신(愼)-삼가다. ㅇ독(獨)-홀로.

647.
小人閒居엔 爲不善하야 無所不至니라.
(소인한거, 위불선, 무소부지) (大學 傳六章)

    소인이 홀로 있으면, 선하지 못한 짓을 하여 이르지 않는 바가 없다.

군자와는 달리 소인은 혼자 있으면 무엇이거나 나쁜 짓을 실컷 하게 된다.
ㅇ한(閒)-한가하다. 겨를. ㅇ거(居)-있다. 살다. ㅇ한거(閒居)-홀로 있다.

648.
十目所視하며 十手所指니 其嚴乎인저
(십목소시, 십수소지, 기엄호) (大學 傳六章)

    열 눈이 보는 바이며, 열 손이 가리키는 바이니 그 얼마나 엄한가.

사람이 하는 모든 행동은 많은 사람들이 보고, 손가락질하는 바인데 세상의 이목을 어떻게 속일 수가 있겠는가. 그야말로 엄한 것이다.
ㅇ목(目)-눈. ㅇ시(視)-보다. ㅇ수(手)-손. ㅇ지(指)-가리키다. ㅇ엄(嚴)-엄하다.

649.
富潤屋이요 德潤身이라. (부윤옥, 덕윤신) (大學 傳六章)

부는 집을 윤택하게 하고 덕은 몸을 윤택하게 한다.

재산이 풍부하면 집을 멋지게 꾸밀 수가 있고, 덕이 풍부하면 스스로 몸을 훌륭하게 할 수 있다.
○부(富)-부하다. 부자. ○윤(潤)-윤택하다. ○신(身)-몸.

650.
心不在焉이면 視而不見하며 聽而不聞하며 食而不知其味니라.
(심부재언, 시이불견, 청이불문, 식이부지기미) (大學 傳七章)

마음이 없으면 보아도 보이지 않으며, 들어도 들리지 않으며, 먹어도 그 맛을 알지 못한다.

마음을 가지고 하지 않으면 보아도 보이지 않고, 들어도 들리지 않고, 먹어도 그 맛을 모르는 법이다. 무슨 일에나 마음을 바르게 하여 주의하는 속에서만이 바른 판단과 행동이 가능한 것이다.
○견(見)-보다. ○청(聽)-듣다. ○문(聞)-듣다. ○식(食)-먹다. ○미(味)-맛.

651.
好而知其惡하며 惡而之其美者는 天下에 鮮矣니라.
(호이지기악, 오이지기미자, 천하, 선의) (大學 傳八章)

좋아하되 그 나쁜 점을 알아보며, 미워하되 그 좋은 점을 알아보는 사람은 드물다.

좋아하지만 그 나쁜 점을 보아 넘기지 않고, 밉지만 그 좋은 점을 인정해주는 사람은 별로 없다. 흔히는 좋아지면 나쁜 점을 보지 못하게 되고, 미우면 좋은 점마저도 나쁘게 보아버리는 것이 인정이다.
ㅇ미(美)-좋다. 아름답다. ㅇ선(鮮)-드물다.

652.
人이 莫知其子之惡하며 莫知其苗之碩이라.
(인, 막지기자지악, 막지기묘지석) (大學 傳八章)

사람은 그 자식의 나쁜 점을 알지 못하고, 그 곡식의 싹이 큰 줄은 알지 못한다.

흔히 사람들은 제 자식의 나쁜 점을 깨닫지 못하고, 자기 모판의 묘싹이 자라고 있는 것을 알지 못한다. 제 자식의 나쁜 점을 모르는 것은 사랑에 편벽되는 때문이며, 자기 논의 묘싹이 자라지 않는다고 보는 것은 욕심에 마음을 빼앗기기 때문이다.
ㅇ막(莫)-말다. 아니하다. 묘(苗)-싹. ㅇ석(碩)-크다.

653.
其家를 不可敎而能敎人者는 無之니라.
(기가, 불가교이능교인자, 무지) (大學 傳九章)

그 집안을 가르치지 못하면서 남을 가르칠 수 있는 사람은 없다.

자기 집안 사람을 가르치지 못하는 사람이 남을 가르칠 수 있겠는가. 이런 사람은 없다.
○교(敎)-가르치다. ○능(能)-능하다. 잘하다.

654.
心誠求之면 雖不中이나 不遠矣니라.
(심성구지, 수부중, 불원의) (大學 傳九章)

　　　마음으로 정성되이 구하면 비록 들어맞지는 않으나 멀지는 않을 것이다.

　마음 속 깊이 정성을 다하여 구한다면, 완전하다고는 못하더라도 적어도 그에 가까운 경지까지는 구할 수 있다.
○구(求)-구하다. ○수(雖)-비록. ○중(中)-맞다. 적중하다. ○원(遠)-멀다.

655.
未有學養子而後嫁者也니라. (미유학양자이후가자야) (大學 傳九章)

　　　자식 기르는 법을 배운 뒤에 시집가는 사람은 없다.

　육아법을 배운 뒤에 시집을 가야 된다고 생각하는 사람은 없다. 비록 육아법은 모르더라도 참으로 어버이로서 사랑을 가지고 아기를 대한다면 큰 실수는 하지 않는다. 이처럼 나라를 다스리거나 무슨 일을 할 때 그 방법이 서투르더라도 정성과 사랑이 있다면 그런대로 해낼 수 있는 것이다.
○유(有)-있다. ○양(養)-기르다. ○자(子)-아들. ○가(嫁)-시집가다.

656.
有諸己而後에 求諸人하라. (유제기이후, 구제인) (大學 傳九章)

　　　　자기에게 그것이 있은 뒤에 남에게 그것을 구한다.

군자는 자기가 먼저 인을 실천하고 나서야 남에게 인을 실천하기를 요구한다. 무엇이나 남에게 요구하려면 자기가 솔선수범하여 먼저 실천해야 한다.
ㅇ기(己)-자기. ㅇ제(諸)-어조사 지어(之於). ㅇ구(求)-구하다.

657.
所惡於上으로 毋以使下라. (소오어상, 무이사하) (大學 傳十章)

　　　　위에서 싫어하는 바를 가지고 아래를 부리지 말라.

웃어른이 자기를 대하는 태도가 나쁘다고 생각되면 아랫사람을 대할 때는 그러한 방법으로 대하지 말아야 한다.
ㅇ소(所)-~하는 바. ㅇ오(惡)-싫어하다. ㅇ무(毋)-말다. ㅇ사(使)-부리다.

658.
有德이면 此有人이요 有人이면 此有土요 有土면 此有財요 有財면 此有用이니라. (유덕, 차유인, 유인, 차유토, 유토, 차유재, 유재, 차유용) (大學 傳十章)

　　　　덕이 있으면 이에 사람이 있게 되고, 사람이 있으면 이에 토지가 있게 되고, 토지가 있게 되면 이에 재물이 있게 되고, 재물이 있으면 이에 쓰임이 있게 된다.

덕이 있으면 저절로 사람이 모이고, 사람이 모이면 국토를 보존할 수 있게 되고, 국토를 보존하게 되면 재물이 집산되며, 재물이 모이면 그것을 사용하여 일을 성취할 수 있게 된다. 정치를 잘하려면 먼저 덕을 쌓아야 하는 것이다.
○덕(德)-덕. ○차(此)-이. ○토(土)-땅. ○재(財)-財物 ○용(用)-쓰다.

659.
德者는 本也요, 財者는 末也니 外本內末이면 爭民施奪이니라.
(덕자, 본야, 재자, 말야, 외본내말, 쟁민시탈) (大學 傳十章)

　　　덕은 근본이요, 재는 말단이다. 근본을 밖으로 하고 말단을 안으로 하면 백성들은 다투어 약탈을 하게 된다.

덕이 있는 지도자가 나라를 다스리면 토지가 생기고 재물이 생기는 것이다. 그러므로 덕이 근본이 되고 재물은 말단이 된다. 이러한 이치를 잘못하여 본말이 전도되면 결국은 백성들로 하여금 재물을 쟁탈하는 혼란 속으로 몰아 넣게 된다.
○자(者)-것. 놈. ○외(外)-밖. ○내(內)-안. ○쟁(爭)-다투다. ○시(施)-쓰다. ○탈(奪)-빼앗다.

660.
言悖而出者는 亦悖而入하나니라. (언패이출자, 역패이입) (大學 傳十章)

　　　말이 거슬리어 나가면 또 역시 거슬리어 들어 온다.

가는 말이 고와야 오는 말이 곱다는 속담처럼 도리에 맞지 않는 억지 소리를 하면 그한테서는 도리에 벗어난 억지 소리를 들어야 하게 된다.
○언(言)-말. 말하다. ○패(悖)-거스르다. ○출(出)-나다. ○입(入)-들다.

661.
貨悖而入者는 亦悖而出하니라. (화패이입자, 역패이출) (大學 傳十章)

거슬리어 들어온 재물은 역시 거슬리어 나간다.

도리에 벗어난 방법으로 들어온 재물 재화는 도리에 맞지 않게 나가게 된다.
○화(貨)-재물.

662.
好人之所惡하며 惡人之所好를 是謂拂人之性이니라.
(호인지소오, 오인지소호, 시위불인지성) (大學 傳十章)

남이 싫어하는 바를 좋아하며, 남이 좋아하는 바를 싫어하는 것, 이것을 사람의 본성을 어기는 것이라 하는 것이다.

사람은 남이 좋아하는 것을 좋아하게 되고, 싫어하는 것은 싫어하는 것이 정상일 것이다. 그러나 남이 싫어하는 것을 좋아하고, 남이 좋아하는 것을 싫어하는 것은 사람의 상정에서 벗어난 것이니 좋은 일이 있을 수 없다.
○호(好)-좋다. 좋아하다. ○소(所)-바. ○시(是)-이것. ○위(謂)-이르다. ○불(拂)-어기다. ○성(性)-성품.

663.
仁者는 以財發身하고 不仁者는 以身發財니라.
(인자, 이재발신, 불인자, 이신발재) (大學 傳十章)

　　어진 사람은 재물로써 몸을 일으키고, 어질지 못한 사람은 몸으로써 재물을 일으킨다.

　어진 사람은 재물이 있으면 그 재물로 세상에 은혜를 베풀어 많은 사람의 마음을 얻어 자신이 훌륭해지지만, 어질지 못한 사람은 인간의 도리나 예절을 무시하고 재물의 취득에만 열을 올려 결국은 자기 자신을 망치게 된다.
○인(仁)-어질다.　○발(發)-피어나다.　○재(財)-재물.

664.
善以爲寶라. (선이위보) (大學 傳十章)

　　선으로써 보배를 삼는다.

　선행을 하는 것으로 보배를 삼는다. 국가의 보배는 무엇이냐, 선인이 많다는 것 곧 도덕성이 높은 덕치국가를 말한다.
○선(善)-착하다.　○이(以)-으로써.　○위(爲)-되다. 삼다.　○보(寶)-보배.

665.
君子有大道하니 必忠信以得之하고 驕泰以失之하니라.
(군자유대도, 필충신이득지, 교태이실지) (大學 傳十章)

군자에게는 큰 도가 있으니, 반드시 충성과 믿음으로써 그것을
얻고, 교만함과 건방짐으로써 그것을 잃게 된다.

충성과 신의로써 일을 하면 반드시 얻어지는 바가 있고, 교만과 건방
짐으로써 일을 하면 반드시 가진 것도 잃어 버린다. 군자로서 수양의 요
목으로 삼아야 할 것이다.
○필(必)-반드시. ○충(忠)-충성. ○신(信)-믿다. ○득(得)-얻다. ○교(驕)-교만하다.
○태(泰)-태연하다. ○실(失)-잃다.

五. 중용의 명언

1. 중용(中庸)에 대하여

중용(中庸)은 원래 대학(大學)과 함께 예기(禮記) 속의 일편(一篇)이었
던 것을 주자(朱子)가 사서(四書)의 하나로 하여서 단행본으로 전해오게
되었다. 중용(中庸)의 작자는 자사(子思)라는 것이 사기(史記) 이래의 통
설(通說)로 되어 있다.

중용(中庸)이란 이름은 어느 편으로도 기울어지지 않고, 치우쳐지지도
않으며, 지나치거나 미치지 못하는 일이 없이 꼭 알맞은 것을 중(中)이
라 하며, 언제나 변함이 없이 일정하고 바른 것을 용(庸)이라 한다. 그러
므로 중(中)이란 사람이 살아가는 데 필요한 올바른 도(道)이고, 용(庸)이
란 사람이 살아가는 데 지켜야 할 일정한 원리(原理)이다. 또 용(庸)은
상(常) 곧 항상(恒常)이라는 뜻으로 보고 용(庸)을 용(用) 곧 쓴다는 뜻으

로 풀기도 하여 중(中)의 도(道)를 쓰는 이른바 집중(執中=중을 잡는다)의 뜻으로 풀이하는 사람도 있다.

중용(中庸)은 세상의 기본이 되는 한 가지 원리(原理)로부터 설명을 시작하여, 나중에는 세상의 모든 일에 그 원리(原理)를 적용시키고, 다시 세상의 모든 현상을 한 가지 원리(原理)로 귀납(歸納)시키고 있다. 중용(中庸)의 원리(原理)는 크게 보면 온 우주(宇宙)에 가득차 있고, 작게 보면 세상에서 가장 작은 어떤 물건 속에도 그것이 숨겨져 있는 것이다.

2. 중용의 명언

666.
天命之謂性이요 率性之謂道요 修道之謂敎니라.
(천명지위성, 솔성지위도, 수도지위교) (中庸 一章)

하늘이 명한 것을 성이라 하고, 성에 따르는 것을 도라 하고, 도를 닦는 것을 교라 한다.

하늘이 어떠한 목적을 가지고 명하여 인간에게 부여한 성이 곧 인성이며, 이 인성에 따르는 것 곧 자연스러운 인간의 정에 따르는 것이 인간의 도이며, 이 인간의 도를 닦는 것이 교 곧 교육이다. 이것이 중용에 일관된 사상이다.

○명(命)-명령. ○위(謂)-이르다. 말하다. ○성(性)-성품. ○솔(率)-거느리다. ○수(修)-닦다. 수양하다. ○교(敎)-가르치다.

667.
天命之謂性이라. (천명지위성) (中庸 一章)

하늘이 명한 것을 성이라 한다.

하늘이 명한 것이란 선천적으로 주어진 본성으로 이 성이란 이치나 원리를 말하는 것이며, 이 본성이 인간에게 전해지면 인성이라 할 수 있고, 자연물에 전해지면 물성이라 할 수 있다.
○천(天)-하늘. ○명(命)-명령. ○위(謂)-이르다. ○성(性)-성품.

668.
率性之謂道니라. (솔성지위도) (中庸 一章)

성에 따르는 것을 도라 한다.

인간의 성 곧 천명에 따르는 것이 인간의 도이다. 그러므로 도는 인간과 떨어질 수 없는 것이다.
○솔(率)-따르다. ○성(性)-성품.

669.
修道之謂敎니라. (수도지위교) (中庸 一章)

도를 닦는 것을 교라 한다.

인간이 가야할 도를 닦는 것이 교 곧 교육이다. 교는 지식이나 식견을 넓히는 것만이 아니라 성품을 도야하는 것을 포함한다.

○수(修)-닦다. ○도(道)-도. 도리. ○교(敎)-가르치다. 교육.

670.
道也者는 不可須臾離也니 可離면 非道也라.
(도야자, 불가수유리야, 가리, 비도야) (中庸 一章)

    도라는 것은 잠시라도 떨어질 수 없는 것이니, 떨어질 수 있다면 도가 아니다.

인성에 따르는 것이 도이므로 도는 잠시라도 인간에게서 떨어져서 존재하는 것이 아니다. 인성으로부터 떨어져 있는 것은 도가 아니다.
○수(須)-잠깐. ○유(臾)-잠깐. ○리(離)-떨어지다.

671.
致中和면 天之位焉하며 萬物이 育焉이니라.
(치중화, 천지위언, 만물, 육언) (中庸 一章)

    중과 화에 이르게 하면 천지가 자리잡히며 만물이 길러지는 것이다.

중화의 도를 실현하면 천지 귀천의 위상이 바르게 되며 만물은 모두 정상으로 발육한다. 중(中)은 한편으로 기울지도 않고, 치우치지도 않으며, 넘치거나 부족함도 없는 상태에 알맞음을 뜻하며, 화(和)는 일이 이루어질 때 조화롭게 잘 어울림을 뜻한다. 중(中)은 원리이고 화(和)는 작용이라 할 수 있다.
○치(致)-이루다. ○중(中)-알맞다. ○화(和)-어울리다. ○위(位)-자리. ○육(育)-기

르다. ○물(物)-물건.

672.
仲尼曰…君子之中庸也는 君子而時中이라
(중니왈…군자지중용야, 군자이시중) (中庸 二章)

군자의 중용은 군자로서 때에 알맞게 한다.

참된 중용이란 그 때와 처지와 환경에 따라서 중용을 취하는 것이다. 높은 것과 낮은 것의 중간을 취하고, 강한 것과 약한 것의 중간을 취하는 것도 중용이다. 그러나 선과 악의 중간을 취하는 것도 중용인가 하면 문제는 어려워진다. 참된 중용은 때에 알맞게 행동하는 것이어야 하는데, 이는 때와 처지와 환경에 따라 행동해야 한다는 뜻이다.
○중(仲)-다음. 가운데. ○니(尼)-여승. ○중니(仲尼)-공자. ○용(庸)-쓰다. 떳떳하다.

673.
子曰, 道之不行也를 我知之矣로다. 知者는 過之하고 愚者는 不及也니라.
(자왈, 도지불행야, 아지지의, 지자, 과지, 우자, 불급야) (中庸 四章)

공자 말하기를 도가 행하여지지 않음을 내가 안다. 지혜로운 자는 지나치고, 어리석은 자는 미치지 못한다.

도가 행하여지지 않는 까닭을 내가 안다. 지혜로운 자도 어리석은 자도 어느 쪽도 중용이 아니다. 지혜로운 자는 지나치게 넘쳐서 하지 않아도 될 일을 하기도 하고, 생각하지 않아도 될 것을 생각한다. 반대로 어리석은 자는 모든 것이 부족하여 미치지 못한다. 한 쪽은 넘치고 한 쪽은 부족하여 과부족이 생기니 어느 쪽도 중용이 되지 못한다.
○과(過)-지나치다. ○우(愚)-어리석다. ○급(及)-미치다.

674.
君子는 和而不流하나니라. (군자, 화이불류) (中庸 十章)

군자는 화하면서도 흐르지 않는다.

군자는 모든 사람과 조화를 이루되 세상의 풍조에 흔들려 흐르지는 않는다.
○화(和)-어울리다. ○류(流)-흐르다.

675.
君子之道는 造端乎夫婦나 及其至也하야는 察乎天地니라.
(군자지도, 조단호부부, 급기지야, 찰호천야) (中庸 十二章)

군자의 도는 부부에서 발단되나 그 지극함에 이르러서는 천지에 드러난다.

군자의 도는 보통의 필부필부에게서 발단되나, 그 도가 지극함에 이른다면 천지 전체에 밝고 널리 퍼지는 위대한 힘을 가지고 있다.
○조(造)-만들다. ○단(端)-단서. ○지(至)-지극하다. ○급(及)-미치다. ○찰(察)-저(著-밝다)와 같은 뜻으로 나타나다.

676.
道不遠人하니 人之爲道而遠人이면 不可以爲道니라.
(도불원인, 인지위도이원인, 불가이위도) (中庸 十三章)

　　　도는 사람에게서 멀지 아니하니, 사람이 도를 하되 사람에게서 멀리 한다면 도가 될 수 없는 것이다.

인간이 도덕을 행하지만 그 행하는 방법이 인정에서 멀다면, 그것은 참된 도가 될 수 없다. 도란 언제나 인간과 함께 있는 것이다.
○원(遠)-멀다. ○위(爲)-되다. 하다.

677.
庸德之行하며 庸言之謹이라. (용덕지행, 용언지근) (中庸 十三章)

　　　용덕을 행하며, 용언을 삼가한다.

언제나 변함이 없는 덕을 행하고 언제나 변함이 없는 중용의 말을 하여야 한다. 자식이 부모를 섬기는 일 같은 것은 당연한 일 곧 용덕지행이다.
○용(庸)-떳떳하다. ○근(謹)-삼가다.

678.
言顧行하며 行顧言이니라. (언고행, 행고언) (中庸 十三章)

　　　말은 행동을 돌아보고, 행동은 말을 돌아보아야 한다.

말할 때는 그 말이 자신의 평소의 행동과 일치하는지를 반성하고, 자신의 행동이 평소에 하는 말과 모순되는 일은 없는지 반성해야 한다.
○고(顧)-돌아보다.

679.
行遠必自邇하니라. (행원필자이) (中庸 十五章)

　　　　멀리 가려면 반드시 가까운 곳에서부터 출발하여야 한다.

멀리 가려고 하면 반드시 가까운 곳에서부터 출발하는 법이다. 이처럼 세상 무슨 일이나 순서가 있다.
○필(必)-반드시. ○자(自)-~으로부터. ○이(邇)-가깝다.

680.
爲政이 在人하니라. (위정, 재인) (中庸 二十章)

　　　　정치의 성패는 사람에게 달려 있다.

정치의 성패는 정치를 행하는 인물 여하에 달려 있다.
○정(政)-정치. ○재(在)-있다.

681.
君臣也와 父子也와 夫婦也와 昆弟也와 朋友之交也五者는 天下之達道也니라. (군신야, 부자야, 부부야, 곤제야, 붕우지교야오자, 천하지달도야) (中庸 二十章)

군신과 부자와 부부와 형제와 친구의 사귐, 다섯 가지는 천하의 달도이다.

군신, 부자, 부부, 장유, 붕우의 소위 오륜은 인류의 보편적인 도리로서 어디에서나 반드시 지켜야 할 도리이다.
ㅇ부(夫)-남편. ㅇ부(婦)-며느리. 아내. ㅇ곤(昆)-형. 언니. ㅇ제(弟)-아우. ㅇ달(達)-사무치다. ㅇ달도(達道)-보편적으로 통하는 도리.

682.
知仁勇三者는 **天下之達德**也니라.
(지인용삼자, 천하지달덕야) (中庸 二十章)

지와 인과 용 이 세 가지는 천하의 달덕이다.

지인용 이 세 가지는 이 세상 어디에서나 널리 통하는 덕으로서 어떠한 경우에라도 인간이 행해야 할 덕이다.
ㅇ지(知)-알다. ㅇ인(仁)-어질다. ㅇ용(勇)-용기. ㅇ달덕(達德)-널리 통하는 덕.

683.
子曰, 好學은 **近乎知**하고 **力行**은 **近乎仁**하고 **知恥**는 **近乎勇**이니라.
(자왈, 호학, 근호지, 역행, 근호인, 지치, 근호용) (中庸 二十章)

배움을 좋아하는 것은 지에 가깝고, 힘써 행하는 것은 인에 가깝고, 수치를 아는 것은 용에 가깝다.

지, 인, 용은 인간의 달덕이다. 학문을 좋아하는 것은 지에 가까우며,

해야 할 일을 힘써 하는 것은 인에 가까우며, 부끄러움을 아는 것은 용에 가깝다. 학문을 좋아하고, 힘써 할 일을 하며 부끄러움을 알면 삼덕을 실천하는 것이 된다.
○호(好)-좋아하다. ○호(乎)-에서. ○력(力)-힘. 힘쓰다. ○치(恥)-부끄럽다.

684.
爲天下國家에 有九經이나 所以行之者는 一也니라.
(위천하국가, 유구경, 소이행지자, 일야) (中庸 二十章)

　　　천하와 국가를 다스리는 데는 구경이 있으나, 그것을 행하게 하는 것은 하나이다.

　천하 국가를 다스리기 위하여는 아홉 개의 상도가 있다. 첫째는 제 몸을 닦는 것이고, 둘째는 현인을 존경하는 것이고, 셋째는 어버이를 섬기는 것이고, 넷째는 대신을 공경하는 것이고, 다섯째는 여러 신하를 체찰 하는 것이고, 여섯째는 서민을 자식처럼 돌보는 것이고, 일곱째는 재주꾼을 오게 하는 것이고, 여덟째는 먼 곳 사람을 부드럽게 대하는 것이고, 아홉째는 제후들을 따르게 만드는 것이다. 이것을 성취하게 하는 것은 오직 하나, 인간의 정성이다.
○유(有)-있다. ○경(經)-법. 근간. 날.

685.
凡事는 豫則立하고 不豫則廢하니라.
(범사, 예즉립, 불예즉폐) (中庸 二十章)

　　　모든 일은 예비되어 있으면 곧 서고, 예비되어 있지 않으면 폐한다.

무슨 일이든지 미리 준비를 잘하면 반드시 성공하고 준비할 것을 잊어버리면 실패한다. 인생을 위하여 미리 준비할 것은 인간의 정성이다.
○범(凡)-무릇. ○예(豫)-미리. 예비하다. ○폐(廢)-버리다.

686.
誠身有道하니 不明乎善이면 不誠乎身矣리라.
(성신유도, 불명호선, 불성호신의) (中庸 二十章)

자신을 정성되게 하는 데는 도가 있으니, 선에 밝지 않으면 자신이 정성되게 되지 못할 것이다.

자신을 정성되게 하는 데는 도가 있으니 선에 밝지 않으면 자신을 정성되게 할 수 없다. 인간이 정성 곧 성(誠)을 체득하려면 선이 무엇인지를 밝혀 알아야 한다.
○성(誠)-정성, ○신(身)-몸. 자신. ○명(明)-밝다.

687.
誠者는 天之道也요 誠之者는 人之道也라.
(성자, 천지도야, 성지자, 인지도야) (中庸 二十章)

정성이라는 것은 하늘의 도이고, 정성되게 하는 것은 사람의 도이다.

하늘은 정성스럽게도 한 치의 그릇됨이 없이 천도를 운행시키고 있다. 봄, 여름, 가을, 겨울이 그리고 밤과 낮이 규칙적으로 번갈아 가고 온다. 정성은 하늘의 도임을 잘 보여주는 현상이라 하겠다. 사람들은 천도에 벗어나는 일을 저지르는 수가 있다. 노력해서 천도를 거스르지 않도록 하는 정성을 몸에 체득하여 스스로 정성되게 하는 것은 사람의 도리인 것이다.
ㅇ성(誠)-정성. ㅇ도(道)-도리.

688.
自誠明을 謂之性이요, 自明誠을 謂之敎니라. 誠則明矣요, 明則誠矣니라. (자성명, 위지성, 자명성, 위지교, 성즉명의, 명즉성의) (中庸 二十一章)

    정성됨으로 말미암아 밝아지는 것을 성이라 말하고, 밝음으로 말미암아 정성되이 되는 것을 교라 말한다. 정성되면 곧 밝아지고, 밝으면 곧 정성되어지는 것이다.

    천리(天理)와 인성(人性)은 동일한 것이므로 천리를 구명하면 인성을 알게 되고, 인성을 구명하면 천리를 알 수 있다. 이에 수양하는 방법도 두 가지로 나누어 볼 수 있다. 하나는 성 곧 양심을 잘 구명하여 그것을 미루어 만물의 이치를 깨닫는 방법이 있는데 이 방법에 통한 사람은 천성의 현인으로 가르침을 기다리지 않는다. 또 하나는 이에 반해서 동식물에 부여된 천리를 하나 하나 밝혀감으로써 성 곧 양심을 확인하려는 방법이 있다. 이것은 가르침을 기다려야 하는 현인 이하의 사람의 방법이다. 어느 방법이거나 극에 이르면 동일한 지선(至善)에 이르게 되는 것이다. 정성됨을 행하게 하는 것은 선을 가려내어 그것을 굳게 지키는 것이므로 지선에 이르면 정성을 행하게 될 것이다.
ㅇ자(自)-스스로. 으로부터. 말미암아. ㅇ명(明)-밝히다.

689.
唯天下至誠이어야 爲能化니라. (유천하지성, 위능화) (中庸 二十三章)

　　　　오직 천하의 지극한 정성됨이라야 화하게 할 수 있는 것이다.

지성은 사람을 움직일 수 있으므로 오직 이 지성을 가진 사람만이 세상에 감화를 줄 수 있는 것이다.
○유(唯)-오직. ○지(至)-지극하다. ○능(能)-능하다. ○화(化)-되다.

690.
至誠은 如神이니라. (지성, 여신) (中庸 二十四章)

　　　　지극한 정성은 신과 같은 것이다.

지극한 정성은 신과 같이 위대한 힘을 발휘할 수 있는 것이다.
○지(至)-지극하다. ○성(誠)-정성. ○여(如)-같다. ○신(神)-신.

691.
誠者는 物之終始이니 不誠이면 無物이라.
(성자, 물지종시, 불성, 무물) (中庸 二十五章)

　　　　정성이라는 것은 만물의 처음이요 끝이니, 정성됨이 아니라면 만물은 없는 것이다.

모든 것은 정성에서부터 시작되고 끝이 나는 것이다. 곧 정성은 모든 것의 근원이므로 정성이 없으면 아무것도 있을 수 없는 것이다.

○종(終)-끝. ○시(始)-시작. ○물(物)-물건.

692.
天地之道는 博也, 厚也, 高也, 明也, 悠也, 久也니라.
(천지지도, 박야, 후야, 고야, 명야, 유야, 구야) (中庸 二十六章)

　　천지의 도는 넓고, 두텁고, 높고, 밝고, 오래고, 영원함이다.

　천지의 도는 넓고, 두텁고(땅을 가리킴), 높고, 밝고(하늘을 가리킴) 그리고 유구히 생명이 있는 것이다. 사람은 이 천명을 받아 태어나는 것이므로 이 천지의 도를 따르지 않으면 안된다. 인생을 위하여서나 사업을 위하여서나 박후, 고명, 유구의 도를 지켜야 한다.
○박(博)-넓다. ○후(厚)-두껍다. ○고(高)-높다. ○명(明)-밝다. ○유(悠)-오래다.
○구(久)-오래다.

693.
君子는 尊德性而道問學이니라.
(군자, 존덕성이도문학) (中庸 二十七章)

　　군자는 덕성을 높이고 묻고 배움의 길을 간다.

　수양하는 방법은 내면으로 성찰하는 방법과 외면에서 배우는 방법이 있다. 자기 자신의 양심 곧 덕성을 높이는 것은 내면으로 성찰하는 것이고, 경험과 학문을 통하여 사물의 이치을 탐구하는 것은 외면에서 묻고 배우는 것이다. 논어에서는 사(思)와 학(學)을 대조시켜 설명하고 있는데 사(思)는 덕성을 높이는 방법이 되고, 학(學)은 듣고 배우는 문학(問學)의 방법이 된다.
ㅇ존(尊)-높이다. ㅇ도(道)-길. ㅇ문(問)-묻다. ㅇ학(學)-배우다.

694.
極高明而道中庸하니라. (극고명이도중용) (中庸 二十七章)

　　높고 밝음을 극하되 중용의 길을 간다.

학문을 함에는 높고 밝음을 극하여야 할 것이나, 그 결과를 행함에 있어서는 평범한 방법을 취해야 한다. 고상한 생각에 평범한 생활이라야 한다.
ㅇ극(極)-지극하다.

695.
詩曰, 旣明且哲하야 以保其身이라.
(시왈, 기명차철, 이보기신) (中庸 二十七章)

　　시에 말하기를 이미 밝고 또 어짐으로써 그 몸을 보전한다.

이미 세상의 도리를 알고 자기의 일에 정통하면 그 몸은 안전하다. 이는 군자가 사회에 처신하는 법을 말하는 것으로 명철보신(明哲保身)이라 한다.
ㅇ기(旣)-이미. ㅇ차(且)-또. ㅇ보(保)-보호하다. ㅇ철(哲)-밝다.

696.
愚而好自用하며 賤而好自專하니라.

(우이호자용, 천이호자전) (中庸 二十八章)

어리석으면 스스로 쓰이기를 좋아하고, 천하면 스스로 전제하기를 좋아한다.

어리석은 자, 곧 지혜가 없는 사람이 자신을 내세워 의견을 강하게 주장하는 경우가 있다. 이는 자신의 분수를 모르는 처신이니 해를 입기 쉽다. 또한 천한 자, 곧 별로 알아 줄만한 지위가 없는 사람이 제멋대로 행동하기를 좋아한다.
○우(愚)-어리석다. ○자(自)-스스로. ○용(用)-쓰다. ○천(賤)-천하다. ○전(專)-전제하다.

697.
君子之道는 闇然而日章하니라.
(군자지도, 암연이일장) (中庸 三十三章)

군자의 도는 어둑어둑하면서도 날로 밝아진다.

군자의 도는 남모르게 행해지고 있으나 결과는 날로 세상에 밝게 알려지는 것이다. 남에게 음덕을 베풀고 있으면 모르는 사이에 세상에 알려지는 것과 같다.
○암(闇)-어둡다. ○일(日)-날. ○장(章)-밝다.

698.
君子는 不動而敬하며 不言而信하니라.
(군자, 부동이경, 불언이신) (中庸 三十三章)

군자는 움직이지 않아도 공경하며, 말하지 않아도 믿음이 있다.

군자는 말도 않고 움직이지도 않지만 자연히 남에게서 존경과 신임을 받게 된다. 그것은 내면 깊숙히 정성을 간직하고 있기 때문이다.
○동(動)-움직이다. ○경(敬)-공경하다.

699.
君子는 篤恭而天下平이니라. (군자, 독공이천하평) (中庸 三十三章)

군자는 독실하고 공경함으로써 천하를 화평하게 한다.

군자는 뜻이 독실하고 태도가 공경스러워서 한 마디 말도 없지만, 사람들을 이끌어 천하를 태평하게 한다.
○독(篤)-두텁다. ○공(恭)-공손하다. ○평(平)-평평하다. 평화롭다.

700.
子曰, 聲色之於以化民엔 末也라.
(자왈, 성색지어이화민. 말야) (中庸 三十三章)

성과 색은 백성을 교화시키는 데는 말단이다.

백성을 감화시키려 할 때 어떤 사람은 말이나 명령을 통하여 하려 하고, 어떤 사람은 위용이나 태도를 가지고 하려 한다. 이렇게 말이나 명령 또는 위용이나 태도 등은 말단일 뿐이다. 어디까지나 근본이 되는 정성을 가지고 감화시켜야 한다.
○성(聲)-호령, 명성. ○색(色)-용의, 여색. ○말(末)-끝. 말단.

六. 색인

1. 천명(天命), 자연(自然)

1) 천명(天命)

176. 삶과 죽음은 운명에 매여 있고, 부하고 귀하게 되는 것은 천명에 매여 있다.
254. 도가 이루어지는 것도 천명이며, 도가 폐하는 것도 천명이다.
303. 천명을 두려워하라.
320. 사람의 천성은 서로 비슷하나, 습성은 서로 멀다.
400. 천명을 알지 못하면 군자가 될 수 없다.
436. 하늘이 지은 재앙은 그래도 피할 수 있으나, 스스로 지은 재앙은 살아날 수 없다
491. 하늘의 뜻에 따르는 자는 생존하고, 하늘의 뜻을 거스르는 자는 멸망한다.
545. 단주가 못났고, 순임금의 아들이 못났다. …그 아들이 잘나고 못난 것은 다 하늘이 시킨 것이지 사람이 할 수 있는 일이 아니다.
546. 하려던 일이 아닌데 그렇게 되는 것은 하늘의 뜻이고, 부르지 않았는데 닥쳐오는 것은 운명이다.
591. 자기 마음을 보존하여 본성을 기르는 것은 하늘을 섬기는 것이다.
592. 명 아닌 것이 없으나 명의 올바른 것을 순리로 받는다.
593. 명을 아는 사람은 담장 밑에 서지 않는다.
594. 만물의 이치는 모두 나에게 갖추어 있다.
667. 하늘이 명한 것을 성이라 한다.
692. 천지의 도는 넓고, 두텁고, 높고, 밝고, 오래고, 영원함이다.

2) 자연(自然)

141. 지나가는 것이 저 물과 같다. 밤이고 낮이고 쉬지 않는다.
405. 왕이 흉년을 허물하지 않으면, 이에 천하의 백성들이 모여들 것이다.

2. 인간(人間)

1) 신체(身體)와 용의(容儀)

105. 편안해 보이고 얼굴 빛이 좋다.
124. 안색을 예절에 바르게 하면 신의를 가까이 할 수 있다.

2) 인정(人情)의 자연(自然)

88. 사람이 사는 길은 곧은 것이다.
89. 아는 것은 좋아하는 것만 못하다.
90. 좋아하는 것은 즐기는 것만 못하다.
93. 지자는 물을 좋아한다.
94. 인자는 산을 좋아한다.
95. 지자는 동적이다.
96. 인자는 정적이다.
97. 지혜로운 자는 즐기고, 인자는 장수한다.
111. 즐거움 역시 그 속에 있다.
129. 죽어야 가는 것을 멈추니, 이 또한 멀지 아니한가.
147. 평범한 사람일지라도 그의 뜻을 빼앗을 수는 없다.
151. 아직 골돌히 생각하지 않는구나. 참으로 그리워한다면 멀다는 생각이 날 이가 없다.

159. 잘났거나 못났거나 자기 자식에 대한 정은 마찬가지다.
163. 삶도 아직 모르는데 어찌 죽음에 대하여 알겠는가.
181. 이를 사랑하면 그가 살기를 바라고, 이를 미워하면 그가 죽기를 바란다. 이것이 미혹이다.
197. 하루 아침의 분을 못이겨 내 몸을 잊고, 그 누를 부모에게까지 끼치는 것이 바로 미혹된 짓이 아니겠는가.
201. 게으르지 말라.
234. 가난하면서도 원망하지 않음은 어려우나, 부하면서 교만하지 않음은 쉽다.
239. 정말로 즐거워할 때가 되어서 웃으므로 남이 그 웃음을 싫어하지 않는다.
272. 군자는 종신토록 이름이 칭송되지 않음을 걱정한다.
356. 사람은 새와 짐승과는 같이 어울려 살지 못한다. 내가 천하의 사람과 더불어 살지 않고 누구와 더불어 살겠느냐.
438. 사람은 누구나 다 차마 남에게 잔인하게 하지 못하는 마음이 있다.
510. 모르는 사이에 발이 경중거리고 손을 들어 춤을 추게 된다.
561. 식과 색은 성이다. 인은 내재적인 것이지 외재적인 것이 아니며, 의는 외재적인 것이지 내재적인 것이 아니다.
562. 성은 선한 것도 없고 선하지 않은 것도 없다.
577. 사람이 고귀하게 여기는 것은 최상의 고귀한 것은 아니다.
610. 굶주린 사람은 달게 먹고, 목마른 사람은 달게 마신다.
652. 사람은 그 자식의 나쁜 점을 알지 못하고, 그 곡식의 싹이 큰 줄은 알지 못한다.
662. 남이 싫어 하는 바를 좋아하며, 남이 좋아하는 바를 싫어하는 것, 이것을 사람의 본성을 어기는 것이라 하는 것이다.

3) 지적(知的) 능력(能力)

306. 태어나면서 아는 사람은 으뜸이다.
307. 배워서 아는 사람은 다음이다.
308. 막히자 애써 배우는 자는 그 다음이다.
309. 막혀도 배우지 않는 사람은 누구나 하치라 한다.
603. 사람이 배우지 않고도 잘하는 것이 양능이고, 생각하지 않고서도 잘아는 것, 그것이 양지이다.

4) 지기(志氣)

265. 지사와 인인은 살기 위하여 인을 해치는 일이 없고, 몸을 죽여 인을 이루는 일이 있다.
345. 하루 종일 배불리 먹기만 하고, 마음을 쓰는 데가 없으면 딱하다.

5) 기호(嗜好)

50. 그림을 그리는 것은 바탕이 먼저이다.
136. 나는 쓰이지 않았으므로 육예에 통하게 되었다.
140. 술에 취하지 않는다.
155. 술을 마실 때 일정한 양은 없으나, 취하지는 않았다.
522. 우왕은 맛있는 술을 싫어하고, 선한 말을 좋아했다.

3. 인격(人格)

1) 성현(聖賢)

305. 성인의 말을 두려워하라.
385. 현명한 사람은 큰 것을 배워서 알고, 현명치 못한 사람은 작은 것

색 인

을 배워서 안다.
456. 안연이 말하기를 순임금은 누구이며 나는 누구인가.
484. 규구는 각과 원을 만드는 표준이고, 성인은 인륜의 표준이다.
511. 이전의 성인과 이후의 성인이 행한 법도는 같다.
533. 어떻게 일반 사람과 다른가. 요임금도 순임금도 일반 사람과 같다.
565. 성인들이 먼저 우리 마음이 옳다고 여기는 것을 알았다는 것 뿐이다.
548. 나는 하늘이 낳은 백성 중에서 먼저 깨달은 자이다.
549. 천하의 중대한 사명을 자임하고 나섬이 이러하다.
550. 백이는 성인으로서 청렴했던 사람이다.
551. 이윤은 성인 중에서 사명을 스스로 짊어진 자이다.
552. 유혜하는 성인 중에서 온화한 자이다.
553. 공자는 성인으로서 때를 알아서 해나간 사람이다.
564. 성인도 나와 동류의 사람이다.

2) 군자(君子)

3. 남이 나를 알아주지 아니 하여도 노여워하지 아니하면, 또한 군자가 아니겠는가.
39. 군자는 자잘한 직능공 노릇을 아니한다.
60. 군자가 인을 떠나서 어찌 이름을 세우겠는가.
87. 형식과 실질이 조화를 이룬 후라야 군자이다.
119. 군자는 평탄하게 마음이 넓고, 소인은 언제나 걱정을 한다.
128. 선비는 마음이 넓고, 굳굳해야 한다. 임무가 무겁고 갈 길이 멀다.
174. 군자는 걱정하지 않고, 두려워하지 않는다.
179. 군자는 실질적인 바탕을 세우면 된다. 문식으로 꾸며서 무엇하겠느냐.

185. 군자는 남의 좋은 점을 도와서 이를 이루게 하고, 남의 사악한 점은 이를 선도하여 이루지 못하게 한다.
204. 군자는 자기가 모르는 일에는 입을 다물어야 한다.
218. 사방에 사자로 나아가 군명을 욕되게 하지 않으면 선비라 할 수 있다.
221. 군자는 화합하되 뇌동하지는 않는다.
223. 군자는 섬기기는 쉬우나, 기쁘게 하기는 어렵다.
225. 군자는 태연하나 교만하지 않다.
228. 선비로서 편한 거처를 그리워하면, 선비가 되기에는 모자라다.
246. 군자는 그 생각하는 바가 그 지위를 벗어나지 않게 한다.
258. 군자는 원래 궁하게 마련이다.
271. 군자는 의로써 바탕을 삼고, 예로써 행하며, 공손하게 말하며, 신의로써 성취한다.
272. 군자는 종신토록 이름이 칭송되지 않음을 걱정한다.
275. 군자는 말만으로 사람을 높이지 않고, 또 사람 때문에 그 말까지 버리는 일은 없다.
285. 군자는 작은 일은 모르지만, 큰 일은 맡을 수 있다.
287. 군자는 굳고 바르지만 맹목적으로 완고하지는 않다.
365. 군자는 어버이를 버려서는 안된다.
378. 군자의 태도는 세 가지로 다르게 나타난다.
383. 군자는 하류에 있기를 싫어한다.
384. 군자의 잘못은 일식이나 월식 같다.
390. 군자는 은혜를 베풀되 낭비하지 않는다.
400. 천명을 알지 못하면 군자가 될 수 없다.
445. 군자에게는 남과 함께 선을 행하는 것보다 더 중대한 일은 없다.

453. 군자는 천하의 재물을 아끼기 위해서 부모의 상을 절약하지 않는다.
517. 대인이란 그의 어린아이 때의 마음을 잃지 않은 사람이다.
521. 명성이 실제보다 지나치는 것을 군자는 부끄러워한다.
530. 군자는 평생의 근심은 있으나, 하루 아침에 겪는 걱정은 없다.
531. 하루 아침에 겪는 걱정 같은 것이라면 군자는 걱정하지 않는다.
539. 군자란 사리에 맞고 실지에 어울리는 방법을 가지고 속일 수는 있어도 사리에 맞지 않는 것을 가지고는 그를 속이기 힘들다.
547. 그 의가 아니고 그 도가 아니면 천하를 녹으로 주어도 돌아보지 않는다.
574. 작은 부분을 기르는 자는 소인이 되고, 큰 부분을 기르는 자는 대인이 된다.
596. 선비는 궁해도 의리를 잊어버리지 않고, 잘되어도 정도에서 벗어나지 않는다.
600. 군자가 지나가는 곳은 교화되고, 머물러 있는 곳은 신 같다.
605. 군자에게는 세 가지 낙이 있는데, 천하의 왕노릇하는 것은 이에 들지 않는다.
606. 부모가 다 생존하고, 형제들에 사고가 없는 것이 제 일락이다.
607. 우러러 하늘에 부끄러움이 없고, 굽어 보아 사람에게 부끄럽지 않는 것이 제이의 낙이다.
608. 천하의 뛰어난 인재를 얻어서 교육하는 것이 제삼의 낙이다.
630. 군자는 상도로 돌아갈 따름이다.
643. 군자는 그 극을 쓰지 않는 바가 없다.
646. 군자는 반드시 그 홀로를 삼가한다.
665. 군자에게는 큰 도가 있으니, 반드시 충성과 믿음으로써 그것을 얻

고, 교만함과 건방짐으로써 그것을 잃게 된다.
675. 군자의 도는 부부에게서 발단되나 그 지극함에 이르러서는 천지에 드러난다.
698. 군자는 움직이지 않아도 공경스러우며, 말하지 않아도 믿음이 있다.
699. 군자는 독실하고 공경함으로써 천하를 화평하게 한다.

3) 선비와 대장부(大丈夫)

128. 선비는 마음이 넓고 굳굳해야 한다. 임무가 무겁고 갈 길이 멀다.
147. 평범한 사람일지라도 그의 뜻을 빼앗을 수는 없다.
228. 선비로서 편한 거처를 그리워하면, 선비가 되기에는 모자라다.
426. 뜻은 기의 총수요, 기는 몸에 가득찬 것이다.
427. 호연지기를 잘 기른다.
455. 그도 장부이고 나도 장부인데 내가 어찌 그를 두려워하겠는가.
471. 천하의 넓은 집에서 살며, 천하의 바른 자리에 서며, 천하의 큰 도를 행한다.
472. 뜻을 얻지 못하면 홀로 그 도를 행한다.
473. 부귀도 그 마음을 유혹하지 못하고, 빈천도 그의 지조를 바꾸지 못하고, 위엄과 무력도 그의 뜻을 꺾지 못하는 것, 이것을 일러 대장부라 한다.
612. 뜻을 고상하게 가진다.

4) 군자(君子)와 소인(小人)

67. 군자는 의를 밝히고, 소인은 이익됨을 밝힌다.
119. 군자는 평탄하게 마음이 넓고, 소인은 언제나 걱정을 한다.

146. 마흔 살, 쉰 살이 되어도 아무것도 들리는 것이 없다면 두려워할 가치가 없다.
190. 군자의 덕은 바람과 같고, 소인의 덕은 풀과 같은 것이라, 풀 위에 바람이 불면 반드시 쏠리어 따르게 된다.
191. 그것은 명성이지 통달이 아니다.
192. 달인은 질박하고 정직하여 정의를 사랑한다.
194. 표면으로는 인도를 택하는 듯하면서도 그의 행동은 딴 판이며, 그런 위선에 살면서도 아무런 의혹도 없다.
242. 군자는 위로 뻗어 진리, 도덕에 통달하고, 소인은 아래로 뻗어 재물이나 이욕에만 통달한다.
259. 소인은 궁해지면 넘나는 짓을 한다.
273. 군자는 자신을 책하고, 소인은 남을 책한다.
321. 상지와 하우는 서로 바꿀 수 없다.
338. 그것을 얻지 못하면 그것을 얻으려 걱정한다.
339. 얻으면 그것을 잃을까 걱정한다.
340. 그것을 잃어버릴까 걱정하게 되면 무슨 짓이든 한다.
352. 유독 여자와 소인은 다루기 어렵다.
353. 가까이 하면 불손해지고, 멀리 하면 원망한다.
377. 소인은 잘못을 저지르면 꾸며 속이려 한다.
575. 자기의 큰 몸을 따라 가면 대인이 되고, 자기의 작은 몸을 따라 가면 소인이 된다.
647. 소인이 홀로 있으면 선하지 못한 짓을 하여 이르지 않는 바가 없다.

5) 여러 유형의 인간

36. 내가 안회와 종일토록 말을 해도 한 마디의 반대도 없어 마치 어

리석은 사람과 같았다.
219. 과격한 자는 진취적이다.
341. 옛날에는 어리석어도 정직하였으나, 오늘날은 어리석은 척하면서 남을 속인다.
345. 하루 종일 배불리 먹기만 하고 마음을 쓰는 데가 없으면 딱하다.
355. 그렇다면 나룻터를 알까.
362. 은거하면서도 큰 소리를 친다.
367. 한 사람에게 만전하기를 바라지 말라.

6) 미움 받는 사람
336. 속인들 틈에서 의리를 지킨다고 칭찬받는 사람은 큰 덕을 해치는 도둑이다.
342. 자주빛이 붉은 빛을 가려 없애는 것을 싫어한다.
343. 입 빠른 자의 말이 나라와 집을 뒤엎어 놓는 것을 미워한다.
347. 남의 잘못을 말하는 것을 미워한다.
348. 용감하되 예의를 모르는 사람을 미워한다.
349. 과감하나 막힌 것을 싫어한다.
350. 엿보고 아는 척하는 사람을 미워한다.
351. 불손한 태도를 용감하다고 생각하는 사람을 미워한다.

4. 인생(人生)

1) 인생(人生)의 목적(目的)
65. 나의 도는 하나로 일관한다.
175. 속으로 반성하여 허물이 없거늘 어찌 두려워하며, 어찌 겁내겠는가.

260. 나는 인 하나로써 일관한다.
638. 그 나라를 다스리려는 자는 먼저 그 집안을 가지런히 하고, 그 집안을 가지런히 하고자 하는 자는 먼저 그 몸을 닦는다.

2) 인생(人生)과 연령(年齡)

28. 나는 열다섯 살에 학문에 뜻을 두었다.
29. 서른 살에 내가 설 위치를 깨달았다.
30. 마흔 살에 자신의 길에 흔들림이 없었다.
31. 쉰 살이 되어 천명을 알았다.
32. 예순에 내가 듣고 싶은 대로 들을 수 있었다.
33. 일흔 살에는 무엇이나 내가 하고 싶은 대로 해도 법도에 어긋나는 일이 없었다.
115. 장차 늙음이 닥치는 것을 알지 못한다.
145. 후배가 두렵다.
146. 마흔 살 쉰 살이 되어도 아무 것도 들리는 것이 없다면 두려워할 가치가 없다.
300. 젊은 때는 혈기가 미정이라서 여색을 경계해야 한다.
301. 장년기가 되면 혈기 바야흐로 굳세지므로 싸움을 경계해야 한다.
302. 노년기가 되면 혈기가 이미 쇠하므로 탐욕을 경계해야 한다.
423. 나는 마흔 살이 되어 마음이 흔들리지 않았다.
538. 남자와 여자가 같이 사는 것은 인간의 중대한 일이다.

3) 인생(人生) 행로(行路)

85. 좁은 지름길을 가지 말라.
148. 날씨가 추워진 후에야 소나무와 전나무가 늦이 시드는 것을 알 수 있다.

278. 작은 것을 못 참으면 큰 일을 흐트러뜨린다.
597. 옛날 사람들은 뜻을 이루면 은택이 백성들에게 가해졌고, 뜻을 이루지 못하면 자신이 덕을 닦아서 세상에 뚜렷이 나타났다.
598. 궁해지면 혼자서 선하게 해나가고, 잘되면 동시에 천하를 선하게 해나간다.
506. 뜻하지 않게 칭찬을 받을 수가 있고, 온전하기를 바라다가 비방을 받을 수도 있다.

5. 가정(家庭)

1) 가족(家族)의 도(道)

18. 예절의 운용에는 화가 귀중하다.
34. 부모로서는 오직 자식의 질병을 걱정하시니라.
35. 언제나 즐거운 낯으로 부모를 섬기기가 어렵다.
70. 부모의 나이를 생각하지 않을 수 없다.
177. 천하에 있는 사람들이 모두 형제이다.
215. 어버이는 자식을 위해 숨기고, 자식은 어버이를 위해 숨긴다.
461. 인륜을 가르치니, 부자간에는 친함이 있고, 군신간에는 의리가 있으며, 부부간에는 다름이 있고, 어른과 아이 간에는 차례가 있고, 붕우간에는 신의가 있다.
470. 순종으로 바른 도리를 삼는 것은 부녀자의 도리이다.
504. 부자간에는 책하지 않으니, 선을 책하면 사이가 벌어지게 되고 사이가 벌어지면 그보다 큰 불상사가 없다.
534. 남편이란 우러러 보고 평생을 같이 할 사람이다.
535. 그 아내와 첩이 부끄러워하지 않고 서로 울지 않는 일이 드물다.

536. 부모에게 사랑을 받지 못하였기 때문에 곤궁한 사람이 갈 곳이 없는 것과 같다.
653. 그 집안을 가르치지 못하면서 남을 가르칠 수 있는 사람은 없다.
655. 자식 기르는 법을 배운 뒤에 시집가는 사람은 없다.
657. 위에서 싫어하는 바를 가지고 아래를 부리지 말라.
675. 군자의 도는 부부에게서 발단되나 그 지극함에 이르러서는 천지에 드러난다.

2) 의식주(衣食住)와 재산(財産)
10. 쏨쏨이를 절약하고 남을 사랑한다.
55. 인에 사는 것이 아름답다.
63. 도에 뜻을 두고 검소한 옷차림이나 검소한 음식을 먹는 것을 부끄러워하는 자는 더불어 이야기할 상대가 되지 못한다.
610. 굶주린 사람은 달게 먹고, 목마른 사람은 달게 마신다.
139. 군자가 거기에 살면 야만인이 있을 수 있겠는가.
613. 거처가 기상을 바꾸고, 봉양하는 것이 몸을 바꾼다.
661. 거슬리어 들어온 재물은 역시 거슬리어 나간다.

3) 제례(祭禮)
51. 제사는 있는 것 같이 한다. 신에게 제사지낼 때는 신이 있는 것처럼 한다.
162. 사람을 섬기지 못하는데 어찌 귀신을 섬길 수 있겠는가.
381. 거상함에는 진심으로 슬픔을 다하면 된다.
382. 사람은 자발적으로 자기의 정성을 다하지 않지만 부모의 친상에는 지성으로 슬퍼함을 볼 수 있다.

457. 친상에는 본래 자신의 마음을 다해야 하는 것이다.

4) 가정생활(家庭生活)의 태도(態度)
80. 늙은이는 이를 편안히 여기고, 친구는 이를 신뢰하고, 젊은이는 이를 정답게 여긴다.
134. 그 지위에 있지 않으면 그 지위의 정사를 논의하지 말라.
196. 나쁜 점을 공격하고 남의 나쁜 점을 공격하지 않는 것이 사악함을 고쳐서 바로잡는 것이 아니겠는가.
268. 자기 책망은 엄하게 하고, 남의 잘못은 가볍게 책망하면, 원망은 멀어진다.
559. 벼슬자리가 낮으면서 말이 고답한 것은 죄이다.
618. 후하게 해야 할 데에서 박하게 하면, 박하게 하지 않을 것이라고는 없을 것이다.
621. 이것을 두고 힘써야 할 일을 모른다 하는 것이다.

6. 교제(交際)와 언어(言語)

1) 교제(交際)의 도(道)
2. 벗이 멀리서 찾아오면 또한 즐겁지 아니하겠는가.
6. 나는 하루에 세 차례 자신을 반성한다. 남을 위하여 일을 꾀함에 있어서 불충함이 없었는가.
7. 벗과 사귐에 미덥지 못한 바는 없었는가.
14. 나보다 못한 자를 벗하지 말라.
24. 남이 알아주지 않음을 걱정하지 말고, 내가 남을 알지 못함을 걱정하라.

37. 그 행동을 보고, 그 이유를 보며, 그 생각하는 바를 보면 사람 됨됨이를 어찌 감출 수 있겠는가.
53. 이미 지난 것을 허물하지 말라.
73. 벗에게도 자주 귀찮게 하면 이에 소원해진다.
78. 사람과 더불어 잘 사귀되, 오래 사귀더라도 이를 존경한다.
81. 자기 자신에게 엄격하고, 남의 행동에는 대범하라.
193. 남의 말을 깊이 살피어 이해하고, 남의 표정이나 감정을 잘 살펴 깊이 생각하여 신중한 태도로 남을 겸손하게 대한다.
198. 충고하여 선도하지만, 듣지 않으면 그만두어라.
199. 글로써 벗과 사귀고, 벗이 됨으로써 서로 인덕을 돕는다.
222. 마을 사람으로서 착한 사람이 좋아하고, 착지 못한 사람이 미워하는 사람만 못하다.
237. 오랜 약속이라도 전날의 자기의 말을 잊지 않고 실천한다면, 역시 인간 완성이라 할 수 있다.
250. 남이 자기를 속이지도 않는데 미리 경계하는 일이나 남이 나를 의심하지 않는가 하여 억측하는 일이 없어야 한다.
251. 원한은 강직함으로 갚고, 덕행에는 은덕으로 갚아라.
274. 무리와 어울리되 편당하지는 않는다.
279. 민중이 싫어하는 것이라도 반드시 살펴볼 것이며, 민중이 좋아하는 것이라도 반드시 살펴보아야 한다.
296. 이익이 되는 세 벗이 있으니, 정직한 사람과 벗하고, 성실한 사람과 벗하고, 박학다식한 사람과 벗하면 이익이 된다.
366. 오랜 친구는 큰 잘못이 없는 한 버리지 않는다.
469. 자기를 굽히는 사람으로서는 아직 남을 곧게 할 수 있는 사람은 나오지 못했다.

516. 남의 좋지 않은 일을 말하면, 그에 따른 후환을 어떻게 할 것인가.
529. 남을 사랑하는 자는 남이 항상 그를 사랑하고, 남을 공경하는 자는 남이 항상 그를 공경한다.
532. 선을 책하는 것은 벗들 사이에 할 도리이지, 부자간에 선을 책하는 것은 은의를 해치는 일 중에도 큰 일이다.
545. 나이 많은 것을 믿어 뽐내지 않고, 존귀한 세도를 믿어 뽐내지 않고, 형제의 힘을 믿어 뽐내지 않는다.
555. 벗 사귀는 것은 그 벗의 덕을 벗으로 사귀는 것이다.
556. 사이에 믿고 뽐내는 것이 있어서는 안된다.
560. 한 고을의 선한 선비라면 한 고을의 선한 선비를 벗으로 삼는다.
648. 열 눈이 보는 바이며, 열 손이 가리키는 바이니 그 얼마나 엄한가.
681. 군신과 부자와 부부와 형제와 친구의 사귐, 다섯 가지는 천하의 달도이다.

2) 언어(言語)

19. 유자 말하기를 신 곧 약속이 의에 맞아야 말을 이행할 수 있다.
21. 일은 민첩히 하고, 말은 조심하라.
44. 많이 들어서 의심이 나는 것은 빼어두고, 조심하여 그 남는 것을 말한다면 허물이 적다.
71. 군자는 말은 더디고 행동은 민첩하기를 바란다.
122. 새가 죽으려 할 때는 그 울음소리가 애처롭고, 사람이 죽으려 할 때는 그 말이 착하다.
125. 말을 예에 맞게 하면, 억지와 천속을 멀리 할 수 있다.
152. 하대부들과 더불어 말할 때는 강직하게 말했다.
153. 상대부들과 말할 때는 부드러우면서 엄숙하게 말했다.

164. 그 사람은 말이 없으나, 말을 한다면 반드시 사리에 적중한다.
166. 북을 울려서 그를 공격해도 좋다.
167. 언론이 독실하다고 편들지만, 그 사람이 과연 군자일까. 외모만 장중하게 꾸미는 사람일지도 모른다.
183. 자로는 승낙한 일을 묵히는 일이 없었다.
209. 말이란 원래 한 마디로 뜻한 것을 다 표현해낼 수 있는 것이 아니다. 그것의 본질에 가까울 뿐이다.
230. 유덕한 사람은 바른 말을 하지만, 바른 말을 하는 사람이라고 반드시 덕이 있는 것은 아니다.
238. 말할 때가 되어서 말하므로 남들이 그 말을 싫어하지 않는다.
247. 군자는 자신의 말이 행동보다 지나치는 것을 부끄러워한다.
249. 나는 한가하지 않다.
263. 더불어 말할 수 있는 사람과 말을 하지 않으면 사람을 잃는다.
264. 더불어 말할 수 없는 사람과 말을 하면 말을 잃는다.
270. 말이 의로움에 미치지 않고, 자잘한 재주 부리기만 좋아하는 사람은 딱하다.
277. 간교한 말은 덕을 어지럽힌다.
290. 말과 글은 뜻이 통달되면 그만이다.
292. 군자는 겉으로 탐내지 않는 척하고 말을 꾸미는 것을 미워한다.
298. 말하기 전에 먼저 입을 여는 것을 조급함이라 한다.
299. 말할 때가 왔음에도 말하지 않는 것을 감추는 것이라 한다.
305. 성인의 말을 두려워하라.
311. 말은 성실하게 하고자 생각해야 한다.
344. 하늘이 무슨 말을 하던가. 사시가 바뀌어 가고 만물이 철에 따라 자라고 시든다

361. 말이 조리에 맞고 행동이 깊은 생각에 맞는다.
368. 군자는 현인을 존중하고 민중을 관대히 받아들인다.
430. 피하려는 말을 들으면, 그 사람이 궁지에 빠져 있음을 알 수 있다.
466. 직접적으로 나가지 않으면 도는 나타나지 않는다.
479. 말로써 양주, 묵적을 막아낼 수 있는 사람은 성인의 무리이다.
522. 우왕은 맛있는 술을 싫어하고, 선한 말을 좋아했다.
507. 사람들이 말을 쉽게 하는 것은 책임감이 없기 때문이다.
660. 말이 거슬리어 나가면, 또 역시 거슬리어 들어온다.
601. 인자한 말은 인자하다는 평판이 사람에게 깊이 파고드는 것만 못하다.
678. 말은 행동을 돌아보고, 행동은 말을 돌아보아야 한다.

7. 도덕(道德)

1) 도(道)

50. 그림을 그리는 것은 바탕이 먼저이다.
62. 아침에 도를 들으면 저녁에 죽어도 좋다.
86. 누구든 출입할 때 문으로 나가지 아니 하겠는가.
280. 사람이 도를 넓히는 것이요, 도가 사람을 넓히는 것이 아니다.
282. 도를 구할 뿐 밥을 구하지 않는다.
284. 군자는 도를 염려하되 가난을 염려하지 않는다.
289. 지켜나아갈 도가 같지 않으면 서로 모의하지 말라.
295. 천하에 도가 있으면, 서민이 논란을 하지 않는다.
316. 은퇴해 있으면서도 자기의 뜻한 바 도를 찾고, 나아가 군신의 의를 행함으로써 도를 달성시킨다.

358. 자기 몸을 깨끗하게 하고자 하여 대륜을 문란하게 할 수는 없다.
359. 도가 행해지고 있지 않음은 이미 알고 있다.
371. 백공의 잔재주에도 반드시 도리가 있고, 볼만한 점이 있다. 원대한 뜻을 이루려면 방해가 될까 두렵다.
376. 모든 직공은 작업장에 있으면서 자기의 일을 이루고, 군자는 학문을 하여 도를 달성한다.
412. 어찌 근본으로 돌아가지 않는가.
449. 도를 얻은 자는 도와주는 사람이 많고, 도를 잃은 자는 도와주는 사람이 적다.
471. 천하의 넓은 집에서 살며, 천하의 바른 자리에 서며, 천하의 큰 도를 행한다.
472. 뜻을 얻지 못하면 홀로 그 도를 행한다.
486. 도는 둘이니 인과 불인 뿐이다.
499. 도는 가까이 있는데 멀리서 찾는다.
566. 밤 사이에 길러지는 기운이 남아 있지 못하게 되면, 짐승과 거리가 멀지 않게 된다.
580. 요순의 도는 효와 제일 따름이다.
581. 도는 큰 길 같으니 어찌 알기 어려우랴. 사람들이 그것을 찾지 않음이 문제일 따름이다.
586. 우왕이 치수한 것은 물이 제 길로 가게 한 것이다.
616. 천하에 바른 도가 행하여지면 도를 가지고 몸을 따라 가고, 천하에 바른 도가 행하여지지 않으면 몸을 가지고 도를 따라간다.
631. 대학의 도는 밝은 덕을 밝히는 데 있으며, 백성을 새롭게 함에 있으며, 지극한 선에 머무름에 있다.
636. 물건에는 근본과 말단이 있고, 일에는 끝과 시작이 있으니, 먼저 하

고 나중 할바를 알면 곧 도에 가깝다.
641. 근본이 어지러운 데도 그 말단이 다스려지는 법은 없다.
666. 하늘이 명한 것을 성이라 하고, 성에 따르는 것을 도라 하고, 도를 닦는 것을 교라 한다.
668. 성에 따르는 것을 도라 한다.
670. 도라는 것은 잠시라도 떠러질 수 없는 것이니, 떠러질 수 있다면 도가 아니다.
673. 공자 말하기를 도의 행하여지지 않음을 내가 안다. 지혜로운 자는 지나치고, 어리석은 자는 미치지 못한다.
676. 도는 사람에게서 멀지 아니하니, 사람이 도를 하되 사람에게서 멀리 한다면 도가 될 수 없는 것이다.
697. 군자의 도는 어둑어둑하면서도 날로 밝아진다.

2) 덕(德)
17. 삼년 동안 부의 도를 고치지 않아야 효자라 할 수 있다.
72. 덕은 외롭지 않다. 반드시 이웃이 있다.
143. 나는 아직 미인을 좋아하는 것처럼 덕을 좋아하는 사람을 보지 못했다.
380. 큰 덕행은 테두리를 넘지 않는다.
422. 덕이 퍼져나가는 것은 역마로 명령을 전달하는 것보다 빠르다.
467. 한 자를 굽혀서 여덟 자를 곧게 한다.
582. 지와 인과 용, 이 세 가지는 천하의 달덕이다.
637. 명덕을 천하에 밝히려면 먼저 그 나라를 다스린다.
649. 부는 집을 윤택하게 하고, 덕은 몸을 윤택하게 한다.
658. 덕이 있으면 이에 사람이 있게 되고, 사람이 있으면 이에 토지가

색 인

있게 되고, 토지가 있게 되면 이에 재물이 있게 되고, 재물이 있으면 이에 쓰임이 있게 된다
659. 덕은 근본이요, 재는 말단이다. 근본을 밖으로 하고 말단을 안으로 하면 백성들은 다투어 약탈을 하게 된다.

3) 성(誠)

501. 성실함은 하늘의 도리이고, 성실해지려고 생각하는 것은 사람의 도리이다.
502. 지성이면서 감동시키지 못하는 일은 없다.
644. 그 뜻을 정성되이 한다는 것은 스스로를 속이지 않는 것이다.
686. 자신을 정성되게 하는 데는 도가 있으니, 선에 밝지 않으면 자신이 정성되게 되지 못할 것이다.
687. 정성이라는 것은 하늘의 도이고, 정성되게 하는 것은 사람의 도이다.
688. 정성됨으로 말미암아 밝아지는 것을 성이라 말하고, 밝음으로 말미암아 정성되이 되는 것을 교라 말한다. 정성되면 곧 밝아지고, 밝으면 곧 정성되어지는 것이다.
689. 오직 천하의 지극한 정성됨이라야 화하게 할 수 있는 것이다.
690. 지극한 정성은 신과 같은 것이다.
691. 정성이라는 것은 만물의 처음이요 끝이니, 정성됨이 아니라면 만물은 없는 것이다

4) 중용(中庸)과 중화(中和)

165. 지나친 것은 부족한 것만 못하다.
387. 반드시 중용의 도를 지켜라.
523. 탕왕은 중용을 지키고 현량한 인재를 벼슬 자리에 서게 하는 데는

그 출처를 따지지 않았다.
609. 중간을 잡고 나아가는데 임기응변하는 일이 없으면 그것은 한 가지를 고집하는 것과 같다.
671. 중과 화에 이르게 하면 천지가 자리 잡히며, 만물이 길러지는 것이다.
672. 군자의 중용은 군자로서 때에 알맞게 한다.
694. 높고 밝음을 극하되 중용의 길을 간다.

5) 효(孝)

12. 부모를 섬기되 능히 그 힘을 다한다.
17. 삼년 동안 부의 도를 고치지 않아야 효자라 할 수 있다.
69. 부모가 생존해 계시면 멀리 가지 말라.
35. 언제나 즐거운 낯으로 부모를 섬기기가 어렵다.
70. 부모의 나이를 생각하지 않을 수 없다.
381. 거상함에는 진심으로 슬픔을 다하면 된다.
382. 사람은 자발적으로 자기의 정성을 다하지 않지만 부모의 친상에는 지성으로 슬퍼함을 볼 수 있다.
457. 친상에는 본래 자신의 마음을 다해야 하는 것이다.
509. 불효에 세 가지가 있으니, 후사가 없는 것이 가장 크다.
537. 큰 효는 죽을 때까지 부모를 사모한다.
580. 요순의 도는 효와 제일 따름이다.

6) 충(忠)

52. 임군이 신하를 부릴 때는 예로써 하고, 신하가 임군을 섬길 때는 충성으로 한다.
66. 선생님의 도는 충서뿐이다.

112. 의롭지 못한 방법으로 부하고 귀하게 되는 것은 나에게는 뜬 구름과 같다.
233. 자기 자신에게 충실하다고 깨우쳐 주지 않을 수 있겠는가.
276. 자기가 하고 싶지 않은 것을 남에게 시키지 말라.
420. 스스로 반성하여 의로우면, 비록 수천만 인의 앞이라도 나는 용감히 가리라.
462. 남에게 선을 가르치는 것을 충이라 이른다.
614. 사랑하면서 공경하지 않는 것은 짐승으로 기르는 것이다.
665. 군자에게는 큰 도가 있으니, 반드시 충성과 믿음으로써 그것을 얻고, 교만함과 건방짐으로써 그것을 잃게 된다.

7) 용(勇)

48. 의로운 것을 보고 실행하지 않음은 용기가 없음이다.
348. 용감하되 예의를 모르는 사람을 미워한다.
349. 과감하나 막힌 것을 싫어한다.
351. 불손한 태도를 용감하다고 생각하는 사람을 미워한다.
468. 지사는 구렁텅이에 던져지는 것을 잊지 않고, 용사는 목이 달아나는 것을 잊지 않는다.

8) 화(和)

18. 예절의 운용에는 화가 귀중하다.
221. 군자는 화합하되 뇌동하지는 않는다.
274. 무리와 어울리되 편당하지는 않는다
411. 은혜를 널리 펴면 족히 사해를 보존할 수 있다.
448. 천시는 지리만 못하고, 지리는 인화만 못하다.

674. 군자는 화하면서도 흐르지 않는다.

9) 인(仁)

5. 고운 말이나 좋은 낯을 꾸미는 자는 어진 마음이 적다.
10. 인의 도를 구하여 인을 얻었다. 무슨 원망이 있겠는가.
56. 어질지 못한 자는 빈궁에 오래 있지 못한다.
57. 인자는 인에 안주하고, 지자는 인을 이용한다.
58. 인자는 사람을 좋아하기도 하고, 미워하기도 한다.
59. 진실로 인에 뜻을 두고 있으면, 악은 생기지 않는다.
60. 군자가 인을 떠나서 어찌 이름을 세우겠는가.
92. 어려운 것을 먼저 하고, 얻는 것은 나중에 하면 어질다 할 수 있다.
101. 가까운 데서 비유를 들어라. 가히 인자의 길이라 할 수 있을 따름이다.
157. 사람이 상하지 않았느냐를 물을 뿐 말에 대해서는 묻지 않았다.
171. 인을 이룩함은 나로부터 비롯함이다. 어찌 남에게 의존하는 것이겠는가.
217. 일을 처리할 때에는 성실과 신중을 기한다.
226. 강직하고, 과감하고, 질박하고, 말이 무거우면 인에 가깝다.
231. 인자는 반드시 용기를 가지고 있으나, 용기 있는 사람이라고 반드시 인자는 아니다.
248. 인자는 근심하지 않고, 지자는 혹하지 않으며, 용자는 두려워하지 않는다.
265. 지사와 인인은 살기 위하여 인을 해치는 일이 없고, 몸을 죽여 인을 이루는 일이 있다.
319. 보배를 지니고 있으면서 나라를 혼미하게 하는 것을 인이라 할 수

있겠는가.
401. 왜 반드시 이만을 말하는가. 인과 의가 있을 따름이다.
406. 어진이는 적이 없다.
409. 웃어른을 위하여 나뭇가지를 꺾는다.
410. 내 집 노인을 공경하여 그 마음이 다른 집 노인에게 미치게 한다.
428. 반드시 의로운 일이 있으면 그만두지 말라.
439. 측은해 하는 마음은 인의 단서이다.
443. 인은 하늘이 준 존귀한 벼슬이고, 사람의 편안한 집이다.
451. 그들이 부를 가지고 하면 나는 인을 가지고 하고, 그들이 벼슬을 가지고 하면 나는 의를 가지고 하리니 내가 어찌 그들만 못하겠는가.
463. 천하를 위하여 인재를 얻는 것을 인이라 이른다.
487. 죽는 것을 싫어하면서 불인을 즐기고 있으니, 이는 마치 취하는 것을 싫어하면서 억지 술을 마시는 것과 같다.
492. 인자에게는 많은 수의 무리도 대적하지 못한다.
498. 인은 사람의 편안한 집이고, 의는 사람이 가야할 바른 길이다.
572. 인은 사람의 마음이고, 의는 사람의 길이다.
578. 인자함이 인자하지 않은 것을 이김은 마치 물이 불을 이기는 것과 같다.
623. 인자한 사람에게는 천하에 그를 대적할 사람이 없다.
627. 인이라는 것은 사람이 행하는 것이다.
663. 어진 사람은 재물로써 몸을 일으키고, 어질지 못한 사람은 몸으로써 재물을 일으킨다.

10) 의(義)
112. 의롭지 못한 방법으로 부하고 귀하게 되는 것은 나에게는 뜬 구름

과 같다
235. 이로운 것을 보면 의로움을 생각하라.
236. 위태로운 것을 보면 목숨을 주어라.
240. 의로움을 확인한 후에 재물을 취하므로 남이 그 재물 취하는 것을 싫어하지 않는다.
314. 이득이 되는 것을 보면 그것이 의로운 것인가를 생각하라.
346. 소인은 용감하기는 하되 정의감이 없으면 도둑이 된다.
440. 부끄러워하는 마음은 의의 단서이다.
570. 물고기는 내가 원하는 것이다. 웅장 역시 내가 원하는 것이다. 두 가지를 동시에 얻을 수 없으면 물고기를 포기하고 웅장을 취하는 것이다.
571. 원하는 바가 사는 것보다 더한 바가 있기 때문에 구차하게 얻는 짓을 하지 않는 것이다.
595. 사람은 부끄러워하는 마음이 없어서는 안된다. 부끄러워하는 마음이 없는 것을 부끄러워하면 부끄러워할 일이 없어진다.

11) 예(禮)

20. 공손함이 예에 맞아야 치욕을 멀리 할 수 있다.
49. 예는 그 사치스러움보다 오히려 검소함이다.
98. 넓게 학문을 배우고, 이를 실행함은 예로써 한다.
120. 공손하나 예를 갖추지 않으면 수고롭다.
121. 용감하나 예를 갖추지 않으면 난폭해진다.
123. 몸을 예절에 맞게 움직이면 난폭함을 멀리 할 것이다.
138. 문으로써 나의 식견을 넓히고, 예로써 나의 식견을 요약하게 했다.
170. 자기를 이기고 예로 돌아가는 것이 인이다.

172. 예가 아니면 보지 말고, 듣지 말며, 말하지 말고, 행동하지 말라.
335. 예라는 것이 구슬이나 비단만을 말하겠는가.
441. 사양하는 마음은 예의 단서이다.

12) 지(知)

149. 지자는 혹하지 않고, 인자는 걱정하지 않으며, 용자는 두려워하지 않는다.
350. 엿보고 아는 척하는 사람을 미워한다.
442. 시비를 가리는 마음은 지의 단서이다.
528. 지혜로움을 미워하는 바는 지혜로 천착하기 때문이다.
682. 지와 인과 용, 이 세 가지는 천하의 달덕이다.
683. 배움을 좋아하는 것은 지에 가깝고, 힘써 행하는 것은 인에 가깝고, 수치를 아는 것은 용에 가깝다.

13) 신(信)

7. 벗과 사귐에 미덥지 못한 바는 없었는가
47. 사람이 믿음이 없으면, 그 좋은 점을 알 수 없다.
178. 백성들이 믿지 않으면 국가가 존립할 수 없다.
325. 신의가 있으면 남이 일을 맡긴다.
587. 군자가 신용이 없으면 어디를 지지하겠는가.

8. 학문(學問)과 교육(敎育)

1) 학문(學問)의 의의(意義)와 목적(目的)

1. 배우고 때로 익히면 또한 기쁘지 아니하겠는가.

169. 백성도 있고, 사직도 있다. 어찌 반드시 책만을 읽어야 배운다고 하겠는가.
243. 옛날의 학자는 자기 수양을 위하고, 오늘의 학자는 남에게 보이기 위하여 공부한다.
632. 밝은 덕을 밝힌다.
633. 백성을 새롭게 한다.
634. 최고의 선에 머무른다.

2) 학문(學問)의 방법(方法)
4. 군자는 근본을 세우기에 힘쓴다. 근본이 서면 나아갈 길이 생긴다.
8. 익히지 않은 것을 전하지는 않았는가.
11. 행하고 여력이 있으면, 그것으로써 문을 배운다.
38. 묵은 것을 익혀서 새 것을 안다.
40. 배우지만 생각하지 않으면 확실한 것이 되지 못한다.
41. 생각만 하고 배우지 않으면 위태롭다.
42. 이단을 전공하는 것은 해로울 뿐이다.
43. 아는 것을 안다 하고, 모르는 것을 모른다 하는 것이 아는 것이다.
54. 선생을 목탁으로 삼는다.
76. 아래 사람에게 묻는 것을 부끄러워하지 않는다.
102. 말하지만 짓지 않고, 믿어서 옛것을 좋아한다.
103. 잠자코 이를 이해한다.
104. 배우기를 싫어하지 않고, 사람에게 가르치는 데 게을리하지 않는다.
116. 옛 것을 좋아하여 민첩하게 이를 구한 사람이다.
117. 세 사람이 행동하면 반드시 나의 스승이 있다.
126. 유능하면서도 무능한 사람에게도 물어라.

135. 학문은 뒤좇지 못하는 듯이 서둘러 하라. 그래도 오히려 놓칠까 두렵다.
312. 의심이 날 때는 물어서 밝히고자 생각해야 한다.
334. 담장을 마주 보고 서 있어서 더 나아가지 못함과 같다.
518. 좌우에서 취하여도 그 근원에 접하게 된다.
519. 널리 배워서 상세하게 풀어 나가는 것은 그것을 바탕으로 하여 되돌아가서 요점을 풀려는 것이다.
542. 시를 해설하는 사람은 글자로 말을 해치지는 않고, 말로 뜻을 해치지는 않는다. 마음으로 시의 뜻을 받아들인다면 그것이 바로하는 것이다.
573. 학문하는 길은 다른 것이 없다. 자기가 드러내놓은 마음을 찾는 것일 따름이다.
579. 대목이 남을 가르치는 데는 반드시 규구를 가지고 가르친다. 배우는 사람 역시 규구를 가지고 배워야 한다.
639. 앎에 이르게 됨은 사물을 구명함에 있다.
679. 멀리 가려면 반드시 가까운 곳에서부터 출발하여야 한다.

3) 학문(學問)의 효과(效果)

13. 배우면 완고해지지 않는다.
131. 삼년 학문을 하고 벼슬에 뜻을 두지 않는 사람은 쉽지 않다.
206. 비록 많은들 무슨 소용이 있겠는가.
283. 배우면 저절로 녹을 얻을 수 있다.
328. 인을 좋아하나 배우기를 싫어하면, 그 폐단은 어리석고 맹목적이 되는 것이다.
329. 알기를 좋아하나 배우기를 좋아하지 않으면 그 폐는 허황되고 방

탕하다.
330. 신의를 좋아하되 배우기를 좋아하지 않으면, 미신이나 경솔에 빠져 남을 해치게 된다.
331. 정직함을 좋아하되 배우기를 좋아하지 않으면, 그 폐는 각박하고 절박하다.
332. 용기를 좋아하되 배우기를 좋아하지 않으면, 그 폐는 난동에 흐르기 쉽다.
333. 강직함을 좋아하되 배우기를 좋아하지 않으면, 그 폐는 광적이 되기 쉽다.
372. 날마다 모르던 바를 안다.
373. 달마다 잘하는 바를 잊어버리지 않는다.
374. 널리 배워 뜻을 두텁게 한다.

4) 교육(敎育)의 의의(意義)

144. 싹이 나고도 이삭이 나지 않는 것도 있고, 이삭이 나고도 열매가 맺지 않는 것도 있는구나.
288. 가르치되 분류하지는 말라.
567. 길러주는 힘을 얻으면 자라지 않는 것이 없다.
585. 백성을 가르치지 않고 전투에 동원해 쓰는 것은, 백성을 재앙에 빠뜨리는 것이다.
669. 도를 닦는 것을 교라 한다.

5) 교육(敎育)의 방법(方法)

74. 썩은 나무로는 조각을 할 수 없다.
75. 자로는 교훈을 들으면 실행하기 전에 다시 듣는 것을 두려워했다.

91. 중 이하인 자에게는 상을 말할 수 없다.
107. 분발하지 않으면 깨우침이 없다.
113. 분함을 발하여 먹기를 잊는다.
232. 사랑한다고 일을 시키지 않을 수 있겠는가.
233. 자기 자신에게 충실하다고 깨우쳐주지 않을 수 있겠는가.
253. 밑으로 배워 위로 통달한다.
266. 직공이 일을 잘 하려면 반드시 먼저 연장을 예리하게 간다.
269. 어찌 하나, 어찌 하나 말하지 않는 사람은 나도 어찌 할 수가 없다.
375. 절실하게 묻되 가까운 것을 생각하면, 그런 가운데 인은 저절로 나온다.
480. 이루의 밝은 눈과 공수자의 교묘한 기술로도 규구를 쓰지 않으면, 모난 것과 둥근 것을 만들지 못한다.
503. 옛날에는 아들을 바꾸어 가르쳤다.
514. 조화된 인격을 갖춘 사람은 조화된 인격을 갖추지 못한 사람을 길러주고, 재능이 있는 사람은 재능없는 사람을 길러준다. 그러므로 사람들은 현명한 부형이 있음을 즐거워한다.
569. 하루 동안 볕을 쬐고, 열흘 동안 차게 하면 살아날 물건이 없다.
590. 가르치는 데에도 역시 방법이 많다. 내가 탐탁히 여기지 않아서 가르쳐 주지 않는다면, 그것 역시 가르쳐주는 것일 따름이다.
615. 군자는 가르치는 방법이 다섯 가지 있다. 제 때에 내리는 비가 초목에 변화를 가져 오는 듯하는 것이 있고, 덕을 이루게 하는 것이 있고, 재능을 발전시켜주는 것이 있고, 물음에 대답해주는 것이 있고, 혼자서 덕을 잘 닦아 나가도록 하는 것이 있다.
624. 목공과 수레 만드는 장인은 남에게 규구는 줄 수 있어도, 남에게 기술이 좋아지게 만들지는 못한다.

629. 가는 사람은 붙잡지 않고 오는 사람은 거절하지 않는다.

6) 육예(六藝)

27. 시 삼백 편을 한 마디로 말하면, 사특함이 없다.
136. 나는 쓰이지 않았으므로 육예에 통하게 되었다.
158. 선배들의 예악은 야인과 같다.
317. 시를 배우지 못하면 남과 더불어 말할 수 없다.
476. 나를 알고자 하는 사람도 이 춘추를 볼 것이고, 나를 책하고자 하는 사람도 이 춘추를 볼 것이다.
478. 공자가 춘추를 완성시켜서 난신적자들이 두려워하게 되었다.

7) 사제(師弟)의 도(道)

16. 선생님은 부드럽고, 어질며, 조심성 깊고, 검소하며, 겸손하여 이것을 얻었다.
36. 내가 안회와 종일토록 말을 해도 한 마디의 반대도 없어 마치 어리석은 사람과 같았다.
137. 우러러 볼수록 점점 높아지고, 뚫고 들어갈수록 점점 단단하기만 하다.
160. 하늘이 나를 망치는구나.
161. 안회는 나를 마치 친아버지처럼 생각했다.
205. 나는 늙은 농부만 못하다.
286. 인을 행함에 있어서는 스승에게도 양보하지 않는다.
357. 사지를 움직여 일도 하지 않고, 오곡도 분간하지 못하는데 누구를 가리켜 선생이라 하는가.
386. 비록 남들이 자기 스스로 선생님의 가르침을 끊는다 하더라도, 해

나 달 같은 선생님에게 무슨 흠이 있겠는가.
508. 사람의 병통은 남의 스승이 되기를 좋아하는 데 있다.
582. 돌아가서 도를 구하면, 남아 돌아가는 스승이 생길 것이다.

9. 수양(修養)과 처세(處世)

1) 수양(修養)
15. 잘못을 저지르면 고치기를 꺼려하지 말라.
22. 가난해도 즐겁다.
23. 가난하면서도 즐거워하고, 부자이지만 예를 좋아하는 자만 못하다.
41. 생각만 하고 배우지 않으면 위태롭다.
64. 지위가 없음을 걱정하지 말고, 설 수 있는 능력이 없음을 걱정한다.
68. 훌륭한 일을 보았을 때는 나도 함께 할 것을 생각한다.
77. 몸소 행함에 공손하고, 웃어른을 모시는 데 공경스럽다.
79. 잘한 일을 자랑하지 말고, 수고로움을 남에게 옮기지 말라.
82. 즐거움을 고치지 않는다.
83. 노한 마음을 남에게 옮기지 않고, 잘못을 다시 저지르지 않는다.
84. 공자 말하기를 힘이 모자란 자는 중도에서 그만둔다. 이제 너는 그만두느냐.
99. 자기가 서고자 하면 남을 세워야 한다.
111. 즐거움 역시 그 속에 있다
114. 즐거움으로써 걱정을 잊는다.
118. 잘하는 것은 택하여 이를 따르고, 잘못하는 것은 이를 고친다.
124. 안색을 예절에 바르게 하면 신의를 가까이 할 수 있을 것이다.
127. 있어도 없는 척하고, 실해도 허한 듯하고, 욕을 당해도 다투지 말라.

175. 속으로 반성하여 허물이 없거늘 어찌 두려워하며 어찌 겁내겠는가.
195. 일을 먼저 하고 얻는 것을 뒤에 하면, 그것이 덕을 높이는 것이 아니겠는가.
197. 하루 아침의 분을 못이겨 내 몸을 잊고, 그 누를 부모에게까지 끼치는 것이 바로 미혹된 짓이 아니겠는가.
244. 선생님은 자기의 잘못을 적게 하고자 애쓰나, 잘 되지 않는 듯하다.
252. 하늘을 원망하지 말며, 사람도 탓하지 말라.
256. 자기 수양을 하고 경건해야 한다.
257. 자기 수양을 하고 남을 편하게 해주어야 한다.
267. 사람은 멀리 생각하지 않으면, 반드시 가까운 근심이 있다.
268. 자기 책망은 엄하게 하고, 남의 잘못은 가볍게 책망하면 원망은 멀어진다.
281. 잘못하고도 고치지 않는 것이 바로 잘못이다.
297. 좋아하는 일 중에 이익이 되는 세 가지가 있으니, 예악의 절도를 맞추기를 좋아하거나, 남의 착한 일을 말하기를 좋아하거나, 현명한 벗을 많이 가지기를 좋아하거나 하면 이익이 된다.
304. 높은 어른을 두려워하라.
310. 안색은 온화하게 하고자 생각한다.
313. 분이 날 때는, 잘못하여 화가 미칠 것을 생각해야 한다.
315. 좋지 못한 일을 보면 끓은 물에 손이 담긴 듯 속히 뽑아낸다.
318. 예를 배우지 못하면 나설 수 없다.
337. 길가에서 듣고 그것을 길가에서 말하는 것은 덕을 버리는 것이다.
360. 자기의 뜻을 굽히지 않고, 자기의 몸을 욕되게 하지 않는다.
363. 세상을 버리는 품이 적절하다.
364. 나는 이와 생각이 다르다. 반드시 해야 한다거나, 하면 안된다고 고

집하지 않는다.
370. 내가 어질지 못하면 남이 나를 거절할 것이니 어찌 남을 거절할 수 있겠는가.
391. 일을 시켜도 원망하지 않는다.
444. 남에게서 취하여 선을 행하기를 즐거워한다.
447. 버림을 받아도 원망하지 않는다.
488. 남을 사랑하되 친해지지 않으면, 자신이 인자한지를 반성해보고, 남을 다스리되 다스려지지 않으면 자신이 지혜가 있는지를 반성해 보고, 남을 예우하되 답례가 없으면 자신이 공경함이 어떤지를 반성해 보아야 한다.
489. 행해도 얻어지지 않으면 모두 자신을 반성해야 한다.
495. 어떤 아이가 있어 노래하기를, 창랑의 물이 맑으면 내 갓끈을 씻고, 창랑의 물이 흐리면 내 발을 씻을 것이라 했다.
505. 자기의 몸을 불의에 빠뜨리고서 능히 부모를 섬길 수 있었다는 말을 나는 듣지 못하였다.
622. 서경을 그대로 다 믿는다면 서경이 없느니만 못하다.
638. 그 나라를 다스리려는 자는 먼저 그 집안을 가지런히 하고, 그 집안을 가지런히 하고자 하는 자는 먼저 그 몸을 닦는다.
640. 천자로부터 평민에 이르기까지 한결같이 수신함으로 근본을 삼는다.
642. 진실로 날로 새루워지면 나날이 새로워지고 또 날로 새롭게 하라.
648. 열 눈이 보는 바이며, 열 손이 가리키는 바이니 그 얼마나 엄한가.
650. 마음이 없으면 보아도 보이지 않으며, 들어도 들리지 않으며, 먹어도 그 맛을 알지 못한다.
651. 좋아하되 그 나쁜 점을 알아보며, 미워하되 그 좋은 점을 알아보는

사람은 드물다.
677. 용덕을 행하며, 용언을 삼가한다.
693. 군자는 덕성을 높이고, 묻고 배움의 길을 간다.

2) 처세(處世)
 61. 과오를 보고 이에서 인을 안다.
 82. 즐거움을 고치지 않는다.
100. 자기가 출세하고자 하면 남을 출세시켜야 한다.
106. 도에 뜻을 세우고, 덕을 지키며, 인을 의지하며, 예에 노닌다.
108. 쓰인다면 힘을 다하여 실행하고, 버림을 당하면 잠잠히 숨는다.
132. 도가 있으면 나타나고, 도가 없으면 숨는다.
142. 한 삼태기가 모자라 이루어지지 않은 것을 그침은 나의 그침이다.
150. 같은 입장에 설 수는 있어도, 똑같이 임기응변할 수는 없다.
154. 문 중앙에 서지 않는다.
156. 자리가 바르지 않으면 앉지 않았다.
168. 들은 대로 행하라.
184. 자리에 있으면 게을리 하지 말고, 일을 행함에는 충실하라.
213. 급히 서두르면 달성하지 못한다.
214. 작은 이득을 보려고 하면 큰 일을 이루지 못한다.
216. 집에 안주하고 있을 때도 공손한 태도로 지낸다.
220. 사람이 사람으로서 항심이 없으면, 무당이나 의사 노릇도 못한다.
234. 가난하면서 원망하지 않음은 어려우나, 부하면서 교만하지 않음은 쉽다.
239. 정말로 즐거워할 때가 되어서 웃으므로 남이 그 웃음을 싫어하지 않는다

241. 속이지 말고 면전에서 간하라.
261. 몸가짐을 공손히 하고, 남면하여 바르게 앉았다.
310. 안색은 온화하게 하고자 생각해야 한다.
313. 분이 날 때는 잘못하여 화가 미칠 것을 생각해야 한다.
314. 이득이 되는 것을 보면 그것이 의로운 것인가를 생각한다.
322. 닭을 자르는 데 어찌 소 잡는 칼을 쓰겠는가.
323. 공손하면 욕보지 않는다.
324. 너그러우면 무리를 얻는다.
326. 민활하면 일을 성취시킬 수 있다.
327. 은혜를 베풀면 남을 부릴 수 있다.
354. 지나간 사람은 간할 수 없고, 오는 자는 좇을 수 있다.
369. 우수한 사람을 칭찬하고, 재주 없는 사람도 동정한다.
392. 바라기는 하되 탐욕하지는 않는다.
393. 태연하되 교만하지 않는다.
394. 위엄은 있으되 사납지 않다.
399. 남에게 주어야 할 물건을 인색하게 하는 태도를 창고지기 같다고 한다.
418. 너에게서 나간 것이 너에게로 돌아온다.
421. 비록 지혜가 있어도 시세를 잘 타는 것만 못하다.
429. 마음에서 잊지 말고, 조장하지 말라.
448. 천시는 지리만 못하고, 지리는 인화만 못하다.
450. 도와주는 사람이 적은 경우에는 친척도 배반하고, 도와주는 사람이 많은 경우에는 천하가 다 순종한다.
454. 그 때도 한 때요, 이 때도 한 때라.
465. 깊은 골짜기에서 나와 높은 나무로 옮아 간다.

474. 정도가 아니면 한 대그릇의 밥도 남한테서 받아서는 안된다.
482. 높게 하려면 반드시 언덕을 따라 하고, 낮게 하려면 반드시 개울이나 못을 따라서 한다.
494. 어느 누가 뜨거운 것을 잡고도 물에 담그지 않을 수 있겠는가.
497. 스스로 자기를 해치는 사람과는 더불어 말을 하지 말고, 스스로 자기를 버리는 사람과는 함께 일할 것이 아니다.
500. 일은 쉬운 데 있는데 어려운 데서 구한다.
515. 사람은 하지 않은 것이 있은 후에야 하는 것이 있게 될 것이다.
525. 받을 만도 하고 받지 않을 만도 한 데, 받으면 청렴을 해친다.
526. 줄만도 하고 주지 않을 만도 한 데, 주면 은혜를 해친다.
527. 서자라도 불결한 것을 머리에 쓰면 사람들은 모두 코를 가리고 지나갈 것이다.
557. 공자는 정도를 행할 만하다고 보고 벼슬을 하고, 예로써 접하는 것이 받아들일 만하여서 벼슬을 하고, 현자를 길러 주어서 벼슬을 했다.
558. 벼슬하는 것은 빈곤을 극복하기 위하여 하는 것은 아니다. 때로는 빈곤을 극복하기 위하여 하기도 한다.
563. 구하면 얻고, 버려두면 잃어버린다.
568. 잡으면 남아 있고, 버리면 없어진다.
576. 자기의 천작을 닦으면 인작이 그에 따라 온다.
617. 그만 두어서는 안될 데서 그만 두어버리는 사람은, 그만 두지 않을 것이라고는 없을 것이다.
619. 앞으로 나아감이 예리한 사람은 뒤로 물러남이 빠르다.
620. 지혜로운 사람에게는 알지 못할 것이 없겠으나, 힘써야 할 것을 급히 여겨야 할 것이다.

625. 사람을 부리는 데 도리에 맞지 않게 하면, 처자도 움직이지 못한다.
635. 머무름을 안 뒤에야 정함이 있다.
645. 나쁜 냄새를 싫어함과 같으며 좋은 색을 좋아함과 같은 것을 스스로 기꺼워함이라 한다.
654. 마음으로 정성되이 구하면 비록 들어맞지는 않으나 멀지는 않을 것이다.
656. 자기에게 그것이 있은 뒤에 남에게 그것을 구한다.
664. 선으로써 보배를 삼는다.
685. 모든 일은 예비되어 있으면 곧 서고, 예비되어 있지 않으면 폐한다.
695. 이미 밝고 어짐으로써 그 몸을 보전한다.
696. 어리석으면 스스로 쓰이기를 좋아하고, 천하면 스스로 전제하기를 좋아한다.
700. 성과 색은 백성을 교화시키는 데는 말단이다.

10. 정치(政治)

1) 정치(政治)의 본질(本質)

25. 정치는 덕으로써 한다. 비유하면 북극성이 그 곳에 있어서 많은 별들이 그에 향함과 같다.
26. 백성은 법에서 벗어나면 수치를 모른다.
130. 백성들은 따르게 할 것이지 알게 할 것이 아니다.
133. 바른 도가 서지 않는 나라에서 부하고 귀하게 되는 것은 수치이다.
186. 정치는 바로잡는 것이다.
189. 정치를 한다면서 어찌 살인을 하려고 하는가.
212. 가까운 곳 사람이 기뻐하며, 먼 곳 사람이 찾아 온다.

402. 위와 아래가 서로 이만을 취하면, 나라가 위태로워질 것이다.
403. 산 사람을 부양하고, 죽은 사람을 장사지내는 데 유감없게 하는 것이 왕도의 시작이다.
404. 반백 노인이 길에서 지거나 이고 다니지 않게 될 것이다.
417. 오랜 나라란 교목이 있는 것을 두고 하는 말이 아니라, 세신이 있는 것을 두고 하는 말이다.
431. 한 가지라도 의롭지 못한 일을 행하고, 한 사람이라도 죄 없는 사람을 죽여서 천하를 얻는 일은 다들 하지 않았다.
432. 힘으로써 인을 가장하는 것은 패도이다.
433. 덕으로써 인을 행하는 자는 왕도이다.
434. 힘으로 남을 복종하게 하는 것은 상대가 마음으로 복종하는 것이 아니라 힘이 모자라서이다.
437. 천하에 적이 없는 자는 하늘의 사자이다.
459. 인륜이 위에서 밝아지면 백성들은 아래에서 친해진다.
477. 생각이 마음에 작용하면 일을 그르치고, 그것이 일에 작용하면 정치를 그르친다.
483. 윗사람이 정도로 사물을 헤아리지 않고, 아랫사람이 법을 지키지 않는다. 그러고서도 나라가 존속되는 것은 요행이다.
496. 천하를 얻는 데 방법이 있으니, 그 백성을 얻으면 천하를 얻게 된다.
524. 문왕은 백성을 다친 사람 보듯이 하였다.
543. 천자가 천하를 남에게 주지는 못한다. …하늘이 준 것이다.
544. 하늘이 보는 것은 우리 백성들을 통해서 보고, 하늘이 듣는 것은 우리 백성을 통해서 듣는다.
584. 오패는 삼왕의 죄인이다.

588. 선을 좋아한다면 온 천하에 뛰어나게 되는데, 하물며 노나라에서랴.
589. 들면 법도 있는 세가와 보필하는 선비가 없고, 나면 적국과 외환이 없다. 그런 나라는 언제나 멸망한다.
604. 하늘의 백성이라는 것이 있는데, 자기가 도달한 지위가 천하에 자기의 소신을 행할 수 있게 된 후에 그것을 행하는 자이다.
611. 오래 동안 빌리고서 돌려보내지 않으면, 자기 소유가 아니라는 것을 어찌 알겠는가.
628. 제후의 보배는 세 가지이다. 토지와 인민과 정사이다. 주옥을 보배로 여기는 자에게는 앙화가 반드시 미치게 될 것이다.
684. 천하와 국가를 다스리는 데는 구경이 있으나, 그것을 행하게 하는 것은 하나이다.

2) 정치(政治)의 요령(要領)과 위정자(爲政者)의 자세

9. 제후의 나라를 다스림에는 일을 삼가하여 조심스럽게 처리하고, 믿음이 있어야 한다.
45. 곧은 사람을 써서 여러 곧지 못한 사람들 위에 두면, 백성은 복종한다.
46. 좋은 점을 들어서 잘못하는 점을 가르치면 부지런해진다.
52. 임군이 신하를 부릴 때는 예로써 하고, 신하가 임군을 섬길 때는 충성으로 한다.
109. 선생님이 신중히 여기는 바는 제사와 전쟁과 질병이다.
173. 백성을 부릴 때는 큰 제사 모시듯 신중히 하라.
178. 백성들이 믿지 않으면 국가가 존립할 수 없다.
180. 백성이 풍족하면 누구와 더불어 임금이 부족하겠는가. 백성이 부족하면 누구와 더불어 임금이 풍족하겠는가.

182. 임금은 임금다워야 하고, 신하는 신하다워야 하고, 아비는 아비다워야 하고, 자식은 자식다워야 한다.
187. 선생이 바르게 나아간다면, 누가 감히 부정을 하겠습니까.
188. 우선 당신이 욕심을 내지 않으면 비록 상을 준다 해도 도둑질을 아니할 것이다.
200. 앞서서 일하고 위로하라.
202. 네가 아는 현명한 재사를 먼저 등용하라. 그러면 네가 모르는 인재는 남들이 그대로 두겠는가.
203. 반드시 명분을 바로잡는다.
207. 그 몸가짐이 바르면 명령이 없어도 잘 이루어진다.
211. 임금이 되기 어렵고, 신하 되기 쉽지 않다.
255. 윗사람이 예를 좋아하면, 백성을 부리기 쉽다.
208. 자기 몸가짐을 바르게 하지 못하면 어찌 남을 바르게 다스릴 수가 있겠는가.
224. 사람을 부림에 그 사람이 모든 것을 갖추기를 바란다.
227. 나라에 도가 서 있어서 관록을 먹는 것은 좋으나, 나라에 도가 서지 않은 나라에서 관록을 먹는 것은 수치이다.
229. 나라에 도가 없으면 행동은 고답해도 말은 공손해야 한다.
245. 그 지위에 있지 않으면, 그 정사를 논하지 말라.
262. 말을 충성과 신의롭게 하고, 행동을 돈후하고 공경스럽게 하면, 비록 오랑캐 나라에서도 통할 것이다.
291. 위태로워도 붙잡지 못하고, 엎어져도 일으키지 못한다면 그런 신하를 어디에 쓰겠는가.
293. 적은 것을 걱정하지 않고, 고르지 못함을 걱정한다.
294. 가난함을 걱정하지 않고, 불안함을 걱정한다.

379. 신임을 받은 다음에 백성을 부려야 한다.
388. 백성이 잘못한 책임은 나에게 있다.
389. 공평하면 누구나 기뻐한다.
395. 미리 훈계하지 않고 잘못된 결과만을 따지는 것은 포악함이다.
396. 법을 엉성하게 하고서 실천의 기한만을 조이는 것은 적이라 한다.
397. 사해의 백성이 곤궁하면 하늘이 내리는 녹도 영원히 끊어지리라.
398. 숨은 인재를 등용하니 천하의 민심이 돌아왔다.
405. 왕이 흉년을 허물하지 않으면, 이에 천하의 백성들이 모여들 것이다.
407. 사람 죽이기를 좋아하지 않는 자가 통일할 것이다.
408. 하지 않는 것이지 못하는 것이 아니다.
411. 은혜를 널리 펴면 족히 사해를 보존할 수 있다.
413. 일정한 산업이 없으면, 그로 인하여 꾸준한 마음을 가질 수 없다.
414. 백성과 함께 즐긴다.
415. 왕이 백성의 즐거움을 즐거워하면, 백성도 왕의 즐거움을 즐거워한다.
416. 선왕은 유련하는 향락과 황망한 행동은 없었다.
419. 군자는 사람을 기르는 땅 때문에 사람을 해치지 않는다
424. 적을 헤아려 본 뒤에 나아간다.
425. 지키는 데 요령이 있다.
435. 덕으로써 남을 복종하게 하면, 상대는 마음으로 기뻐하여 참으로 복종한다.
446. 정장인 관복을 입고, 뻘과 숯덤이에 앉은 것과 같다.
452. 벼슬을 가진 자가 그 직책을 다하지 못하면, 떠나가야 한다.
458. 백성을 속이는 일을 할 수 있겠는가.

460. 주나라는 비록 오래나, 받은 바 천명은 새롭다.
464. 천하를 남에게 주기는 쉽고, 천하를 위하여 인재를 얻기는 어렵다.
475. 동쪽으로 향하여 정벌하면 서쪽 오랑캐가 원망하고, 남쪽을 향해 정벌하면 북쪽 오랑캐가 원망한다.
481. 한갓 선하기만 해서는 정치를 하지 못하고, 한갓 법도만으로는 저절로 행해지지 못한다.
485. 임금 노릇을 하려면 임금의 도리를 다해야 하고, 신하 노릇을 하려면 신하의 도리를 다해야 한다.
490. 천하의 근본은 한 나라에 있고, 한 나라의 근본은 한 가정에 있고, 한 가정의 근본은 한 몸에 있다.
493. 임금이 인을 좋아하면 천하에 적이 없다.
511. 이전의 성인과 이후의 성인이 행한 법도가 같다.
513. 임금이 인자하면 인자하지 않은 사람이 없고, 임금이 의로우면 의롭지 않은 사람이 없다.
540. 덕이 대단한 인물은 임금이 그를 신하로 삼을 수 없고. 아비가 그를 아들로 삼을 수 없다.
541. 하늘에는 두 해가 없고, 백성에게는 두 임금이 없다.
599. 편안하게 해주는 길로 백성을 부리면, 비록 힘들어도 원망하지 않는다.
602. 잘하는 정치는 잘 가르쳐서 민심을 얻는 것만 못하다.
512. 은혜로우나 정치를 할 줄은 모른다.
520. 선으로 남을 길러준 후라야 천하를 복종시킬 수 있다.
583. 선생의 뜻은 위대하지만 선생의 구호는 옳지 못하다.
626. 정사를 무시하면 재정이 부족해진다.
680. 정치의 성패는 사람에게 달려 있다.

색 인

379. 신임을 받은 다음에 백성을 부려야 한다.
388. 백성이 잘못한 책임은 나에게 있다.
389. 공평하면 누구나 기뻐한다.
395. 미리 훈계하지 않고 잘못된 결과만을 따지는 것은 포악함이다.
396. 법을 엉성하게 하고서 실천의 기한만을 조이는 것은 적이라 한다.
397. 사해의 백성이 곤궁하면 하늘이 내리는 녹도 영원히 끊어지리라.
398. 숨은 인재를 등용하니 천하의 민심이 돌아왔다.
405. 왕이 흉년을 허물하지 않으면, 이에 천하의 백성들이 모여들 것이다.
407. 사람 죽이기를 좋아하지 않는 자가 통일할 것이다.
408. 하지 않는 것이지 못하는 것이 아니다.
411. 은혜를 널리 펴면 족히 사해를 보존할 수 있다.
413. 일정한 산업이 없으면, 그로 인하여 꾸준한 마음을 가질 수 없다.
414. 백성과 함께 즐긴다.
415. 왕이 백성의 즐거움을 즐거워하면, 백성도 왕의 즐거움을 즐거워한다.
416. 선왕은 유련하는 향락과 황망한 행동은 없었다.
419. 군자는 사람을 기르는 땅 때문에 사람을 해치지 않는다
424. 적을 헤아려 본 뒤에 나아간다.
425. 지키는 데 요령이 있다.
435. 덕으로써 남을 복종하게 하면, 상대는 마음으로 기뻐하여 참으로 복종한다.
446. 정장인 관복을 입고, 뻘과 숯덩이에 앉은 것과 같다.
452. 벼슬을 가진 자가 그 직책을 다하지 못하면, 떠나가야 한다.
458. 백성을 속이는 일을 할 수 있겠는가.

460. 주나라는 비록 오래나, 받은 바 천명은 새롭다.
464. 천하를 남에게 주기는 쉽고, 천하를 위하여 인재를 얻기는 어렵다.
475. 동쪽으로 향하여 정벌하면 서쪽 오랑캐가 원망하고, 남쪽을 향해 정벌하면 북쪽 오랑캐가 원망한다.
481. 한갓 선하기만 해서는 정치를 하지 못하고, 한갓 법도만으로는 저절로 행해지지 못한다.
485. 임금 노릇을 하려면 임금의 도리를 다해야 하고, 신하 노릇을 하려면 신하의 도리를 다해야 한다.
490. 천하의 근본은 한 나라에 있고, 한 나라의 근본은 한 가정에 있고, 한 가정의 근본은 한 몸에 있다.
493. 임금이 인을 좋아하면 천하에 적이 없다.
511. 이전의 성인과 이후의 성인이 행한 법도가 같다.
513. 임금이 인자하면 인자하지 않은 사람이 없고, 임금이 의로우면 의롭지 않은 사람이 없다.
540. 덕이 대단한 인물은 임금이 그를 신하로 삼을 수 없고, 아비가 그를 아들로 삼을 수 없다.
541. 하늘에는 두 해가 없고, 백성에게는 두 임금이 없다.
599. 편안하게 해주는 길로 백성을 부리면, 비록 힘들어도 원망하지 않는다.
602. 잘하는 정치는 잘 가르쳐서 민심을 얻는 것만 못하다.
512. 은혜로우나 정치를 할 줄은 모른다.
520. 선으로 남을 길러준 후라야 천하를 복종시킬 수 있다.
583. 선생의 뜻은 위대하지만 선생의 구호는 옳지 못하다.
626. 정사를 무시하면 재정이 부족해진다.
680. 정치의 성패는 사람에게 달려 있다.

고성중(高性重)

o 제주제일고등학교 교사(국어), 재일본 이바라기한국교육원 원장. 서울대학교 (재외국민교육원)와 교육부(국제교육진흥원)에서 교육연구관으로 재직.
o 현 제주도교육연구원 교육연구관으로 재직 중.
o "한국어", "한국어회화", "한국인의 생활" 등을 지음

사서의 명언

1996년 8월 12일 인쇄	
1996년 8월 19일 발행	
편 저 자	고성중
발 행 인	김진수
발 행 처	**한국문학사**
	서울시 성동구 성수 1가 2동 13-156
	Tel: 464-7708, 499-0846(Fax 겸용)
등록번호	제2-1276호

값 7,000원

ISBN 89-7735-305-X